PARA APRENDER **DIREITO**

Direito Ambiental

Telma Bartholomeu Silva Chiuvite

BF&A

Barros, Fischer & Associados

Dados Internacionais de Catalogação na Publicação (CIP)
(Câmara Brasileira do Livro, SP, Brasil)

Chiuvite, Telma Bartholomeu Silva
Direito Ambiental / Telma Bartholomeu Silva Chiuvite. – São Paulo : Barros, Fischer & Associados, 2010. – (Para Aprender Direito; 14)

Bibliografia
ISBN 978-85-7711-124-4

1. Direito Ambiental 2. Direito Ambiental – Brasil 3. Direito Ambiental – Brasil – Concursos I. Título. II. Série.

09-13472 CDU – 34:502. 7(81) (079)

Índice para catálogo sistemático:
1. Brasil : Direito Ambiental : Provas e concursos 34:502. 7(81) (079)

PARA APRENDER **DIREITO**

Direito Ambiental

Telma Bartholomeu Silva Chiuvite

BF&A

Barros, Fischer & Associados

FEV/2011

Barros, Fischer & Associados

Editores
Flávio Barros Pinto
Ricardo A. Fischer

PARA APRENDER **DIREITO**

Direito Ambiental

Direito Ambiental faz parte da coleção *Para aprender Direito*, editada pela Barros, Fischer & Associados.

Edição
Andréa Barros

Projeto gráfico
Cláudio Scalzite e
Flávio Barros Pinto

Ilustração da capa
Tide Hellmeister

Preparacão e Revisão
Paulo Roberto Pompêo

1.ª edição – maio de 2010

Endereços
Barros, Fischer & Associados Ltda.
Rua Ulpiano, 86, Lapa, São Paulo
CEP 05050-020
Tel./fax: 0 (xx) 11 3675-0508

Distribuição e vendas
Bafisa, tel.: 0 (xx) 11 3675-0508
Site: www.bafisa.com.br
E-mail: contato@bafisa.com.br

Impressão e acabamento
RR Donnelley

Sobre a autora:
Telma Bartholomeu Silva Chiuvite é advogada, especialista em Meio Ambiente, mestre em Direito Econômico e Financeiro pela Universidade de São Paulo (USP) – concentração em Meio Ambiente –, auditora ambiental e professora de cursos preparatórios para concursos.

Tudo está se tornando,
nada é.

Platão

Dedico este trabalho aos meus queridos Mário e Lucas por todo amor, compreensão e alegria de cada dia. Agradeço aos meus familiares pelo incentivo incondicional e em especial à Andréa – da Editora Barros, Fischer & Associados – pela paciência, pelo apoio e por ter confiado no projeto desde o início, possibilitando sua concretização.

Telma Bartholomeu Silva Chiuvite

SUMÁRIO

1

O Direito Ambiental

Conceito

O Direito Ambiental é um ramo do Direito que contém um conjunto de regras que regulamentam a proteção e o uso do meio ambiente visando à concretização de uma sadia qualidade de vida.

Costuma-se utilizar expressões sinônimas ao referir-se a esse ramo do Direito, o qual também é conhecido por Direito do Meio Ambiente, Direito do Ambiente ou ainda Direito Ecológico, sendo esta última nomenclatura um pouco mais restrita, porque é voltada a nomear, mais especificamente, a proteção do ambiente natural, não abrangendo suas outras dimensões: o meio ambiente cultural, artificial e do trabalho, como veremos no capítulo 2.

Superada a questão terminológica, importante ressaltar que o Direito Ambiental é composto por um conjunto de princípios e regras jurídicas que visam regular a ação humana e seus efeitos no meio, com o objetivo de assegurar o desenvolvimento sustentável.

Assim, criou-se um sistema de proteção do meio ambiente para garantir uma sadia qualidade de vida para gerações presentes e as futuras. Esta, aliás, a previsão do *caput* do artigo 225 da Constituição Federal de 1988:

> *"Todos têm direito ao meio ambiente ecologicamente equilibrado, bem de uso comum do povo e essencial à sadia qualidade de vida, impondo-se ao Poder Público e à coletividade o dever de defendê-lo e preservá-lo para as presentes e futuras gerações".*

Nesse sentido, o *caput* do artigo 225 espelha ainda uma visão antropocêntrica, pois há preocupação com sadia qualidade de vida e preservação para presentes e futuras gerações.

A Declaração do Rio (documento produzido na Eco-92 – reunião realizada pela ONU na cidade do Rio de Janeiro) ratificou esse posicionamento ao colocar no seu Princípio 1:

> *"Os seres humanos constituem o centro das preocupações relacionadas com o desenvolvimento sustentável".*

Paulo Affonso Leme Machado (*Direito Ambiental brasileiro,* p. 129) coloca que nos parágrafos do artigo 225 procurou-se equilibrar o antropocentrismo com o biocentrismo, havendo preocupação de harmonizar e integrar seres humanos e biota (§ 1º, I; II; III e VII e §§ 4º; 5º). Biota pode ser entendida como conjunto de seres vivos que habitam determinado ambiente ecológico, em estreita correspondência com as características físicas, químicas e biológicas desse ambiente.

Assim, vale destacar que o meio ambiente na sua visão holística de macrobem é um todo objeto de tutela estabelecida pelo homem e se caracteriza por ser considerado patrimônio ambiental. No entanto, os bens ambientais que compõem o todo – os denominados microbens – recebem proteção específica em nosso ordenamento jurídico de modo que iremos identificar o regime jurídico da flora, da fauna, das águas, a sistemática da proteção de uma espécie ameaçada de extinção, só para citarmos alguns exemplos.

O patrimônio ambiental com forte caráter de abstração e os bens ambientais, com conotação bastante concreta, são os beneficiários diretos dessa proteção enquanto o homem é o beneficiário indireto.

Nesse aspecto, a afirmação de Maria Luiza Machado Granziera (*Direito Ambiental*, p. 9):

> *"Desse modo, pode-se concluir que a natureza não é sujeito de direito, mas objeto de uma tutela legal estabelecida pelo ser humano. O beneficiário dessa proteção é, em um primeiro plano, o meio ambiente na visão holística, como um macrobem, e os bens ambientais, microbens. Em um segundo plano, o beneficiário dessa proteção é o próprio ser humano".*

Inter-relação com os demais ramos do Direito e de outras ciências

O Direito Ambiental, embora considerado ramo do Direito autônomo, pois, dotado de princípios e regulamentação que lhe são próprios, é dos ramos do Direito o mais multidisciplinar, porque congrega conhecimentos de uma série de outras disciplinas e ciências jurídicas ou não.

Nesse sentido, vemos que se relaciona com outros ramos do Direito, tais como: Direito Internacional, Constitucional, Administrativo, Civil, Tributário, Econômico, Processual Civil e Penal (só para citarmos alguns exemplos) e com outras ciências, tais como: Ecologia, Economia, Estatística, Engenharia.

Em relação ao Direito Internacional, podemos dizer que a proteção ambiental "nasce" nesse ramo desde as conferências internacionais e a produção de documentos com capacidade de influenciar as legislações internas, além dos inúmeros tratados e convenções de que o Brasil é signatário na área ambiental. Importante sempre ter em mente que a poluição não conhece fronteiras.

É no Direito Constitucional que encontramos a regra matriz da proteção ambiental no capítulo da Constituição Federal dedicado ao meio ambiente e em outros dispositivos esparsos.

No Direito Administrativo, encontraremos importantes institutos que servem para nortear a instalação e o funcionamento das atividades consideradas potencialmente poluidoras. Com base na noção de poder de polícia ambiental, temos o desencadeamento do licenciamento ambiental, a concessão da licença ambiental, os institutos da servidão ambiental, dentre inúmeros outros institutos.

No Direito Civil, vamos encontrar todo o substrato da responsabilização ambiental e da função socioambiental da propriedade, notadamente no Código Civil, Lei 10.406/02, artigos 927 e 1.228, os quais determinam:

> *"Art. 927. Aquele que, por ato ilícito (arts. 186 e 187), causar dano a outrem, fica obrigado a repará-lo. Parágrafo único: Haverá obrigação de reparar o dano independentemente de culpa, nos casos especificados em lei, ou quando a atividade normalmente desenvolvida pelo autor do dano implicar, por sua natureza, risco para os direitos de outrem. (destaque nosso)*

> *"Art. 1.228. O proprietário tem a faculdade de usar, gozar e dispor da coisa, e o direito de reavê-la do poder de quem quer que injustamente a possua ou detenha.*
> ***§ 1º. O direito de propriedade deve ser exercido em consonância com as suas finalidades econômicas e sociais e de modo que sejam preservados, de conformidade com o estabelecido em lei especial, a flora, a fauna, as belezas naturais, o equilíbrio ecológico e o patrimônio histórico e artístico, bem como evitada a poluição do ar e das águas".** (destaque nosso)*

Com o Direito Tributário vemos que possui relação na medida em que, por meio dos tributos, se pode estimular condutas não poluentes e/ou conservacionistas notadamente por meio da atuação extrafiscal, incentivos, isenções, etc.

Nessa direção, podemos lembrar de alguns tributos utilizados com o intuito de estimular a preservação e/ou proteção do meio ambiente.

O Imposto Territorial Rural (ITR), disciplinado pela Lei 9.393/96, exclui da base de cálculo de referido imposto as áreas de floresta nativa e outras consideradas pela legislação como de preservação permanente, devidamente elencadas no artigo 10, § 1º, II de referida lei.

Também merece destaque o ICMS dito "ecológico", que é o que se refere ao fomento de atividades voltadas à preservação do meio ambiente. Na verdade, como bem alertam Fernando Facury Scaff e Lise Vieira da Costa Tupiassu (*Direito Tributário Ambiental* – organizado por Heleno Taveira Tôrres. p. 735):

> *"O ICMS Ecológico tem sua origem relacionada à busca de alternativas para o financiamento público em Municípios cujas restrições ao uso do solo são fortes empecilhos ao desenvolvimento de atividades econômicas clássicas".*

Ainda, quanto à utilização do termo ICMS Ecológico referidos autores (*idem*) asseveraram:

> *"...é utilizado com certa impropriedade, uma vez que não se trata exatamente de enquadrar a própria figura tributária (ICMS) na questão ambiental, e, sim, os recursos financeiros dela provenientes através de um mecanismo de federalismo fiscal".*

O primeiro Estado a implementar o ICMS ecológico foi o Paraná. Assim, pelo que se sabe com a permissão do artigo 132 da Constituição Estadual foi editada a Lei Complementar 59, em 1991, que ficou conhecida pioneiramente como "Lei do ICMS Ecológico", uma vez que determinava de modo explícito que os Municípios que possuíssem unidades de conservação ambiental ou fossem diretamente influenciados por estas e por mananciais de abastecimentos públicos deveriam receber recursos do ICMS na forma do permissivo constitucional. Surgia o ICMS Ecológico, que passou a ser "copiado" por outras unidades da Federação, cada qual vinculando, nas leis definidoras do repasse, critérios de direito difuso que melhor preenchessem os interesses da população local, tais como a existência de unidades de conservação, os mananciais de abastecimento, a coleta seletiva de lixo, o saneamento ambiental, a preservação do patrimônio histórico local, as reservas indígenas e assim por diante.

Por fim, pode-se citar também a Taxa de Controle e Fiscalização Ambiental (TCFA) prevista pela Lei 6.938/81, no artigo 17-B, como mais uma medida de inter-relação entre Direito Tributário e Ambiental.

O Direito Ambiental também se relaciona com o Direito Econômico na medida em que verificamos a importância do meio ambiente enquanto insumo do processo produtivo e, em outro momento, enquanto depositário das denominadas externalidades negativas das atividades, já que, por exemplo, um resíduo – seja ele sólido, líquido ou gasoso, será descartado no ambiente por meio de uma emissão atmosférica, um lançamento de um efluente num rio ou outro corpo d'água, ou então o depósito de resíduos no solo.

Além disso, os instrumentos econômicos, muitas vezes utilizados com a finalidade de induzir comportamentos, constituem importante mecanismo a ser utilizado para o direcionamento de condutas ambientalmente corretas. Por exemplo, o instrumento da cobrança pelo uso dos recursos hídricos, amplamente previsto na Lei da Política Nacional de Recursos Hídricos, possui de um lado o propósito de arrecadar fundos para investimento na área, mas também tem o intuito de induzir melhor análise do uso, até mesmo com a redução deste uso por meio de práticas ambientalmente corretas.

O artigo 170, VI, da Constituição Federal, considera um princípio da ordem econômica a defesa do meio ambiente, até mediante tratamento diferenciado conforme o impacto ambiental dos produtos e serviços e de seus processos de elaboração e prestação.

Com base nas noções da tutela jurisdicional, valemo-nos do Direito Processual Civil para construção do instituto da ação civil pública, que, entre nós, embora não seja a única, é a opção mais utilizada para promover a responsabilização pelo dano ambiental.

Do Direito Penal, absorvemos os conceitos de crime/sanção e responsabilidade criminal que fundamentam a responsabilização pelo crime ambiental, consagrada na Lei 9.605/98.

Analisando essa inter-relação do Direito Ambiental com outros ramos do Direito, Paulo de Bessa Antunes (*Direito Ambiental,* p. 20) conclui que:

> *"Em primeiro lugar, há que se observar que a relação do Direito Ambiental com os demais ramos do Direito é transversal, isto é, as normas ambientais tendem a se incrustar em cada uma das demais normas jurídicas, obrigando que se leve em conta a proteção ambiental em cada um dos demais ramos do Direito... No caso, o importante é ter em vista que a proteção ambiental pode ocorrer mediante a tutela conferida por normas dos mais diferentes campos do Direito".*

Em relação às outras ciências, vemos que o Direito Ambiental se relaciona com a Ecologia, a Economia, a Biologia, a Geografia, a Química, a Engenharia e tem ligação também com a saúde pública, só para citarmos alguns exemplos.

Evolução da proteção ambiental no mundo e no Brasil*

EVOLUÇÃO DA PROTEÇÃO AMBIENTAL NO MUNDO

Em primeiro lugar, analisaremos o desenvolvimento da proteção ambiental no mundo e posteriormente verificaremos como as decisões e os acontecimentos internacionais influenciaram nossa produção normativa na área ambiental.

Em termos mundiais, desde os primórdios da humanidade, verificamos que a relação homem/natureza é algo inerente à própria evolução da espécie humana.

Com efeito, o ser humano sempre esteve ligado ao ambiente. Rio Nilo, Eufrates e outros foram a base de grandes civilizações. Outros povos da Antiguidade, como gregos e romanos, também trataram da proteção ambiental.

A famosa Lei das XII Tábuas (450 a.C.), por exemplo, já continha disposições para prevenir a devastação das florestas.

Podemos concluir, portanto, que não era da índole do homem primitivo a agressão à natureza, mas, pelo contrário, ela adquiria, em certas culturas, o *status* de algo sagrado que merecia respeito. Ainda na Idade Média, mais especificamente na Itália do século XIII, encontramos no *Cântico das Criaturas,* de São Francisco de Assis, a relevância da integração homem/natureza. Com efeito, descobrimos no referido poema um louvor a Deus por meio dos elementos da natureza que vão sendo nomeados e denominados de irmão sol, irmã lua.

---

* Item desenvolvido do capítulo do livro *Meio Ambiente, um bom negócio para a Indústria – Práticas de Gestão Ambiental* de autoria de Telma B. S. Chiuvite e Tereza Cristina S. de Andrade.

Dessa forma, com base nas transformações do modo de produção, desencadeadas pela Revolução Industrial (século XIX), é que se ampliaram as agressões à natureza, sem que isso fosse, em um primeiro momento, objeto de preocupação do Direito. Porém, foi exatamente nessa hora que o ambiente adquiriu um valor econômico inestimável, pois desde ele, especificamente utilizando o recurso natural água, era possível ampliar os ganhos produtivos – estava criada a máquina a vapor.

A ideia da proteção ambiental surgiu no instante em que se percebeu que a natureza não tem o poder de se recuperar infinitamente, e que o desenvolvimento da humanidade estava diretamente comprometido com a preservação ambiental. Percebeu-se que a tecnologia industrial e a explosão populacional caminhavam ao lado da deterioração do meio ambiente.

Lembrando do pensamento de Thomas Malthus (o qual afirmava que o número de habitantes ultrapassaria, cedo ou tarde, a quantidade de alimentos necessária para mantê-los) já se notava que ele enfrentara a questão abordando o enfoque aumento populacional e escassez de recursos.

É nesse contexto de acelerada evolução que marcou o século XX, que a consciência ecológica se tornou algo concreto, impossível de ser ignorada. A realidade dos problemas ambientais já fazia parte do cotidiano do mundo.

Os primeiros indícios de que o mundo começava a preocupar-se com o meio ambiente surgiram na década de 60, mais especificamente no fim dela. Pode-se dizer que esse período, considerado o embrião da consciência ambiental, despertaria a ideologia ambiental política para que, na década seguinte, surgissem os acontecimentos que tomariam a atenção internacional para as questões ambientais.

Na Europa, os jovens que questionavam os tabus da época, como o trabalho, os problemas sexuais e a deterioração do homem, também levantaram a bandeira do ambientalismo. Esses eram os anos de contestação da década de 60.

Nesse ponto, as comunidades *hippies* tiveram um papel importante, pois, ao introduzir uma cultura alternativa abriram caminho para práticas inovadoras de convivência e, por exemplo, de alimentação, defendendo uma agricultura orgânica, algo que hoje se apresenta como um mercado em expansão.

No entanto, o pensamento predominante ainda entendia que poluição e degradação ambiental se apresentavam como o outro lado da moeda do desenvolvimento industrial e econômico.

Dando continuidade ao desenvolvimento do pensamento ambientalista, vários fatos marcaram a década de 70. Nesse período, foi repensada a posição, anteriormente defendida, de que qualidade ambiental e desenvolvimento econômico eram fenômenos incompatíveis. Alguns acontecimentos do cenário mundial contribuíram para essa nova postura.

Dentre tais acontecimentos já podemos adiantar que teve destaque a crise do petróleo e seus reflexos na economia mundial, o que levou a um questionamento sobre a importância de se pensar em escassez de recursos e incorporação da questão ambiental nos processos econômicos.

Com efeito, a Organização dos Países Exportadores de Petróleo (Opep) aplicou, na prática, a ideia de que o preço do petróleo era uma arma de pressão política. Na década de 70, com o embargo do fornecimento ao Ocidente (1973), ou quando decidiu quadruplicar os preços, desencadeou-se uma recessão mundial.

Essa crise levou a comunidade internacional a pensar em desenvolvimento de novas fontes de energia em virtude da preservação do petróleo, e por causa dos preços atingidos no mercado. Além disso, importante lembrarmos que um *remake* do pensamento malthusiano foi difundido pelo Clube de Roma, num relatório conhecido como *The limits to growth (Os Limites do Crescimento).* O dito Clube de Roma, criado por um industrial italiano e formado por membros oriundos dos negócios, da política e das ciências sociais e ambientais, nasceu com o objetivo de analisar o dilema da espécie humana em um mundo de recursos finitos, devendo sugerir políticas alternativas para enfrentar tal crise.

O relatório produzido preconizava, em linhas gerais, que o mundo não suportaria um crescimento desenfreado, motivo pelo qual se pregava um conjunto de ações para conter o crescimento populacional e a redução das atividades industriais e, como corolário, uma redução no consumo de recursos naturais. Assim, se essas atitudes não fossem tomadas, os limites para o crescimento no planeta poderiam ser atingidos em cem anos e, portanto, estaríamos diante de uma calamidade global se algo não fosse feito.

É claro que o relatório sofreu críticas, gerou debates e, sem dúvida, contribuiu para uma reflexão sobre o problema.

Em 1970, mais de 300 mil americanos participaram do Dia da Terra. O ato foi considerado a maior manifestação ambientalista da história, e rendeu inúmeras manchetes e destaque na mídia de todo o mundo.

Um ano antes da famosa reunião em Estocolmo, na Suécia, portanto, em 1971, foi criada uma organização não governamental que, ao longo dos anos, se consolidou como, talvez, o maior ícone na defesa do meio ambiente no mundo, o *Greenpeace*. Desse modo, adotando uma postura de ação direta não violenta, que consiste em chamar a atenção da opinião pública, através dos meios de comunicação, o grupo tem procurado pressionar os governos em favor de suas causas.

Por fim, 1972 destacou-se como o ano-chave para as discussões das questões ambientais. Naquele ano, foi protagonizada a Conferência de Estocolmo, a primeira reunião de caráter oficial a tratar de assuntos ambientais. Criada pela Organização das Nações (ONU), a conferência reuniu representantes de 113 países e de 250 organismos não governamentais.

A reunião tinha como objetivo fazer um balanço dos problemas ambientais em todo o mundo e buscava soluções e novas políticas governamentais no sentido de reduzir os danos causados ao meio ambiente.

De qualquer modo, em termos mundiais, estava lançada a semente da proteção ambiental.

Verificamos que os países que produziram novas Constituições após Estocolmo já incluíram a proteção ambiental no seu texto. Nesse sentido, podemos lembrar as Constituições do Chile (1972), Iugoslávia (1974), Grécia (1975), Portugal (1976) e Espanha (1978), entre outras.

Ainda nesse contexto, em termos internacionais, vários acidentes levaram à criação de regras jurídicas sobre os fatos ocorridos (convenções internacionais e/ou regras internas).

Dentre tais fatos, podemos citar o acidente industrial na cidade de Seveso, norte da Itália, em 1976. Uma nuvem tóxica com tetraclorobenzoparadioxina (denominada dioxina) espalhou-se por Seveso, onde se localizava a indústria, e ainda sobre Meda, Cesano, Maderno e Desio, causando uma poluição atmosférica que se estendeu sobre 1.970 hectares. Como consequência, foi expedida, em 1982, a Diretiva Seveso, que passou a ser um modelo de norma de prevenção de acidentes industriais.

Outro caso ocorrido em 1978 refere-se ao acidente náutico com o petroleiro *Amoco Cadiz* em águas territoriais francesas, mais precisamente na costa da Bretanha. Esse episódio, pela dimensão alcançada, foi considerado, naquele momento, o maior desastre biológico provocado pelo derramamento de petróleo no mar. Realmente, a região atingida era de conchilicultura, particularmente voltada ao fornecimento de ostras e mariscos para consumo francês e exportação, sendo considerada, também, importante região de turismo de verão. (Essas catástrofes – fenômeno das marés negras –, derramamento acidental de grandes quantidades de óleo bruto no mar, já tinham sido "inauguradas" com o acidente náutico do superpetroleiro *Torrey Canyon*, em 1967, com derramamento de 320 mil toneladas de petróleo bruto no mar.)

Já no princípio dos anos 80, surgiu em alguns países europeus (Alemanha, Inglaterra, França, Itália, entre outros) o Partido Verde, que se consolidou no braço político da ecologia e do pacifismo. Posteriormente, em 1983, foi criada, pela ONU, a Comissão Mundial sobre Meio Ambiente e Desenvolvimento (CMMAD), cujos trabalhos foram concluídos em 1987 com a apresentação de um diagnóstico dos problemas ambientais globais. O relatório *Our common future* ficou conhecido como Relatório Brundtland.

Assim, nos anos 80, os conceitos de proteção do meio ambiente começaram a expandir-se. Mais alguns acidentes famosos, como o ocorrido em Bhopal, em 1984, na Índia, onde um vazamento de gás letal tirou a vida de mais de 2 mil pessoas, ou o vazamento de petróleo do navio *Exxon Valdez*, ocorrido no Alasca, contribuíram para as mudanças nas políticas oficiais de meio ambiente e nos conceitos de gerenciamento ambiental na indústria.

Em abril de 1986, um acidente na Usina de Chernobyl, na Ucrânia – membro da antiga União Soviética –, serviu para demonstrar que o mundo era muito pequeno e que os impactos ambientais deveriam ser analisados de forma global.

As consequências do desastre foram diversas. Pelo relatado, o acidente lançou um volume de radiação cerca de 30 vezes maior do que a bomba de Hiroshima, sendo que tal radiação atingiu vários países europeus, chegando até o Japão. Calculava-se que cerca de cem mil pessoas sofreriam danos genéticos ou teriam câncer, devido ao acidente, nos cem anos subsequentes ao ocorrido.

Nesse momento, a comunidade mundial aprendeu, da pior maneira, que o desenvolvimento tinha de caminhar ao lado da preservação.

Na década de 90, caminhando para melhor implementação da proteção ambiental, foi realizada a Conferência das Nações Unidas sobre Meio Ambiente e Desenvolvimento – a Eco 92. Tal evento enfocou o esgotamento de um modelo de desenvolvimento predatório e marcou o início de grande compromisso público de chefes de Estado de todo o mundo em relação ao futuro do planeta. Ficou, então, consagrada, a frase: "Pensando globalmente, agindo localmente".

Na Eco 92, a ideia de desenvolvimento sustentável foi amplamente discutida, aceita e entendida enquanto um modelo a ser seguido pelos países, passando a ser o grande objetivo da Agenda 21.

A Agenda 21 é o documento que sintetiza as preocupações com o modelo de desenvolvimento até então praticado e aponta para um modelo sustentável a ser perseguido, tendo como objetivo viabilizar esse tipo de desenvolvimento e preparar o mundo para os desafios do próximo século. Em sua essência é um programa de ações que busca compatibilizar o desenvolvimento econômico com justiça social e sustentabilidade ambiental.

Em 1997 foi realizado o Rio+5, evento cujo objetivo era fazer um balanço dos cinco anos decorrentes da Eco 92, porém, ficou evidenciado que pouco havia sido feito de fato para colocar em prática as resoluções da Eco 92 pela maioria dos países participantes. Ressalta-se que o ponto positivo observado foi a constatação da ampliação do trabalho das ONGs.

Em 2002, dez anos após a Eco 92, realizou-se em Johannesburgo, na África do Sul, a Rio+10 – Cúpula Mundial para o Desenvolvimento Sustentável. Nesse encontro discutiram-se medidas concretas para executar os objetivos da Agenda 21 até então não suficientemente implementados, acreditando-se, ainda, que, desde então, o grande enfoque deveria ser a concretização de políticas públicas necessárias a um crescimento com sustentabilidade.

O DESENVOLVIMENTO DA PROTEÇÃO AMBIENTAL NO BRASIL

Quanto ao desenvolvimento da proteção ambiental no Brasil, pode-se dizer que a consciência ecológica chegou tardiamente ao país. Assim sendo, quando pensamos nas primeiras formulações legislativas sobre proteção do meio ambiente no Brasil, não podemos nos esquecer de que a legislação portuguesa foi efetivamente a que vigorou no território nacional durante bom período de nossa história.

Dessa forma, não só no período colonial, mas mesmo após a Independência, continuou a vigorar aqui a legislação do Reino, até ser formalmente revogada pelo artigo 1.807 do Código Civil de 1916, o qual previu:

"Ficam revogadas as Ordenações, Alvarás, Leis, Decretos, Resoluções, Usos e Costumes concernentes às matérias de Direito Civil reguladas neste Código".

Além disso, sempre estivemos ligados ao ambiente numa relação extrativista e, se pensarmos nos ciclos econômicos de nossa história, tal posicionamento só se acentua. Com efeito, ciclo do pau-brasil, da cana-de-açúcar, do ouro, do café, da borracha têm em comum a ideia de extração de riquezas do ambiente natural do Brasil.

Podemos verificar, no entanto, alguns instrumentos legislativos de Portugal que preconizavam a proteção ambiental.

Ainda que de forma bastante tímida, podemos considerar, de certo modo, o período colonial como uma fase importante, à medida que homens públicos de sensibilidade já anteviam os efeitos negativos que a ocupação predatória de nossas terras poderia causar e começavam a falar sobre isso.

Verificamos que a legislação aplicada no Brasil, no período colonial, não tinha um cunho conservacionista, mas visava, sobretudo, defender os interesses econômicos do governo, como o ocorrido com a legislação sobre o pau-brasil.

Sabe-se que, em 1605, com o Regimento do Pau-Brasil, tivemos, segundo alguns, a primeira lei de proteção florestal do Brasil. O regimento impunha limitações à exploração da árvore e previa expressa autorização real para seu corte. Desde então, outros regimentos, alvarás e a legislação produzida passaram a preocupar-se com o crescente desmatamento e estabeleceram medidas de proteção florestal.

Ressalta-se que, em 1799, surgiu o primeiro Regimento de Cortes de Madeiras e, em 1802, por recomendação de José Bonifácio, foram baixadas instruções para reflorestar nossa costa já devastada.

Assim, já no século passado o assunto despertava a atenção de alguns, como de José Bonifácio, o patrono da independência, que se preocupava, quase 200 anos atrás, com o desmatamento em larga escala de nossas terras. No entanto, seus pensamentos de pouco adiantaram e alguns historiadores afirmam até que suas ideias tinham apenas a finalidade de justificar o fim da dominação portuguesa sobre o Brasil.

Ao ultrapassar a posição, até então dominante, de proteção em virtude da atividade econômica, em 1808, passamos a ter, com a criação do Jardim Botânico do Rio de Janeiro, uma área de proteção ambiental com caráter conservacionista.

Em 1830, com a publicação do nosso Código Criminal, verificamos que dois artigos, o 25 e o 178, previam penas para o corte ilegal de madeira.

Por fim, em 1916, o antigo Código Civil, primeiro diploma legal genuinamente brasileiro, trouxe expresso, basicamente nos artigos 554 a 591, a preocupação com a proteção ambiental.

Ressalta-se o artigo 584, que previa:

"São proibidas construções capazes de ***poluir****, ou inutilizar para o uso ordinário, a água de poço ou fonte alheia, a elas preexistentes". (destaque nosso)*

Assim, quando pensamos no desenvolvimento da proteção ambiental no Brasil, verificamos, em um primeiro momento, a ausência de preocupação com o ambiente em si mesmo considerado. Logo, as questões ambientais utilizavam-se do sistema privado de solução, notadamente o uso das regras do chamado direito de vizinhança.

Segundo Antônio Herman V. Benjamin (*Revista de Direito Ambiental* nº 14. *Introdução ao Direito Ambiental brasileiro*, p. 51), identifica-se, nesse período, "a fase da exploração desregrada ou do *laissez-faire* ambiental, em que a conquista de novas fronteiras (agrícolas, pecuárias e minerárias) era tudo o que importava na relação homem-natureza. Tinha na omissão legislativa seu traço preponderante, relegando-se eventuais conflitos de cunho ambiental, quando muito ao sabor do tratamento pulverizado, assistemático e privatístico dos direitos de vizinhança".

Nas décadas que se seguiram à promulgação do Código Civil de 1916, mais precisamente nas de 30 e 60, começou a surgir no Brasil, ainda que de maneira pontual, a legislação tutelar do meio ambiente, com o aparecimento de alguns diplomas normativos.

Podemos destacar, basicamente, os seguintes: Decreto 2.793/34 (Código Florestal), Decreto 24.643/34 (Código de Águas), Lei 4.504/64 (Estatuto da Terra), Lei 4.771/65 (Código Florestal), Decreto-lei 221/67 (Código de Pesca), Decreto-lei 227/67 (Código de Mineração), Lei 6.453/77 (Responsabilidade civil por Danos Nucleares) e Lei 6.766/78 (Parcelamento do Solo Urbano).

Esse segundo momento pode ser entendido como a fase fragmentária da proteção ambiental, pois há um controle legal de atividades exploratórias e a proteção de certas categorias de recursos naturais. Além disso, como vimos, na década de 70, a discussão das questões ambientais foi marcada pela Conferência de Estocolmo (1972). Tal evento foi o primeiro, em nível mundial, em que foram debatidos especificamente temas ambientais. Na época, as principais discussões centravam-se na necessidade de políticas de controle da poluição ambiental.

No Brasil, por exemplo, os principais órgãos de meio ambiente, nas esferas federal e estadual, tiveram suas atividades desenvolvidas após a citada conferência. Surgiram também, na década de 70, os primeiros movimentos ambientalistas que viriam a se denominar, nos anos 80, Organizações Não Governamentais (ONGs).

Em continuidade a essa fase de tutela pontual e fragmentária, podemos afirmar que somente a partir da década de 80 é que nossa legislação ambiental passou a se desenvolver de modo efetivo. A Lei 6.803/80 previu as diretrizes básicas para o zoneamento industrial nas áreas críticas de poluição, e a Lei 6.902/81 previu a criação de estações ecológicas e de Áreas de Proteção Ambiental.

Finalmente, a Lei 6.938/81 – Lei da Política Nacional do Meio Ambiente – trouxe a previsão da instituição de um Sistema Nacional de Meio Ambiente, para a proteção do meio ambiente de forma específica e global.

Antônio Herman V. Benjamin (*op. cit.*, p. 52) esclarece sobre o tema, que:

> *"...dando início à fase holística, na qual o ambiente passa a ser protegido de maneira integral, vale dizer, como sistema ecológico integrado (resguardam-se as partes a partir do todo) e com autonomia valorativa (é, em si mesmo, bem jurídico). Só com a Lei 6.938/81, portanto, é que verdadeiramente tem início a proteção ambiental como tal no Brasil, indo o legislador além da tutela dispersa, que caracterizava o modelo fragmentário até então vigente".*

Essa lei, que estabelece princípios, objetivos e instrumentos da Política Nacional do Meio Ambiente, trouxe definitivamente para nosso ordenamento a Avaliação de Impacto Ambiental e instituiu um regime de responsabilização civil objetiva para o dano ambiental, conferindo ao Ministério Público legitimação para agir nessa matéria.

Além disso, a referida lei instituiu o Sistema Nacional do Meio Ambiente (Sisnama) – composto por órgãos e entidades de todas as unidades da Federação, vinculados ao problema ambiental – e, para assessorar e propor ao governo diretrizes de política ambiental, foi criado o Conselho Nacional do Meio Ambiente (Conama).

Como instrumento de implementação da avaliação de impacto ambiental, é publicada, em 1986, a Resolução 001 do Conama, instituindo a obrigatoriedade da realização de estudos de impactos ambientais para qualquer empreendimento público ou privado que apresentasse impacto aos meios físicos, biológicos ou socioeconômicos na região a ser implantado.

Posteriormente, outras leis foram produzidas, entre as quais a Lei 7.347/85 (Lei da Ação Civil Pública), a previsão da proteção ambiental na Constituição Federal de 1988 e a Lei 9.605/98 (Lei de Crimes Ambientais).

Quanto à inclusão da proteção ambiental no texto constitucional, é certo que a Constituição de 1988 foi um marco decisivo para a formulação de nossa política ambiental. Pela primeira vez na história de nosso Direito Constitucional, uma constituição dedicou um capítulo inteiro ao meio ambiente, dividindo entre governo e sociedade a responsabilidade pela sua preservação e conservação.

Encontramos importantes considerações nesse sentido na lição de Cristiane Derani (*Direito Ambiental Econômico*, p. 226), quando conclui que:

> ***"A afirmação corrente, que diz ser a Constituição Federal de 1988 uma Constituição intervencionista ou de consagração ao dirigismo econômico pelo Estado, não deve prevalecer. É esta Constituição extremamente inovadora porque traz ao direito o prudente equilíbrio. Rechaça o liberalismo puro e recusa o simplismo de uma centralização no Estado de decisões e programas de***

ação. O que há de mais vibrante nesse texto é o reconhecimento da indissolubilidade do Estado e sociedade civil. Todo problema de política econômica, social e ambiental só pode ser trabalhado quando reconhecida essa unidade e garantidos os instrumentos de atuação conjunta". *(destaque nosso)*

A CF/88, no capítulo VI do título VIII, brinda-nos com o artigo 225, considerado um dispositivo moderno e um dos mais adiantados em matéria de proteção ambiental, cuja regra básica encontra-se logo no *caput* que prevê, *in verbis*:

> *"Art. 225. Todos têm direito ao meio ambiente ecologicamente equilibrado, bem de uso comum do povo e essencial à sadia qualidade de vida, impondo-se ao Poder Público e à coletividade o dever de defendê-lo e preservá-lo para as presentes e futuras gerações".*

Ressalta-se que não era necessária, à atuação do legislador infraconstitucional, bem como dos órgãos de execução (Ministério Público, ONGs, juízes), a previsão constitucional da proteção ao meio ambiente. No entanto, o reconhecimento da tutela ambiental, na esfera constitucional, deve ser bastante celebrado, pois, sendo a Constituição a lei fundamental e exprimindo as opções políticas de uma coletividade, nota-se a importância da inclusão dos valores ambientais em um instrumento normativo desse porte.

Após 1988, com a posição constitucional atribuída ao Ministério Público para tutela de interesses difusos e coletivos e outros, com a inclusão da proteção ambiental nos objetivos da ação popular e a utilização da ação civil pública como importante instrumental jurídico, vemos o fortalecimento da proteção ambiental em nosso país.

Outras importantes leis surgiram para completar esse círculo de proteção. Dentre elas, podemos citar: Lei 9.433/97 (Política Nacional de Recursos Hídricos), Lei 9.605/98 (Crimes Ambientais), Lei 9.795/99 (Educação Ambiental), Lei 9.985/00 (Sistema Nacional de Unidades de Conservação) e Lei 10. 257/01(Estatuto da Cidade).

Assim caminhou o ambientalismo no Brasil, que se tornou um dos centros internacionais do assunto, tanto que foi escolhido para sediar a Conferência das Nações Unidas sobre Meio Ambiente e Desenvolvimento, a Eco 92. A conferência, realizada em junho de 1992 no Rio de Janeiro, marcou o início de grande compromisso público de 180 chefes de Estado e governo de todo o mundo com o futuro do planeta. A Eco 92 evidenciou o esgotamento de um modelo de desenvolvimento que se mostrou ecologicamente predatório e socialmente perverso.

Em 1997, foi realizado o Rio+5, evento que tinha como objetivo fazer um balanço dos cinco anos decorrentes do Eco 92. Porém, o Rio+5 evidenciou que pouco havia sido feito de fato para colocar em prática as resoluções da Eco 92, pela maioria dos países participantes da reunião da ONU, entre eles o Brasil. O ponto positivo do levantamento foi a comprovação da ampliação do trabalho das ONGs, cuja forma de atuação foi alterada, passando de um movimento de denúncias para um movimento de propostas.

Verificamos, no entanto, que a legislação ambiental brasileira apresenta inúmeros "clarões", porque não encontramos normas de regramento de conduta. Tal situação deixa a proteção ambiental acéfala em várias vertentes. Só para citarmos um exemplo, o Congresso Nacional vem discutindo há vários anos o texto da Política Nacional de Resíduos Sólidos, o qual não tinha sido aprovado até o fechamento desta edição.

Hoje, em pleno século XXI, é inconcebível dissociar desenvolvimento e sustentabilidade. Com os mecanismos da globalização e as tecnologias da Era da Informação, a conscientização ambiental vem chegando a cada ponto do planeta, restando a cada um de nós o trabalho de concretização.

Nesse sentido, novas e modernas legislações vêm sendo elaboradas; Lei 11.105/05 (Lei de Biossegurança); Lei 11.284/06 (Gestão de Florestas Públicas); Lei 11.428/06 (Utilização e proteção da vegetação nativa do Bioma Mata Atlântica); Lei 11.445/07 (Saneamento Básico); Lei 11.516/07 (Instituto Chico Mendes); Lei 11.794/08 (Procedimentos para o uso científico de animais). Lei 11.952/09 (Regularização fundiária das ocupações incidentes em terras situadas em áreas da União, no âmbito da Amazônia Legal); Lei 11.959/09 (Política Nacional de Desenvolvimento Sustentável da Aquicultura e Pesca); Lei 12.114/09 (Lei do Fundo Nacional sobre Mudança do Clima) e Lei 12.187/09 (Lei da Política Nacional sobre Mudança do Clima).

Autonomia do Direito Ambiental

Embora um ramo novo, é considerado autônomo, devido à natureza específica de seu objeto – ordenação da qualidade do meio ambiente com vista a sadia qualidade de vida. É um ramo do Direito com princípios particulares (como veremos em capítulo próprio), previsão constitucional e regulamentação infraconstitucional complexa e moderna, cabendo em primeiro lugar à Lei 6.938/81 o estabelecimento de uma política nacional de meio ambiente no Brasil.

Em Resumo

O Direito Ambiental

O Direito Ambiental é um ramo do Direito que contém um conjunto de regras que regulamentam a proteção e o uso do meio ambiente visando à concretização de uma sadia qualidade de vida. Nesse sentido, vemos que se relaciona com outros ramos do Direito, tais como: Direito Internacional, Constitucional, Administrativo, Civil, Tributário, Econômico, Processual Civil e Penal (só para citarmos alguns exemplos) e com outras ciências, tais como: Ecologia, Economia, Biologia, Engenharia.

A ideia da proteção ambiental surgiu no momento em que se percebeu que a natureza não tem o poder de se recuperar infinitamente, e que o desenvolvimento da humanidade estava diretamente comprometido com a preservação ambiental.

Dessa forma, foi basicamente a partir das transformações do modo de produção, desencadeadas pela Revolução Industrial (século XIX), que se ampliaram as agressões à natureza, sem que isso fosse, num primeiro momento, objeto de preocupação do Direito.

Percebeu-se que a tecnologia industrial e a explosão populacional caminhavam ao lado da deterioração do meio ambiente.

Por fim, 1972 destacou-se como o ano-chave para as discussões das questões ambientais. Naquele ano foi protagonizada a Conferência de Estocolmo, a primeira reunião de caráter oficial a tratar de assuntos ambientais. Organizada pela ONU, a conferência reuniu representantes de 113 países e de 250 organismos não governamentais.

A reunião tinha como objetivo fazer um balanço dos problemas ambientais em todo o mundo e buscava soluções e novas políticas governamentais com o intuito de reduzir os danos causados ao meio ambiente. Assim, em termos mundiais, estava lançada a semente da proteção ambiental.

Ainda nesse contexto, em termos internacionais, vários acidentes levaram à criação de regras jurídicas sobre os fatos ocorridos (convenções internacionais e/ou regras internas).

Na década de 90, caminhando para melhor implementação da proteção ambiental, foi realizada a Conferência das Nações Unidas sobre Meio Ambiente e Desenvolvimento – a Eco 92. Tal encontro enfocou o esgotamento de um modelo de desenvolvimento predatório e marcou o início de grande compromisso público de chefes de Estado de todo o mundo em relação ao futuro do planeta. Ficou, então, consagrada, a frase: "Pensando globalmente, agindo localmente".

Quanto ao desenvolvimento da proteção ambiental no Brasil, pode-se dizer que a consciência ecológica chegou tardiamente.

Nas décadas que se seguiram à promulgação do Código Civil de 1916, mais precisamente nas de 30 e 60, começou a surgir no país, ainda que de maneira pontual, a legislação tutelar do meio ambiente, com o aparecimento de alguns diplomas normativos.

Podemos ressaltar, basicamente, os seguintes: Decreto 2.793/34 (Código Florestal), Decreto 24.643/34 (Código de Águas), Lei 4.504/64 (Estatuto da Terra), Lei 4.771/65 (Código Florestal), Decreto-lei 221/67 (Código de Pesca), Decreto-lei 227/67 (Código de Mineração), Lei 6.453/77 (Responsabilidade Civil por Danos Nucleares) e Lei 6.766/78 (Parcelamento do Solo Urbano).

Esse segundo momento pode ser entendido como a fase fragmentária da proteção ambiental, pois há um controle legal de atividades exploratórias e a proteção de certas categorias de recursos naturais.

Em continuidade a essa fase de tutela pontual e fragmentária, podemos afirmar que somente a partir da década de 80 é que nossa legislação ambiental passou a se desenvolver de modo efetivo. A Lei 6.803/80 previu as diretrizes básicas para o zoneamento industrial nas áreas críticas de poluição, e a Lei 6.902/81 previu a criação de estações ecológicas e de Áreas de Proteção Ambiental.

Finalmente, a Lei 6.938/81 – Lei da Política Nacional do Meio Ambiente – trouxe a previsão da instituição de um Sistema Nacional de Meio Ambiente para a proteção ambiental de forma específica e global.

Posteriormente, outras leis foram produzidas, entre as quais a Lei 7.347/85 (Lei da Ação Civil Pública), a previsão da proteção ambiental na Constituição Federal de 1988 e a Lei 9.605/98 (Lei de Crimes Ambientais).

Quanto à inclusão da proteção ambiental no texto constitucional, é certo que a Constituição de 1988 foi um marco decisivo para a formulação de nossa política ambiental. Pela primeira vez na história de nosso Direito Constitucional uma Constituição dedicou um capítulo inteiro ao meio ambiente, dividindo entre governo e sociedade a responsabilidade pela sua preservação e conservação.

Outras importantes leis surgiram para completar esse círculo de proteção. Dentre elas podemos citar: Lei 9.433/97 (Política Nacional de Recursos Hídricos), Lei 9.605/98 (Crimes Ambientais), Lei 9.795/99 (Educação Ambiental), Lei 9.985/00 (Sistema Nacional de Unidades de Conservação) e Lei 10.257/01 (Estatuto da Cidade).

Hoje, em pleno século XXI, é inconcebível dissociar desenvolvimento e sustentabilidade. Com os mecanismos da globalização e as tecnologias da Era da Informação, a conscientização ambiental vem chegando a cada ponto do planeta, restando a cada um de nós o trabalho de concretização.

Nessa direção, novas e modernas legislações vêm sendo elaboradas; Lei 11.105/05 (Lei de Biossegurança); Lei 11.284/06 (Gestão de Florestas Públicas); Lei 11.428/06 (Utilização e proteção da vegetação nativa do Bioma Mata Atlântica); Lei 11.445/07 (Saneamento Básico); Lei 11.516/07 (Instituto Chico Mendes); Lei 11.794/08 (Procedimentos para o uso científico de animais). Lei 11.952/09 (Regularização fundiária das ocupações incidentes em terras situadas em áreas da União, no âmbito da Amazônia Legal); Lei 11.959/09 (Política Nacional de Desenvolvimento Sustentável da Aquicultura e Pesca); Lei 12.114/09 (Lei do Fundo Nacional sobre Mudança do Clima) e Lei 12.187/09 (Lei da Política Nacional sobre Mudança do Clima).

PRESTE ATENÇÃO

A proteção ambiental consagrou-se, no mundo, a partir da Conferência de Estocolmo em 1972 – o primeiro grande Congresso Internacional sobre Meio Ambiente – no qual se procurou equacionar meio ambiente ecologicamente equilibrado e desenvolvimento. No Brasil, a referida proteção surge de forma definitiva desde a instituição da Política Nacional de Meio Ambiente com a Lei 6.938/81.

2

CLASSIFICAÇÃO DO MEIO AMBIENTE

Conceito de meio ambiente e bem ambiental

Meio ambiente é uma expressão consagrada, porém, muito discutida entre os autores, pois a nomenclatura revelaria um *bis in idem*, já que segundo o professor José Afonso da Silva (*Direito Ambiental Constitucional*, p. 19) a palavra ambiente indicaria o círculo, o âmbito que nos cerca e nela já estaria subentendida a ideia de meio.

Em outros países, como Itália, só se emprega a palavra ambiente (*Diritto dell'ambiente*).

Entre nós, a expressão já ficou consagrada, sendo largamente aceita pela doutrina, lei e jurisprudência.

Pela Lei 6.938/81, artigo 3º, I, entende-se por meio ambiente "*o conjunto de condições, leis, influências e interações de ordem física, química e biológica, que permite, abriga e rege a vida em todas as suas formas*".

Essa conceituação legal, no entanto, não abrange a noção de meio ambiente como um todo, mas se restringe ao aspecto natural dele.

Assim, numa visão mais ampla e que abarque os diversos aspectos do meio ambiente, José Afonso da Silva (*idem*, p. 20) traz-nos uma clássica definição do que podemos entender por meio ambiente:

> *"O meio ambiente é, assim, a interação do conjunto de elementos naturais, artificiais e culturais que propiciem o desenvolvimento equilibrado da vida em todas as suas formas".*

No tocante ao bem ambiental, verifica-se que o meio ambiente pode ser entendido como macrobem, constituindo um todo protegido de forma holística considerado o patrimônio ambiental. Essa concepção revela forte caráter de abstração. Por outro lado, esse meio ambiente é composto por um conjunto de microbens (solo, floresta, água...) que se apresentam numa concepção bastante concreta e com regime jurídico próprio, levando-se em conta suas peculiaridades.

Além disso, a noção de bem de uso comum do povo vai permear toda a construção jurídica da proteção ambiental entre nós (essa noção segue analisada no capítulo 4).

Meio ambiente natural

O **meio ambiente natural também denominado físico** é constituído pelo solo, pela água, pelo ar, pela flora (é com relação a esse aspecto que a Lei 6.938/81 define, no artigo 3º, o que se deve entender por meio ambiente).

Na Constituição Federal de 1988, seja de modo específico ou sobre a nomenclatura genérica de meio ambiente, encontramos previsão de proteção das variáveis desse ambiente natural, notadamente: água, ar, solo, flora e fauna, com o intuito de manter a interação dos seres vivos e seu meio.

Pode-se afirmar que essa face do meio ambiente é composta pelos elementos naturais que existem independentemente da ação do homem. Assim, o dito "meio ambiente natural" seria composto pelos espaços que mantiveram sua formação originária ou por aqueles que não se alteraram significativamente em decorrência da presença humana.

Meio ambiente artificial

O **meio ambiente artificial** é aquele composto pelo espaço urbano construído (conjunto de edificações) e pelos equipamentos públicos (ruas, praças, áreas verdes) – fruto da interação do homem com o meio ambiente natural.

Assim, em virtude de necessidade ou de oportunidades econômicas, o ser humano vai moldando e adaptando o ambiente natural, fazendo surgir um conjunto de edificações que caracterizam o nascimento do direito de propriedade ou os espaços e edificações públicos destinados a concretizar o bem comum.

Os artigos 182 e 183, combinados com o artigo 225 da Constituição Federal, acrescidos da regulamentação instituída pela Lei 10.257/01 – conhecida como Estatuto da Cidade, estabelecem uma sistematização na proteção a esse aspecto do ambiente.

Dessa forma, visando encontrar o equilíbrio ambiental das cidades, o artigo 2º, I do Estatuto da Cidade, prevê:

> *"A política urbana tem por objetivo ordenar o pleno desenvolvimento das funções sociais da cidade e da propriedade urbana, mediante as seguintes diretrizes gerais:*
> *I – garantia do direito a cidades sustentáveis, entendido como o direito à terra urbana, à moradia, ao saneamento ambiental, à infraestrutura urbana, ao transporte e aos serviços públicos, ao trabalho e ao lazer, para as presentes e futuras gerações (...)*
> *VIII – adoção de padrões de produção e consumo de bens e serviços e de expansão urbana compatíveis com os limites da sustentabilidade ambiental, social e econômica do Município e do território sob sua área de influência".*

Ainda no texto constitucional, encontramos outros dispositivos que tratam do tema, notadamente o artigo 21, XX, que dispõe sobre competência da União para instituir diretrizes para o desenvolvimento urbano, até mesmo habitação, saneamento básico e transportes urbanos, bem como o artigo 5º, XXIII, que disciplina que a propriedade atenderá sua função social, além das regras previstas para o Município cuidar do ambiente local, conforme artigo 30 da CF/88.

Meio ambiente cultural

O **meio ambiente cultural** é integrado pelo patrimônio histórico, artístico, paisagístico, turístico – também considerado fruto da interação do homem com o meio ambiente natural, mas diferindo do anterior pelo valor especial que adquiriu ou de que se impregnou.

Conforme previsão constitucional, artigo 216 da CF/88, podemos considerar patrimônio cultural brasileiro os bens de natureza material e imaterial, tomados individualmente ou em conjunto, portadores de referência à identidade, à ação, à memória dos diferentes grupos formadores da sociedade brasileira, nos quais se incluem:

I – as formas de expressão;
II – os modos de criar, fazer e viver;
III – as criações científicas, artísticas e tecnológicas;
IV – as obras, objetos, documentos, edificações e demais espaços destinados às manifestações artístico-culturais;
V – os conjuntos urbanos e sítios de valor histórico, paisagístico, artístico, arqueológico, paleontológico, ecológico e científico.

A proteção desse patrimônio incumbe ao Poder Público com a colaboração da sociedade desde a utilização de diversos instrumentos elencados, tais como: inventários, registros, vigilância, tombamento e desapropriação, e de outras formas de acautelamento e preservação.

Verifica-se que esse rol dos itens que compõem o meio ambiente cultural é meramente exemplificativo, pois, além dos itens relacionados, outros podem constituir nosso patrimônio cultural, cabendo, ainda, ao Estado garantir a todos o pleno exercício dos direitos culturais e o acesso às fontes de cultura nacional, apoiando e incentivando a difusão das manifestações culturais.

A Constituição Federal protege de modo amplo esse aspecto do meio ambiente, tratando até mesmo das regras de competência legislativa e material nesse assunto, prevendo quais entidades federativas – União, Estados membros, Distrito Federal e municípios podem legislar e atuar na sua proteção.

Muitas vezes, como um reforço de proteção, ao meio ambiente cultural, somam-se, ao ordenamento jurídico nacional, regras de proteção internacional para preservar o bem que espelha determinada identidade cultural. Assim, a Organização das Nações Unidas para a Educação, Ciência e Cultural (Unesco), uma das agências especializadas da ONU, é a responsável pela implementação dessa proteção no nível mundial.

Meio ambiente do trabalho

O **meio ambiente do trabalho** é entendido como o local onde se desenvolvem as atividades do trabalho humano. O complexo de bens móveis e imóveis de uma empresa. Importante destacarmos que sua proteção é vital para a saúde e integridade física dos trabalhadores.

No texto da Constituição Federal de 1988, encontramos dois artigos que tratam pontualmente da tutela do meio ambiente do trabalho:

a) art. 7º, XXII – redução dos riscos inerentes ao trabalho, por meio de normas de saúde, higiene e segurança.

b) art. 200, VIII – colaborar na proteção do meio ambiente, nele compreendido o do trabalho.

Celso Antônio Pacheco Fiorillo (*Curso de Direito Ambiental brasileiro,* p. 391) assevera que *"estes dois dispositivos preveem a tutela imediata do meio ambiente do trabalho. A mediata tem respaldo no* caput *do artigo 225 da Constituição Federal".*

Ainda, conforme este autor (*idem,* p. 393):

> *"...a proteção ao meio ambiente do trabalho é distinta da proteção do direito do trabalho. Isso porque aquela tem por objeto jurídico a saúde e a segurança do trabalhador, a fim de que este possa desfrutar uma vida com qualidade. Busca-se salvaguardar o homem trabalhador das formas de degradação e poluição de vida".*

Verifica-se que essa face do meio ambiente pode ser protegida por meio de ação civil pública, por exemplo, e que o julgamento será analisado, em cada hipótese, pela própria Justiça do Trabalho, conforme dispositivo constitucional e decisões já consagradas pela jurisprudência. Nesse sentido, o Supremo Tribunal Federal (STF) (RE 206220/MG – rel. min. Marco Aurélio, j. 16/3/1999, publ. 17/9/1999), já afirmou que:

> *"...tendo a ação civil pública como causa de pedir disposições trabalhistas e pedidos voltados à preservação do meio ambiente do trabalho e, portanto, aos interesses dos empregados, a competência para julgá-la é da Justiça do Trabalho".*

Em Resumo

Classificação do Meio Ambiente

Entende-se por meio ambiente o conjunto de condições, leis, influências e interações de ordem física, química e biológica, que permite, abriga e rege a vida em todas as suas formas (art. 3º da Lei 6.938/81). Essa conceituação legal, no entanto, não abrange a noção de meio ambiente como um todo, mas restringe-se ao aspecto natural do meio ambiente.

Preste Atenção

Podemos identificar quatro aspectos ou particularidades do meio ambiente levando à sua classificação em:

- Meio ambiente natural, também denominado físico, é constituído pelo solo, pela água, pelo ar, pela flora (é com relação a esse aspecto que a Lei 6.938/81 define, no artigo 3º, o que se deve entender por meio ambiente).
- Meio ambiente artificial é aquele composto pelo espaço urbano construído (conjunto de edificações) e pelos equipamentos públicos (ruas, praças, áreas verdes) – fruto da interação do homem com o meio ambiente natural.
- Meio ambiente cultural é integrado pelo patrimônio histórico, artístico, paisagístico, turístico – também considerado fruto da interação do homem com o meio ambiente natural, mas diferindo do anterior pelo valor especial que adquiriu ou de que se impregnou.
- Meio ambiente do trabalho é entendido como o local onde se desenvolvem as atividades do trabalho humano. O complexo de bens móveis e imóveis de uma empresa.

3

PRINCÍPIOS DO DIREITO AMBIENTAL

Noções introdutórias

Em breve evolução da importância dos princípios na ciência jurídica, recordamos um momento no qual os princípios eram tidos como meras exortações, preceitos de ordem moral ou política. Essa concepção muito se relacionava com o fato dc possuírem um modo de expressão consubstanciado num conteúdo aberto, vago, e serem destituídos de uma sanção imediata.

Posteriormente, passamos para uma fase de reconhecimento da juridicidade dos princípios, espelhada na clássica definição de Celso Antônio Bandeira de Mello (*Curso de Direito Administrativo*, p. 807-808) a respeito dos princípios jurídicos:

> *"...mandamento nuclear de um sistema, verdadeiro alicerce dele, disposição fundamental que se irradia sobre diferentes normas, compondo-lhes o espírito e servindo de critério para sua exata compreensão e inteligência, exatamente por definir a lógica e a racionalidade do sistema normativo, no que lhe confere a tônica e lhe dá sentido harmônico".*

Conclui, ainda (*op. cit.*):

> *"É o conhecimento dos princípios que preside a intelecção das diferentes partes componentes do todo unitário que há por nome sistema jurídico positivo".*

Hoje, claro está o papel normativo dos princípios, os quais preconizam uma atuação positiva do Estado, notadamente por meio da implementação de normas programáticas, e, se desrespeitados, geram as mais diferentes repercussões na esfera patrimonial e pessoal do agente.

Princípio do desenvolvimento sustentável

Esse princípio procura compatibilizar desenvolvimento econômico-social e preservação da qualidade do meio ambiente. Assim, para alcançarmos o desenvolvimento sustentável, a proteção do meio ambiente deve constituir parte integrante do processo de desenvolvimento e não pode ser considerada isoladamente em relação a ele.

Na década de 80, mais precisamente em 1983, a ONU criou a Comissão Mundial sobre Meio Ambiente e Desenvolvimento, cujos trabalhos foram concluídos em 1987, com a apresentação de um diagnóstico dos problemas ambientais globais. Assim, foi com a apresentação do relatório Nosso Futuro Comum – também conhecido como relatório Brundtland – que a expressão desenvolvimento sustentável foi consagrada em sua definição clássica.

Dessa forma, "*desenvolvimento sustentável é aquele que atende às necessidades do presente sem comprometer a possibilidade de as gerações futuras atenderem suas próprias necessidades*".

Identifica-se previsão do princípio tanto no âmbito internacional, quanto no nacional, em diversos dispositivos.

Na Declaração do Rio, por exemplo, encontraremos sua previsão precipuamente nos princípios 3 e 4, conforme transcrevemos abaixo:

> **PRINCÍPIO 3 -** *O direito ao desenvolvimento deve ser exercido de modo a permitir que sejam atendidas equitativamente as necessidades de desenvolvimento e de meio ambiente das gerações presentes e futuras.*
>
> **PRINCÍPIO 4 -** *Para alcançar o desenvolvimento sustentável, a proteção ambiental constituirá parte integrante do processo de desenvolvimento e não pode ser considerada isoladamente deste.*

Entre nós, a Constituição Federal de 1988, no artigo 225, inciso V, prevê que o Poder Público, para assegurar o direito a um meio ambiente equilibrado ecologicamente deverá "controlar a produção, a comercialização e o emprego de técnicas, métodos e substâncias que comportem risco para a vida, a qualidade de vida e o meio ambiente".

Também o artigo 170, VI do texto constitucional, deixa clara a opção por uma ordem econômica que respeite a variável ambiental, prevendo dentre vários princípios que a norteiam a defesa do meio ambiente, até mesmo mediante tratamento diferenciado conforme o impacto ambiental dos produtos e serviços e de seus processos de elaboração e prestação.

Assim, entendemos de suma importância a inserção da defesa do meio ambiente enquanto **um princípio** da ordem econômica. De fato, partindo do conceito anteriormente exposto, pelo qual os princípios são normas que ordenam algo, são verdadeiros mandamentos de otimização, concluímos que nosso sistema produtivo, por força de imposição constitucional, deve observar, no desenvolvimento de suas atividades, a preservação ambiental. Essa preservação pode-se dar de diferentes modos: por meio do desenvolvimento de novas tecnologias que ensejariam mecanismos de produção mais limpos, novas formas de aproveitamento, de reuso, reciclagem e captação de recursos.

A Lei 6.938/81, quando cuida dos objetivos da Política Nacional do Meio Ambiente, prevê no artigo 4º que tal política visará:

"I – à compatibilização do desenvolvimento econômico-social com a preservação da qualidade do meio ambiente e do equilíbrio ecológico".

O artigo 5º, parágrafo único da referida lei, complementa a ideia prevendo que:

"As atividades empresariais públicas ou privadas serão exercidas em consonância com as diretrizes da Política Nacional do Meio Ambiente".

Com isso, a produção sustentável pode ser resumida em dois pontos básicos: economia e uso racional de energia e matéria-prima, conservando-se os recursos naturais.

Nessa inter-relação entre meio ambiente e atividade econômica, lembramo-nos de Fábio Nusdeo (*Curso de Economia – Introdução ao Direito Econômico,* p. 363), quando nos recorda que:

"...o sistema econômico atua como um mero intermediário entre o meio ambiente e... o meio ambiente. Por mais paradoxal que possa parecer esta afirmação, é o que, de fato, ocorre. A atividade econômica do homem consiste, em essência, no retirar da biosfera elementos que, mais cedo ou mais tarde, a ela retornarão, sob diversas formas ou modalidades".

Desse modo, pode-se afirmar que o princípio do desenvolvimento sustentável não tem por finalidade impedir o crescimento econômico, mas procura determinar que as atividades sejam desenvolvidas utilizando todos os meios colocados à disposição para a menor degradação possível. Para alguns doutrinadores, a nomenclatura do princípio varia, mas a ideia mantém-se.

Assim, para Paulo Affonso Leme Machado (*Direito Ambiental brasileiro,* p. 62) o princípio é denominado Princípio do Acesso Equitativo aos Recursos Naturais, cuja ideia é a de que o meio ambiente é um bem de uso comum do povo, sendo possível, no entanto, por meio da equidade, assegurar às gerações futuras o uso dos recursos ambientais.

No mesmo sentido, Paulo de Bessa Antunes (*op. cit.,* p. 24-25) trata do princípio do desenvolvimento e, ao lembrar que o Brasil é signatário da declaração sobre direito ao desenvolvimento, ressalta que o conceito de desenvolvimento tem alguns elementos-chave como o que determina:

"Os Estados devem tomar, em nível nacional, todas as medidas necessárias para a realização do direito ao desenvolvimento e devem assegurar, inter alia, *igualdade de oportunidade para todos, no acesso aos recursos básicos, educação, serviços de saúde, alimentação, habitação, emprego e distribuição equitativa da renda. Medidas efetivas devem ser tomadas para assegurar que as mulheres tenham um papel ativo no processo de desenvolvimento. Reformas econômicas e sociais apropriadas".*

Por fim, conclui que:

> *"O princípio do desenvolvimento, como acima demonstrado, materializa-se no direito ao desenvolvimento sustentável, que se encontra presente em diferentes textos normativos nacionais e internacionais".*

Na prática, como vimos esse princípio, vem sendo cumprido mediante a instalação de filtros nas chaminés das fábricas, correta disposição dos resíduos sólidos, utilização racional da água, dentre outras medidas.

Princípio do poluidor-pagador

O princípio, conhecido internacionalmente como *polluter pays principle,* é expressão máxima da internalização das externalidades negativas do processo produtivo, destacando-se, na sua vertente preventiva, que deve o poluidor arcar com as despesas de prevenção dos danos ao meio ambiente, oriundos do desenvolvimento de sua atividade.

Nesse aspecto, Cristiane Derani (*op. cit.*, p. 158) afirma que:

> *"Durante o processo produtivo, além do produto a ser comercializado, são produzidas 'externalidades negativas'. São chamadas externalidades porque, embora resultantes da produção, são recebidas pela coletividade, ao contrário do lucro, que é percebido pelo produtor privado. Daí a expressão 'privatização de lucros e socialização de perdas', quando identificadas externalidades negativas. Com a aplicação do princípio do poluidor-pagador, procura-se corrigir este custo adicionado à sociedade, impondo-se sua internalização. Por isso, este princípio é também conhecido como o princípio da responsabilidade".*

Por outro lado, na sua vertente repressiva, ocorrendo o dano ao meio ambiente, o poluidor será responsável por sua reparação *in natura*, isto é, tentando restabelecer a situação ao *statu quo ante* a ocorrência do dano ou procedendo à compensação em pecúnia.

Dessa forma, por esse princípio, busca-se consagrar também a ideia de que aquele que poluir terá de arcar com os custos da reparação do dano causado. Em outros ordenamentos jurídicos, chama-se princípio do causador ou responsável.

A Declaração do Rio, de 1992, a ele se reporta no seu Princípio 16, o qual determina:

> **PRINCÍPIO 16 –** *As autoridades nacionais devem procurar promover a internalização dos custos ambientais e o uso de instrumentos econômicos, tendo em vista a abordagem segundo a qual o poluidor deve, em princípio, arcar com o custo da poluição, com a devida atenção ao interesse público e sem provocar distorções no comércio e nos investimentos internacionais.*

A previsão constitucional desse princípio encontra-se no artigo 225, § 3º da Constituição Federal de 1988, que determina: "As condutas e atividades consideradas lesivas ao meio ambiente sujeitarão os infratores, pessoas físicas ou jurídicas, a sanções penais e administrativas, independentemente da obrigação de reparar os danos causados".

Assim, podemos identificar três órbitas de reparação do dano ambiental: a civil, a penal e a administrativa.

A Lei da Política Nacional do Meio Ambiente, 6.938/81, cuida desse princípio no artigo 4º, VII, consagrando a ideia de que aquele que polui terá de arcar com os custos da reparação do dano causado.

Com isso, podemos identificar no princípio do poluidor-pagador duas faces, a saber: de um lado, sua conotação preventiva – arcar com os custos da prevenção de eventual dano ambiental e, de outro, a repressiva – no caso de ocorrer o dano pagar a recomposição e /ou indenização.

Princípio do usuário-pagador

Esse princípio vem previsto no artigo 4º, VII, 2ª parte, e significa que aquele que usar os recursos ambientais deve pagar por esse uso, na medida em que está usando algo que é um bem de uso comum, isto é, de fruição coletiva. Assim, a lei diz: "*... e ao usuário, da contribuição pela utilização de recursos ambientais com fins econômicos*". Nesse sentido, por exemplo, está estruturada a cobrança pelo uso da água, nos moldes da Lei 9.433/97 – Lei da Política Nacional de Recursos Hídricos.

Dessa maneira, fica estabelecido o que se conhece como uso autorizado, ou seja, a possibilidade de uso privado de um recurso, mas atendendo-se aos ditames da legislação vigente, até mesmo quanto aos padrões legalmente fixados.

Deve-se ressaltar que esse pagamento pelo uso do recurso não tem natureza jurídica de penalidade, uma vez que ocorre em virtude do uso privado de um recurso que é bem de fruição coletiva.

Com isso, entendemos que não há um *bis in idem* entre os princípios do poluidor pagador e do usuário-pagador, devido à diferença de sentido entre eles.

Destaca-se, no entanto, que para Paulo Affonso Leme Machado (*Direito Ambiental brasileiro*, p. 66) o princípio usuário-pagador contém também o princípio poluidor-pagador, isto é, aquele que obriga o poluidor a pagar a poluição que pode ser causada ou que já foi causada.

Princípio da prevenção/precaução

Durante muito tempo discutiu-se se estávamos diante de um mesmo princípio ou de dois princípios distintos.

Há, na doutrina, posicionamentos que identificam de um lado o princípio da prevenção e, de outro, o da precaução. Com o amadurecimento da ideia, alguns autores que antes não diferenciavam os princípios reformularam seus pensamentos e passaram a entender como necessária a distinção. Nesse aspecto, por exemplo, Edis Milaré adotava o princípio da prevenção como gênero que englobaria o da precaução. Atualmente (*Direito do Ambiente*, p. 766), declara que reformulou sua opinião e passou a entender como necessária a distinção entre os dois princípios, afirmando: *"De maneira sintética, podemos dizer que a prevenção trata de riscos ou impactos já conhecidos pela ciência, ao passo que a precaução se destina a gerir riscos ou impactos desconhecidos".*

Com efeito, com base na aplicação desses princípios, busca-se prevenir a ocorrência do dano ambiental. Isso sem dúvida é um dos pontos mais importantes do Direito Ambiental, diante da complexidade da reparação do dano ao meio ambiente, já que é difícil restabelecermos o *statu quo ante* perante uma área degradada. Sabe-se que muitos danos ambientais são compensáveis, mas, sob a visão técnica, de difícil ou impossível reparação.

Dessa forma, é extremamente importante prevenir a ocorrência do dano. De que maneira? Utilizando instrumentos para tanto, tais como o Estudo de Impacto Ambiental/Relatório de Impacto no Meio Ambiente (EIA/Rima), incentivos fiscais e eventualmente uma legislação que imponha severas multas e sanções utilizadas como forma de prevenir a ação danosa.

O princípio da prevenção trata de riscos ou impactos já conhecidos pela ciência, e é aplicado com o objetivo de impedir a ocorrência de danos ao meio ambiente, por meio da imposição de medidas de proteção antes da implantação de empreendimentos e atividades consideradas efetiva ou potencialmente poluidoras. A ideia da prevenção está ligada com *pre-venire*, isto é, antecipar-se ao que vai vir e, nesse caso, porque já se conhece o que vai vir.

Assim, no caso de certeza dos danos ambientais de determinado empreendimento, estes devem ser prevenidos, com uma atuação antecipada.

Referido princípio encontra-se incorporado ao sistema jurídico nacional, notadamente quando, por exemplo, o artigo 225, § 1º, IV da Constituição Federal de 1988 determina a necessidade de realização **prévia** de EIA/Rima para obras ou atividades potencialmente causadoras de significativa degradação do meio ambiente e o inciso V prevê o controle da produção, comercialização e emprego de técnicas que comportem risco para vida, qualidade de vida e meio ambiente.

Também a Lei da Política Nacional do Meio Ambiente – Lei 6.938/81, ao cuidar do licenciamento ambiental, espelha a preocupação em prevenir o dano ambiental com a realização do licenciamento ambiental – exemplo da aplicação do princípio da prevenção. Por fim, a Lei 11.428, de 22 de dezembro de 2006, que dispõe sobre a utilização e proteção da vegetação nativa do Bioma Mata Atlântica, no artigo 6º, parágrafo único, expressamente elenca alguns princípios e, dentre eles, se refere à prevenção e à precaução, tratando-os como princípios distintos, conforme segue abaixo:

> *"Art. 6º – A proteção e a utilização do Bioma Mata Atlântica tem por objetivo geral o desenvolvimento sustentável e, por objetivos específicos, a salvaguarda da biodiversidade, da saúde humana, dos valores paisagísticos, estéticos e turísticos, do regime hídrico e da estabilidade social.*

Parágrafo único. Na proteção e na utilização do Bioma Mata Atlântica, serão observados os princípios da função socioambiental da propriedade, da equidade intergeracional, da ***prevenção****, da* ***precaução****, do usuário-pagador, da transparência das informações e atos, da gestão democrática, da celeridade procedimental, da gratuidade dos serviços administrativos prestados ao pequeno produtor rural e às populações tradicionais e do respeito ao direito de propriedade". (destaque nosso)*

Embora os termos "precaução" e "prevenção" tenham semelhanças, há características próprias para o princípio da precaução, que será invocado para proteção ambiental no caso de riscos ou impactos desconhecidos e, nessas hipóteses, de incerteza científica de danos, caberá ao interessado provar que as intervenções pretendidas no ambiente não trarão consequências indesejáveis.

Nesse sentido, a ideia da precaução como um princípio ambiental surge na década de 70 de início, em uma lei da República Federativa da Alemanha, com o intuito de guiar os administradores no trato da poluição.

Entre nós, vemos que nosso país acata o princípio.

A Declaração do Rio, de 1992, a ele se reporta no seu Princípio 15, o qual determina:

PRINCÍPIO 15 - *Com o fim de proteger o meio ambiente, o princípio da precaução deverá ser amplamente observado pelos Estados, de acordo com suas capacidades. Quando houver ameaça de danos graves ou irreversíveis, a ausência de certeza científica absoluta não será utilizada como razão para o adiamento de medidas economicamente viáveis para prevenir a degradação ambiental.*

As duas convenções internacionais assinadas, ratificadas e promulgadas pelo Brasil que tratam do princípio da precaução são:

- Convenção da Diversidade Biológica;
- Convenção Quadro das Nações Unidas sobre a mudança do Clima.

Outrossim, encontramos leis infraconstitucionais que tratam do princípio da precaução, tais como o próprio artigo 6º, parágrafo único da Lei 11.428, de 22 de dezembro de 2006, que dispõe sobe a utilização e proteção da vegetação nativa do Bioma Mata Atlântica. Nesse sentido, a Lei 11.105, de 24 de março de 2005, que estabelece a Política Nacional de Biossegurança, também adota expressamente em seu artigo 1º o princípio da precaução.

Princípio da participação

Esse princípio, já elencado no *caput* do artigo 225, prevê uma atuação conjunta do Poder Público e da sociedade na proteção do meio ambiente. Para a efetivação dessa ação em conjunto, a informação e a educação ambiental são meios necessários (cf. art. 225, § 1º, VI).

Nesse aspecto, ressaltamos a importância da implementação da educação ambiental, já consagrada na Lei 9.795/99, devidamente regulamentada pelo Decreto 4.281/02, que estabeleceu a Política Nacional de Educação Ambiental, que buscará preservar o meio ambiente com a construção de valores sociais e atitudes voltadas à preservação desse bem.

Também o artigo 13 da Lei 6.938/81 pode ser entendido como uma regra de participação do Poder Público ao prever que o Poder Executivo incentivará as atividades voltadas ao meio ambiente.

Por fim, também importante o papel das audiências públicas a serem realizadas durante o procedimento de licenciamento ambiental de atividades/empreendimentos considerados de significativo impacto com o intuito de que os interessados possam conhecer o projeto, dirimindo dúvidas e recolhendo dos presentes as críticas e sugestões a respeito.

O Conama prevê essas audiências de início na Resolução 001/86 – artigo 11, § 2º e, posteriormente, com a edição da Resolução 009/87, passamos a ter uma regulamentação mais específica.

A Declaração do Rio, de 1992, a ele se reporta no seu Princípio 10, o qual determina:

> **PRINCÍPIO 10 -** *A melhor maneira de tratar as questões ambientais é assegurar a participação, no nível apropriado, de todos os cidadãos interessados. No nível nacional, cada indivíduo terá acesso adequado às informações relativas ao meio ambiente de que disponham as autoridades públicas, inclusive informações acerca de materiais e atividades perigosas em suas comunidades, bem como a oportunidade de participar dos processos decisórios. Os Estados irão facilitar e estimular a conscientização e a participação popular, colocando as informações à disposição de todos. Será proporcionado o acesso efetivo a mecanismos judiciais e administrativos, inclusive no que se refere à compensação e reparação de danos.*

Princípio da função socioambiental da propriedade

Pode-se afirmar que referido princípio se encontra regulado no artigo 170, III e VI da Constituição Federal, e também no artigo 1.228, § 1º do Código Civil, que determina:

> *"Art. 1.228. O proprietário tem a faculdade de usar, gozar e dispor da coisa, e o direito de reavê-la do poder de quem quer que injustamente a possua ou detenha.*
> ***§ 1º. O direito de propriedade deve ser exercido em consonância com as suas finalidades econômicas e sociais e de modo que sejam preservados, de conformidade com o estabelecido em lei especial, a flora, a fauna, as belezas naturais, o equilíbrio ecológico e o patrimônio histórico e artístico, bem como evitada a poluição do ar e das águas".*** *(destaque nosso)*

Por esse princípio, busca-se afirmar que o direito de propriedade deve ser exercido levando-se em conta a noção de sustentabilidade ambiental. A função social da propriedade não se limita à propriedade rural, mas também à propriedade urbana. Engloba ainda a propriedade dos bens móveis e imóveis, envolvendo um consumo sustentável dos bens e um descarte adequado dos resíduos.

Princípio do limite

À luz de tal princípio, a administração tem o dever de estabelecer os padrões de emissão de partículas, ruídos e a presença de corpos estranhos no ambiente, tendo em vista a necessidade de proteção da vida e do próprio ambiente.

Com base na fixação dos limites, é que a administração terá um parâmetro para agir impondo coercitivamente, por meio do seu poder de polícia ambiental, as medidas necessárias para que se evite, ou pelo menos se reduzam os níveis de poluição e/ou degradação.

A Constituição Federal dele cuidou no artigo 225, § 1º, V, ao determinar que incumbe ao Poder Público controlar a produção, a comercialização e o emprego de técnicas, métodos e substâncias que comportem risco para a vida, a qualidade de vida e o meio ambiente.

Também a Lei 6.938/81 a ele se reporta em vários dispositivos: o artigo 4º, III, ao tratar dos objetivos da Política Nacional do Meio Ambiente, prevê que tal política visará ao estabelecimento de critérios e padrões da qualidade ambiental e de normas relativas ao uso e manejo de recursos ambientais; o artigo 8º, VII, ressalta dentre as competências do Conama estabelecer normas, critérios e padrões relativos ao controle e à manutenção da qualidade do meio ambiente, com vistas ao uso racional dos recursos ambientais, principalmente os hídricos e, por fim, o artigo 9º, I, destaca o estabelecimento de padrões de qualidade ambiental como um instrumento da Política Nacional do Meio Ambiente.

Paulo de Bessa Antunes (*op. cit.*, p. 47), reformulando posição consagrada em edições anteriores, afirma, em recente obra, que entendeu melhor alterar a denominação de tal princípio para *princípio da capacidade de suporte*, uma vez que o estabelecimento de tais padrões deve, *necessariamente, levar em consideração a capacidade de suporte do ambiente, isto é, o limite de matéria ou energia estranha que o ambiente pode suportar sem alterar suas características básicas e essenciais.*

Princípio da cooperação entre os povos

Com previsão no artigo 4º, IX da Constituição Federal, e artigo 4º, V, da Lei 6.938/81, combinados com os artigos 77 e 78 da Lei 9.605/98, esse princípio prevê a cooperação entre os povos visando à preservação do meio ambiente.

Na área ambiental, destaca-se esse princípio pelo fato de que as agressões ao ambiente não ficam restritas ao limite territorial do país em que ocorrem, mas, pelo contrário, podem espalhar-se para os países vizinhos. Exemplos: a poluição do mar ocorrida em certo ponto pode ser levada pelas correntes marinhas e afetar cadeias de vida muito distantes. Daí a necessidade de cooperação, por exemplo, na divulgação de dados e informações ambientais.

A cooperação internacional para a preservação do meio ambiente determina que resguardados a soberania nacional, a ordem pública e os bons costumes, o governo brasileiro prestará, no que concerne ao meio ambiente, a necessária cooperação a outro país, devendo, ainda, manter sistema de comunicações apto a facilitar o intercâmbio rápido e seguro de informações com órgãos de outros países (arts. 77 e 78 da Lei 9.605/98).

A Declaração do Rio, de 1992, a ele se reporta no seu Princípio 13, o qual determina:

> **PRINCÍPIO 13 -** *Os Estados irão desenvolver legislação nacional relativa à responsabilidade e à indenização das vítimas de poluição e de outros danos ambientais. Os Estados irão também cooperar, de maneira expedita e mais determinada, no desenvolvimento do direito internacional no que se refere à responsabilidade e à indenização por efeitos adversos dos danos ambientais causados, em áreas fora de sua jurisdição, por atividades dentro de sua jurisdição ou sob seu controle.*

Princípio da informação

Com o intuito de garantir a atuação da coletividade na proteção ambiental, nosso ordenamento consagrou o princípio da informação sobre o meio ambiente.

Assim, a lei da Política Nacional do Meio Ambiente – Lei 6.938/81, também considera instrumento dessa política com previsão do artigo 9º, o estabelecimento do sistema nacional de informações sobre o meio ambiente. Com efeito, também todo o procedimento do licenciamento ambiental deve ser norteado pela publicidade.

Em 2003, publicamos a Lei 10.650/03, que impõe aos órgãos e às entidades da administração direta e indireta que compõem o Sisnama o dever geral de permitir o acesso público aos documentos, expedientes e processos administrativos que tratem de matéria ambiental, assim como de fornecer informações ambientais que estejam sob sua guarda em meio escrito, visual, sonoro ou eletrônico, assegurando-se, no entanto, o sigilo comercial, industrial, financeiro ou qualquer outro sigilo protegido por lei, bem como o relativo às comunicações internas dos órgãos e entidades governamentais (art. 2º, § 2º da Lei 10.650/03).

EM RESUMO

PRINCÍPIOS DO DIREITO AMBIENTAL

Verifica-se que tanto a Constituição Federal quanto a Lei 6.938/81 contêm em diversos dispositivos alguns princípios básicos do Direito Ambiental, a saber:

- **Princípio do desenvolvimento sustentável** – Esse princípio procura compatibilizar desenvolvimento econômico-social e preservação da qualidade do meio ambiente.
- **Princípio do poluidor-pagador** – Por esse princípio, busca-se consagrar a ideia de que aquele que poluir terá de arcar com os custos da reparação do dano causado.
- **Princípio do usuário-pagador** – Esse princípio prevê a cobrança de um valor econômico pela possibilidade de uso de um recurso natural.
- **Princípio da prevenção/precaução** – Com a aplicação desses princípios, busca-se prevenir a ocorrência do dano ambiental. O princípio da prevenção seria aplicado com o objetivo de impedir a ocorrência de danos ao meio ambiente, por meio da imposição de medidas de proteção nos casos de riscos ou impactos já conhecidos pela ciência. O princípio da precaução, por sua vez, seria invocado no caso de riscos ou impactos desconhecidos, sugerindo cuidados antecipados e cautela para a liberação de uma atividade sobre cujos efeitos ainda não haja uma certeza científica.
- **Princípio da participação** – Esse princípio, elencado no *caput* do artigo 225, prevê uma atuação conjunta do Poder Público e da sociedade na proteção do meio ambiente.
- **Princípio da função socioambiental da propriedade** – Por esse princípio, busca-se afirmar que o direito de propriedade deve ser exercido levando-se em conta a noção de sustentabilidade ambiental.
- **Princípio do limite** – Por esse princípio, a administração tem o dever de estabelecer os padrões de emissão de partículas, ruídos e a presença de corpos estranhos no ambiente, tendo em vista a necessidade de proteção da vida e do próprio ambiente.
- **Princípio da cooperação entre os povos** – Por esse princípio, deve-se buscar a cooperação internacional para preservação do meio ambiente, notadamente porque os danos ambientais podem espalhar-se além da área de sua ocorrência, afetando países vizinhos.
- **Princípio da informação** – Esse princípio consagra o acesso aos dados ambientais.

Preste Atenção

Atualmente, tem-se entendido como necessária a distinção entre o princípio da prevenção e o da precaução. O princípio da prevenção seria aplicado com o objetivo de impedir a ocorrência de danos ao meio ambiente, por meio da imposição de medidas de proteção nos casos de riscos ou impactos já conhecidos pela ciência. O princípio da precaução, por sua vez, seria invocado no caso de riscos ou impactos desconhecidos, sugerindo cuidados antecipados e cautela para a liberação de uma atividade sobre cujos efeitos ainda não haja certeza científica.

4

TUTELA CONSTITUCIONAL DO MEIO AMBIENTE

Antecedentes da tutela constitucional ambiental

Nossa Constituição imperial de 1824 não fez qualquer referência à matéria ambiental prevendo, no entanto, a proibição de indústrias contrárias à saúde do cidadão.

Nossa primeira Constituição republicana, datada de 1891, atribuía competência legislativa à União para legislar sobre suas minas e terras.

A Constituição de 1934 tratou da proteção às belezas naturais, ao patrimônio histórico, artístico e cultural, conferindo, ainda à União competência em matéria de riquezas do subsolo, mineração, águas, florestas, caça, pesca e sua exploração.

Verifica-se, ainda que, a partir de 1934, os textos começaram a prever a função social da propriedade.

Tanto a Constituição de 1937 quanto a de 1946 mantiveram a preocupação com a proteção dos monumentos histórico, artístico, natural e paisagístico, cuidando, ainda, da competência legislativa da União a respeito de certos temas, tais como: riquezas do subsolo, águas, florestas, caça, pesca.

O texto constitucional de 1967 manteve as disposições dos anteriores, incluindo dentre as competências da União legislar sobre normas gerais de defesa da saúde, sobre jazidas, florestas, caça, pesca e águas.

Como conclusão, verificamos que, desde a Constituição Federal de 1934, todas mantiveram a proteção do patrimônio histórico, cultural e paisagístico do país, mas o legislador **não** se preocupava em proteger o meio ambiente de forma específica e global. A tutela era pontual e fragmentária.

O meio ambiente na Constituição Federal (CF) de 1988

Importante sempre lembrar que não existe entre nós um Código de Proteção Ambiental de aplicação nacional.

A CF de 88 pode ser considerada **verde,** dada a amplitude da proteção ambiental que estabelece. Ela tutela o meio ambiente administrativa, civil e penalmente (art. 225 e seus parágrafos).

Assim, encontraremos na Constituição Federal, especificamente no artigo 225, a regra matriz da proteção ambiental, além de identificarmos vários outros dispositivos constitucionais dentro dos mais variados temas, que de forma direta ou indireta se referem de forma expressa à proteção ambiental.

O texto constitucional trata da divisão de competências em matéria ambiental, sendo definida a atuação de cada entidade da Federação tanto no aspecto legislativo, quanto no aspecto material (art. 20 e seus incisos, art. 21, XIX, art. 22, IV, art. 23, I, III, IV, VI, VII, XI; art. 24, I, VI, VII, VIII; art. 30, I, II, VIII e IX).

O Conselho de Defesa Nacional, órgão de consulta do presidente da República, deve observar a proteção dos recursos naturais ao propor critérios e utilização de áreas indispensáveis à segurança do território nacional (art. 91, § 1º, III).

Além disso, há também previsão de proteção ao meio ambiente no capítulo I, título VII, da Constituição Federal, quando esta trata dos princípios gerais da atividade econômica (art. 170, VI; art.174, § 3º; art. 177, § 4º, II, "b") e capítulo III, do mesmo título, que trata da Política Agrícola e Fundiária e da Reforma Agrária (art. 186, II).

Também na Ordem Social, a Constituição prevê proteção do meio ambiente em diferentes aspectos, tais como: artigo 200, VIII; artigo 216, V; artigo 220, § 3º, II; artigo 225; artigo 231, § 1º.

Encontramos, ainda, previsões sobre a tutela processual do meio ambiente, isto é, a Constituição determina a existência de ações específicas para a proteção ambiental. Encontraremos, por exemplo: artigo 5º, LXXIII, prevendo a ação popular para defesa do meio ambiente, e o artigo 129, III, tratando das funções institucionais do Ministério Público, prevendo a utilização da ação civil pública como um instrumento de tutela ambiental.

Por fim, vale destacar que além da previsão constitucional sobre o tema, também possuímos uma legislação infraconstitucional esparsa, por tipo de assunto, que será objeto de análise nos próximos capítulos.

O ARTIGO 225 E SEUS PARÁGRAFOS

No título VIII – Da Ordem Social – Capítulo VI, especificamente no artigo 225 e seus parágrafos, encontramos a base constitucional para a proteção ambiental.

O *caput* do artigo 225 prevê:

> *"Todos têm direito ao meio ambiente ecologicamente equilibrado, bem de uso comum do povo e essencial à sadia qualidade de vida, impondo-se ao Poder Público e à coletividade o dever de defendê-lo e preservá-lo para as gerações presentes e futuras".*

Uma análise dessa previsão faz-se necessária.

Todos: A utilização do pronome indefinido todos – aumenta a abrangência da norma inserindo o direito ao meio ambiente como um direito difuso. – Definição artigo 81, parágrafo único do Código de Defesa do Consumidor.

Em linhas gerais, o direito difuso é o que extrapola a esfera individual, tendo como titulares pessoas indeterminadas e ligadas por uma situação danosa de fato.

Têm direito ao meio ambiente ecologicamente equilibrado: A expressão meio ambiente ecologicamente equilibrado remete-nos à noção de equilíbrio ecológico que **não** significa inalterabilidade das condições naturais. Enfim, é um estado ou situação na qual as populações das diferentes espécies permanecem mais ou menos constantes, mediadas pelas interações dessas diferentes espécies. Existe equilíbrio quando temos uma igualdade de forças opostas, uma estabilidade, um autocontrole.

Bem de uso comum do povo: Tanto o Código Civil de 1916 – artigo 66-I, quanto o atual, no artigo 99, I, tratam de definir o que seja a expressão. No entanto, na área ambiental, a expressão adquire uma conotação própria e específica.

Em relação à questão ambiental, o bem de uso comum do povo seria aquele que pode ser desfrutado por toda e qualquer pessoa dentro dos limites legais. Teria a característica de um bem dito difuso, pois não é enquadrável como público nem como privado.

Com base na clássica pergunta "de quem é o ar que respiro?", surge o entendimento de que a noção de bem de uso comum do povo para o direito ambiental significa "bem de fruição coletiva", e, portanto, seu proprietário, pessoa pública ou particular, não pode dispor da qualidade do ambiente ao seu bel-prazer, porque ele não integra sua disponibilidade, uma vez que temos de lembrar também da noção maior de função social da propriedade.

Essencial à sadia qualidade de vida: Não dá para pensar em sadia qualidade de vida, sem pensarmos em equilíbrio dos recursos ambientais.

Impondo-se ao Poder Público e à coletividade o dever de defendê-lo e preservá-lo: Vemos que o Poder Público, em todas as suas esferas de atuação – administrativa, legislativa ou judicial – deve tomar as medidas para preservação e conservação ambiental. A coletividade também assume importante papel, uma vez que atuará não só por meio de participação em órgãos colegiados, mas também diretamente, manifestando-se nas audiências públicas ou na via processual mediante as associações nas ações civis públicas ou diretamente, por intermédio de iniciativa popular, na ação popular de defesa ambiental.

Para as presentes e futuras gerações: Tratando-se de típico direito de terceira geração – o direito ao meio ambiente ecologicamente equilibrado – é um direito de toda a coletividade e deve ser preservado para a sociedade atual, bem como para a futura, ressaltando o que alguns consideram o caráter intergeracional desse direito.

O DIREITO AO MEIO AMBIENTE ECOLOGICAMENTE EQUILIBRADO COMO UM DIREITO HUMANO FUNDAMENTAL

A natureza jurídica do direito ao meio ambiente ecologicamente equilibrado é de direito humano fundamental de terceira geração, isto é, não são direitos de uma pessoa ou de um grupo, mas são direitos cujo destinatário é o gênero humano.

Na tradicional classificação dos direitos humanos em gerações, encontramos os direitos de primeira geração – direitos individuais e políticos os quais privilegiam o valor liberdade, já na segunda geração, encontram-se declarados os direitos econômicos, sociais e culturais que procuram consagrar, na prática, o valor igualdade e, por fim, os ditos direitos de terceira geração consagram o valor solidariedade.

Nessa direção, o STF, na análise do MS 22.164-0 São Paulo – com decisão de 30/10/1995, consagrou o entendimento de que o meio ambiente ecologicamente equilibrado é direito humano fundamental incluído nos direitos de terceira geração.

> *"...o direito à integridade do meio ambiente – típico direito de terceira geração – constitui prerrogativa jurídica de titularidade coletiva, refletindo, dentro do processo de afirmação dos direitos humanos, a expressão significativa de um poder atribuído, não ao indivíduo identificado em sua singularidade, mas, num sentido verdadeiramente mais abrangente, à própria coletividade social". (destaques no original)*

Competência em matéria ambiental

Competência pode ser entendida como a capacidade de emitir decisões dentro de um campo específico.

A Constituição Federal traça as regras de **competência ambiental**, prevendo em síntese a competência material e a competência legislativa.

COMPETÊNCIA LEGISLATIVA

Competência legislativa está ligada com a prática de atos legislativos.

Verifica-se que a entidade federativa **União** tem competência privativa e concorrente.

A competência legislativa privativa da União – é competência deste ente, com possibilidade de delegação. Assim, a União pode legislar sobre: água, energia, jazidas, minas e outros recursos minerais, populações indígenas, atividades nucleares de qualquer natureza (art. 22, IV, XII, XIV, XXVI, e parágrafo único da CF/88). Por outro lado, por meio da competência concorrente União/Estados e Distrito Federal podem legislar sobre direito urbanístico, florestas, caça, pesca, fauna, conservação, defesa do meio ambiente e dos recursos naturais, proteção ao patrimônio histórico, cultural, artístico, turístico e paisagístico e responsabilidade por dano ao meio ambiente (art. 24, I, VI, VII, e VIII da CF/88).

Verifica-se que quanto à competência legislativa concorrente vigora o ***princípio da predominância do interesse.***

Os Estados e o Distrito Federal têm competência concorrente e suplementar.

Vale lembrar que ao Distrito Federal são atribuídas as competências legislativas reservadas aos Estados e Municípios, conforme previsão do artigo 32, § 1º da CF/88.

Os **Municípios** têm competência para legislar sobre assuntos de interesse local (privativa) e para suplementar a legislação federal e a estadual, além de algumas competências expressas do artigo 29.

Observação: os **Estados** podem exercer também a competência residual e alguma competência expressa do artigo 25.

COMPETÊNCIA MATERIAL

Competência material ou administrativa é aquela ligada com a prática de atos administrativos/poder de execução. Refere-se à implementação das diretrizes, das políticas e dos preceitos concernentes ao ambiente.

Quanto a essa competência, a **União** tem competência exclusiva e comum. Assim, na esfera da competência material exclusiva da União: compete a esta entidade federativa elaborar planos de ordenação do território e de desenvolvimento socioeconômico, instituir o sistema nacional de recursos hídricos, instituir as diretrizes de desenvolvimento urbano, incluindo a habitação, o saneamento básico e os transportes urbanos, explorar os serviços e instalações nucleares de qualquer natureza e estabelecer as áreas e as condições para o exercício da atividade de garimpagem (art. 21, IX, XIX, XX, XXIII, "a", "b", "c", e XXV).

Quanto à competência comum, exercida pela União em conjunto com os Estados, o Distrito Federal e os Municípios, verifica-se que esta se refere a proteger os documentos, as obras e outros bens de valor histórico, artístico e cultural, os monumentos, as paisagens naturais notáveis e os sítios arqueológicos; impedir a destruição desses bens; promover programas de construção de moradias e a melhoria das condições habitacionais e de saneamento básico; proteger o meio ambiente e combater a poluição em qualquer de suas formas; preservar as florestas, a flora e a fauna; registrar, acompanhar e fiscalizar a concessão de direitos de pesquisa e exploração dos recursos hídricos e minerais em seus territórios (art. 23, III, IV, VI, VII, IX e XI).

Importante ressaltar que não se trata de competência legislativa, mas de mera cooperação administrativa ou de implementação entre os entes da Federação para atuar em cooperação recíproca comum.

Nesse sentido, o artigo 23, parágrafo único, foi alterado pela EC 53/06 e passou a prever que:

> *"Leis complementares fixarão normas para a cooperação entre a União e os Estados, o Distrito Federal e os Municípios, tendo em vista o equilíbrio do desenvolvimento e do bem-estar em âmbito nacional".*

Observações:

1. Os Municípios têm competência exclusiva cabendo-lhes promover, no que couber, adequado ordenamento territorial, mediante planejamento e controle do uso, do parcelamento e da ocupação do solo urbano; promover a proteção do patrimônio histórico cultural local, observada a legislação e a ação fiscalizadora federal e estadual (art. 30, VIII e IX).
2. Os **Estados** podem exercer também a competência residual.

Em Resumo

Tutela Constitucional do Meio Ambiente

Ao analisar a proteção constitucional do meio ambiente ao longo da nossa história, verificamos que, desde a Constituição Federal de 1934, todas mantiveram a proteção do patrimônio histórico, cultural e paisagístico do país, mas o legislador **não** se preocupava em proteger o meio ambiente de forma específica e global. Desse modo, a tutela era pontual e fragmentária. No entanto, com a Constituição Federal de 1988, passamos a ter uma proteção ambiental ampla, pois o texto tutela o meio ambiente administrativa, penal e civilmente (art. 225 e seus parágrafos).

Assim, encontraremos na Constituição Federal, de forma específica no artigo 225, a regra matriz da proteção ambiental, além de identificarmos vários outros dispositivos constitucionais dentro dos mais variados temas, que de forma direta ou indireta se referem expressamente à proteção ambiental.

A Constituição Federal de 1988 proclamou e consagrou a autonomia dos diversos entes da Federação e previu que eles devem partilhar responsabilidades sobre a condução das questões ambientais tanto no que tange à competência legislativa, quanto no que diz respeito à competência material, também conhecida como implementadora ou de execução. Por fim, estabeleceu, ainda, previsões sobre a tutela processual do meio ambiente, isto é, a Constituição determina a existência de ações específicas para a proteção ambiental, tais como ação popular e ação civil pública.

Preste Atenção

A natureza jurídica do direito ao meio ambiente ecologicamente equilibrado é de direito humano fundamental de terceira geração, isto é, não são direitos de uma pessoa ou de um grupo, mas são direitos cujo destinatário é o gênero humano.

Nesse sentido, o STF, na análise do MS 22.164-0 São Paulo – com decisão de 30/10/1995, consagrou o entendimento de que o meio ambiente ecologicamente equilibrado é direito humano fundamental incluído nos direitos de terceira geração.

5

POLÍTICA NACIONAL DO MEIO AMBIENTE

Política Nacional do Meio Ambiente (PNMA)

A Política Nacional do Meio Ambiente encontra-se prevista, entre nós, na Lei 6.938/81, que foi regulamentada pelo Decreto 99.274/90, o qual, por sua vez, em vários dispositivos encontra-se alterado pelo Decreto 6.792/09.

Ao examinar o que pode ser entendido como esta política, Paulo de Bessa Antunes (*op. cit.*, p. 104) a define como:

> *"O conjunto dos instrumentos legais, técnicos, científicos, políticos e econômicos destinados à promoção do desenvolvimento sustentado da sociedade e economia brasileiras".*

O artigo 2º da Lei 6.938/81 destaca que o objetivo de tal política é a preservação, melhoria e recuperação da qualidade ambiental propícia à vida, visando assegurar, no país, condições ao desenvolvimento socioeconômico, aos interesses da segurança nacional e à proteção da dignidade da vida humana. Vale salientar que vários princípios norteiam a implementação dessa política, destacando-se: a ação governamental na manutenção do equilíbrio ecológico, considerando o meio ambiente como um patrimônio público a ser necessariamente assegurado e protegido, tendo em vista o uso coletivo, racionalização do uso do solo, do subsolo, da água e do ar; planejamento e fiscalização do uso dos recursos ambientais; proteção dos ecossistemas, com a preservação de áreas representativas; controle e zoneamento das atividades potencial ou efetivamente poluidoras, recuperação de áreas degradadas; educação ambiental a todos os níveis do ensino, até mesmo a educação da comunidade, objetivando capacitá-la para participação ativa na defesa do meio ambiente, esses alguns princípios dentre outros elencados nos incisos do artigo 2º.

A linha de atuação da Política Nacional do Meio Ambiente tem por finalidade a harmonização do meio ambiente com o desenvolvimento socioeconômico (em última análise, o desenvolvimento sustentável). Assim, do artigo 4º da Lei 6.938/81, dentre várias possibilidades, podemos destacar que referida política se volta à:

> *"I – à compatibilização do desenvolvimento econômico social com a preservação da qualidade do meio ambiente e do equilíbrio ecológico;*

II – à definição de áreas prioritárias de ação governamental relativa à qualidade e ao equilíbrio ecológico, atendendo aos interesses da União, dos Estados, do Distrito Federal, dos Territórios e dos Municípios;
(...)
VII – à imposição, ao poluidor e ao predador, da obrigação de recuperar e/ou indenizar os danos causados, e ao usuário, da contribuição pela utilização de recursos ambientais com fins econômicos".

Importante ressaltar que as diretrizes da Política Nacional do Meio Ambiente serão formuladas em normas e planos destinados a orientar a ação dos governos dos diferentes níveis de atuação; federal, estadual e municipal. Além disso, devem submeter-se às diretrizes da PNMA as atividades empresariais públicas ou privadas.

A grande relevância da Lei 6.938/81 foi justamente estabelecer essa política entre nós e, em paralelo, instituir um sistema articulado de órgãos para implementá-la, além de consolidar diversos instrumentos para executá-la.

O Sistema Nacional do Meio Ambiente (Sisnama)

O Sistema Nacional de Proteção Ambiental (Sisnama) é o conjunto de órgãos e entidades da União, dos Estados, do Distrito Federal, dos Territórios e dos Municípios, bem como as fundações instituídas pelo Poder Público, responsáveis pela proteção e melhoria da qualidade ambiental. Essa é a definição do *caput* do artigo 6º da Lei 6.938/81, e vale a pena lembrar que, embora o período cite territórios, atualmente não possuímos nenhum território, mas, por expressa previsão constitucional, essas entidades poderão futuramente ser criadas (conforme previsão do artigo 33 da Constituição Federal de 1988). Verifica-se que os órgãos integrantes do Sisnama são os responsáveis pelo exercício das atividades de deliberação, fiscalização, controle e execução das políticas ambientais.

A Lei 6.938/81, bem como seu decreto regulamentador – Decreto 99.274/90, com as alterações introduzidas pelo Decreto 6.792/09, preveem a estruturação do Sisnama, explicitando os órgãos que o compõem:

- **órgão superior:** o Conselho de Governo, com a função de assessorar o presidente da República na formulação da política nacional e nas diretrizes governamentais para o meio ambiente e os recursos ambientais;
- **órgão consultivo e deliberativo:** o Conselho Nacional do Meio Ambiente (Conama), com a finalidade de assessorar, estudar e propor ao Conselho de Governo diretrizes de políticas governamentais para o meio ambiente e os recursos naturais e deliberar, no âmbito de sua competência, sobre normas e padrões compatíveis com o meio ambiente ecologicamente equilibrado e essencial à sadia qualidade de vida;
- **órgão central:** a Secretaria do Meio Ambiente da Presidência da República, com a finalidade de planejar, coordenar, supervisionar e controlar, como órgão federal, a política nacional e as diretrizes governamentais fixadas para o meio ambiente; *(esta secretaria, citada como órgão central do Sisnama, é hoje o Ministério do Meio Ambiente, pois a Lei 8.490/92, no artigo 21, a transformou em ministério);*

- **órgãos executores:** o Instituto Brasileiro do Meio Ambiente e dos Recursos Naturais Renováveis (Ibama), e o Instituto Chico Mendes de Conservação da Biodiversidade – este com a finalidade de executar e fazer executar a política e diretrizes governamentais fixadas para o meio ambiente.

Com a Lei 11.516/07, foi criado o Instituto Chico Mendes de Conservação da Biodiversidade – Instituto Chico Mendes – autarquia federal dotada de personalidade jurídica de direito público, autonomia administrativa e financeira, vinculada ao Ministério do Meio Ambiente, com a finalidade de executar ações da política nacional de unidades de conservação da natureza referentes às atribuições federais relativas à proposição, implantação, gestão, proteção, fiscalização e monitoramento das unidades de conservação instituídas pela União; executar as políticas relativas ao uso sustentável dos recursos naturais renováveis e ao apoio ao extrativismo e às populações tradicionais nas unidades de conservação de uso sustentável instituídas pela União; fomentar e executar programas de pesquisa, proteção, preservação e conservação da biodiversidade e de educação ambiental; exercer o poder de polícia ambiental para a proteção das unidades de conservação instituídas pela União; e promover e executar, em articulação com os demais órgãos e entidades envolvidos, programas recreacionais, de uso público e de ecoturismo nas unidades de conservação, onde essas atividades sejam permitidas.

No entanto, importante lembrar que ficou mantido o exercício supletivo do poder de polícia ambiental pelo Instituto Brasileiro do Meio Ambiente e dos Recursos Naturais Renováveis (Ibama).

- **Órgãos seccionais:** os órgãos ou entidades estaduais responsáveis pela execução de programas, projetos e pelo controle e fiscalização de atividades capazes de provocar a degradação ambiental;
- **orgãos locais:** os órgãos ou entidades municipais, responsáveis pelo controle e pela fiscalização dessas atividades nas suas respectivas jurisdições.

Destaca-se, ainda, que os Estados, na esfera de suas competências e nas áreas de sua jurisdição, poderão elaborar normas supletivas e complementares e padrões relacionados com o meio ambiente, observados os que forem estabelecidos pelo Conama. Os Municípios, observadas as normas e os padrões federais e estaduais, também poderão elaborar as normas complementares.

O Conama

O Conselho Nacional do Meio Ambiente (Conama) é um órgão consultivo e deliberativo que compõe o Sistema Nacional do Meio Ambiente (Sisnama), tendo a finalidade de assessorar, estudar e propor ao Conselho de Governo, diretrizes de políticas governamentais para o meio ambiente e os recursos naturais e deliberar, no âmbito de sua competência, sobre normas e padrões compatíveis com o meio ambiente ecologicamente equilibrado e essencial à sadia qualidade de vida.

É um colegiado representativo de cinco setores, a saber: órgãos federais, estaduais e municipais, setor empresarial e sociedade civil. Suas atribuições estão elencadas no artigo 8º da Lei 6.938/81, combinadas com o artigo 7º do respectivo Decreto 99.274/90, com as alterações do Decreto 6.792/09, destacando-se dentre elas a possibilidade de estabelecer normas, critérios e padrões relativos ao controle e à manutenção da qualidade do meio ambiente, com vistas ao uso racional dos recursos ambientais, principalmente os hídricos.

A participação dos membros do Conama é considerada serviço de natureza relevante e não será remunerada, cabendo às instituições representadas o custeio das despesas de deslocamento e estada.

Atuando sempre em reuniões públicas e abertas a todos os interessados, essas instâncias analisam e debatem as matérias em tramitação, buscando sempre o consenso no âmbito de suas competências.

O Decreto 6.792, de 10/3/2009, que alterou e acrescentou dispositivos ao Decreto 99.274/90, determinou a nova composição e funcionamento do Conama. Assim, o Conama compõe-se, atualmente, por:

I – Plenário;

II – Câmara Especial Recursal;

III – Comitê de Integração de Políticas Ambientais;

IV – Câmaras Técnicas;

V – Grupos de Trabalho; e

VI – Grupos Assessores.

O Plenário, instância máxima do Conselho, delibera sobre as propostas de resoluções encaminhadas pelas Câmaras Técnicas, assim como sobre proposições, recomendações, moções e decisões. Grande parte das matérias é analisada previamente por Grupos de Trabalho, que encaminham a decisão preliminar das Câmaras Técnicas. O Plenário reúne-se, ordinariamente, pelo menos uma vez a cada três meses, deliberando com a presença de, no mínimo, metade mais um do total dos seus membros. As reuniões extraordinárias podem ser realizadas fora do Distrito Federal, desde que devidamente justificadas. Com a nova regulamentação, um representante do Instituto Chico Mendes de Conservação da Biodiversidade passa a integrar o plenário do Conselho.

Instituída a Câmara Especial Recursal, foi definida sua finalidade, composição e competência, de modo que o Conselho Nacional do Meio Ambiente passa a contar com uma última instância administrativa para decidir os recursos contra as multas e outras penalidades impostas pelo Ibama.

O Comitê de Integração de Políticas Ambientais (Cipam), instância de planejamento e integração técnica e política do Conama, procede a avaliação sistemática e ao planejamento a curto, médio e longo prazos das atividades do Conama e, entre outras funções, promove a integração dos temas discutidos no âmbito do Conama, com base nas contribuições oriundas das Câmaras Técnicas e dos Grupos Assessores. É composto por representantes de cada um dos cinco segmentos. As reuniões plenárias são precedidas por reunião do Cipam, que tem a finalidade de preparar a plenária, analisar e aprovar sua pauta.

As Câmaras Técnicas (CT) são as instâncias encarregadas de elaborar, discutir, aprovar e encaminhar ao Plenário propostas de diretrizes e normas técnicas e padrões ambientais para a proteção e controle ambiental e o uso sustentável dos recursos ambientais. Além disso, dentre as alterações produzidas, aumentou-se a previsão de membros na composição das Câmaras Técnicas do Conama de sete para até dez membros. Assim: *"Na composição das Câmaras Técnicas, integradas por até dez membros, titulares e suplentes, deverá ser observada a participação das diferentes categorias de interesse multissetorial representadas no Plenário"*. (art. 8º, § 2º do Decreto 99.274/90, com redação dada pelo Decreto 6.792/09)

O Conama possui atualmente 11 Câmaras Técnicas, sendo dez Câmaras Técnicas temáticas e uma jurídica, estando assim distribuídas:

1. Câmara Técnica de Assuntos Internacionais;
2. Câmara Técnica de Assuntos Jurídicos;
3. Câmara Técnica de Atividades Minerárias, Energéticas e de Infraestrutura;
4. Câmara Técnica de Biodiversidade, Fauna e Recursos Pesqueiros;
5. Câmara Técnica de Controle e Qualidade Ambiental;
6. Câmara Técnica de Economia e Meio Ambiente;
7. Câmara Técnica de Educação Ambiental;
8. Câmara Técnica de Florestas e Atividades Agrossilvopastoris;
9. Câmara Técnica de Gestão Territorial e Biomas;
10. Câmara Técnica de Saúde, Saneamento Ambiental e Gestão de Resíduos;
11. Câmara Técnica de Unidades de Conservação e Demais Áreas Protegidas.

Grupos de Trabalho (GT) – Quando necessário, as Câmaras Técnicas são assessoradas em suas atribuições por Grupos de Trabalho criados para discutir tecnicamente as matérias e propor o texto das resoluções às suas Câmaras Técnicas.

As matérias aprovadas nas Câmaras Técnicas são encaminhadas à Câmara Técnica de Assuntos Jurídicos, que delibera sobre a legalidade, constitucionalidade e técnica legislativa das propostas de resoluções. Antes de serem encaminhadas ao Plenário para deliberação final, essas matérias são analisadas pelo Cipam, especialmente quanto a seu encaminhamento nos debates.

Uma vez aprovadas, são publicadas na forma de resoluções, proposições, recomendações ou moções.

Aos Grupos Assessores (GA) instituídos pelo Plenário do Conama compete a preparação de pareceres, relatórios e estudos específicos.

Secretaria Executiva do Conama – Além do apoio técnico e administrativo ao Conselho, a secretaria assessora o Cadastro Nacional de Entidades Ambientalistas (CNEA). O CNEA foi instituído pela Resolução Conama 06/89, com o objetivo de manter em banco de dados registro das entidades ambientalistas não governamentais existentes no país, que tenham por finalidade principal a defesa do meio ambiente. A comissão responsável pela análise das propostas de registro é integrada por conselheiros ambientalistas do Conama e os atos dessa comissão são homologados pelo presidente do Conselho em portaria ministerial.

Dentre os atos produzidos pelo Conama, as resoluções são de suma importância para a área ambiental pelas previsões que trazem sobre os mais diversos assuntos e padrões estabelecidos.

Uma resolução é produzida, quando se tratar de deliberação vinculada a diretrizes e normas técnicas, critérios e padrões relativos à proteção ambiental e ao uso sustentável dos recursos ambientais. Assim, o Conama, no uso de suas atribuições e exercitando a competência que a Lei 6.938/81, concedeu-lhe, vem elaborando e publicando resoluções sobre os mais diversos temas e áreas.

Dentre algumas das principais resoluções do Conama, podemos destacar:

Resolução 001/86 – Dispõe sobre critérios básicos e diretrizes gerais para a avaliação de impacto ambiental.

Resolução 009/87 – Dispõe sobre realização de audiências públicas no processo de licenciamento ambiental.

Resolução 237/97 – Dispõe sobre a revisão e complementação dos procedimentos e critérios utilizados para o licenciamento ambiental.

Resolução 305/02 – Dispõe sobre Licenciamento Ambiental, Estudo de Impacto Ambiental e Relatório de Impacto no Meio Ambiente de atividades e empreendimentos com organismos geneticamente modificados e seus derivados.

Resolução 302/02 – Dispõe sobre limites de Áreas de Preservação Permanente de reservatórios artificiais.

Resolução 303/02 – Dispõe sobre definições e limites das Áreas de Preservação Permanente.

Resolução 335/03 – Dispõe sobre o licenciamento ambiental de cemitérios. (Posteriormente alterada pela Resolução Conama 368/06 e pela Resolução 402/08.)

Resolução 357/05 – Dispõe sobre a classificação dos corpos de água e diretrizes ambientais para seu enquadramento, bem como estabelece as condições e os padrões de lançamento de efluentes, e dá outras providências (posteriormente alterada).

Resolução 369/06 – Dispõe sobre casos excepcionais que possibilitam a intervenção ou supressão de vegetação em área de preservação permanente.

Resolução 379/06 – Cria e regulamenta sistema de dados e informações sobre gestão florestal.

Resolução 394/07 – Critérios para a determinação de espécies silvestres a serem criadas e comercializadas como animais de estimação.

Resolução 401/08 – Disciplina o gerenciamento ambiental de pilhas e baterias.

Resolução 404/08 – Estabelece critérios e diretrizes para o licenciamento ambiental de aterro sanitário de pequeno porte de resíduos sólidos urbanos.

Resolução 413/09 – Dispõe sobre o licenciamento ambiental da aquicultura, e dá outras providências.

Resolução 415/09 – Dispõe sobre o controle da poluição do ar por veículos automotores.

Resolução 416/09 – Dispõe sobre a prevenção à degradação ambiental causada por pneus inservíveis e sua destinação ambientalmente adequada, e dá outras providências.
Resolução 417/09 – Dispõe sobre parâmetros básicos para definição de vegetação primária e dos estágios sucessionais secundários da vegetação de Restinga na Mata Atlântica e dá outras providências.
Resolução 420/09 – Dispõe sobre critérios e valores orientadores de qualidade do solo quanto à presença de substâncias químicas e estabelece diretrizes para o gerenciamento ambiental de áreas contaminadas por essas substâncias em decorrência de atividades antrópicas.

Além das resoluções, os outros atos produzidos pelo Conama são:

- Moções, quando se tratar de manifestação, de qualquer natureza, relacionada com a temática ambiental;
- Recomendações, quando se tratar de manifestação acerca da implementação de políticas, programas públicos e normas com repercussão na área ambiental, até mesmo sobre os termos de parceria de que trata a Lei 9.790, de 23 de março de 1999;
- Proposições, quando se tratar de matéria ambiental a ser encaminhada ao Conselho de Governo ou às Comissões do Senado Federal e da Câmara dos Deputados;
- Decisões, quando se tratar de multas e outras penalidades impostas pelo Ibama, em última instância administrativa e grau de recurso.

O Ibama

O Instituto Brasileiro do Meio Ambiente e dos Recursos Naturais Renováveis (Ibama) é uma autarquia federal dotada de personalidade jurídica de direito público, autonomia administrativa e financeira, vinculada ao Ministério do Meio Ambiente. Incumbe a esse órgão exercer o poder de polícia ambiental, executar ações das políticas nacionais de meio ambiente, referentes às atribuições federais, relativas ao licenciamento ambiental, ao controle da qualidade ambiental, à autorização de uso dos recursos naturais e à fiscalização, ao monitoramento e ao controle ambiental, observadas as diretrizes emanadas do Ministério do Meio Ambiente e executar as ações supletivas de competência da União, de conformidade com a legislação ambiental vigente (art. 5º da Lei 11.516/07).

As competências do Ibama vêm previstas no artigo 10, § 4º, e no artigo 11, da Lei 6.938/81, as quais serão objeto de nossa análise no decorrer desta obra.

Instrumentos da Política Nacional do Meio Ambiente

Os Instrumentos da Política Nacional do Meio Ambiente encontram-se previstos no artigo 9º, I a XIII, da Lei 6.938/81, e têm por escopo dar cumprimento aos objetivos contidos no artigo 4º da referida lei.

Dentre eles, podemos destacar: o estabelecimento de padrões de qualidade ambiental, o zoneamento ambiental, a avaliação de impactos ambientais, o licenciamento ambiental e a revisão de atividades efetiva ou potencialmente poluidoras, instrumentos econômicos, como concessão florestal, servidão ambiental, seguro ambiental e outros.

Quanto ao estabelecimento de **padrões de qualidade ambiental,** verificamos que se referem aos parâmetros fixados para regular a emissão de certos poluentes com o intuito de assegurar a saúde humana e a qualidade ambiental, evitando alterações que importem no desequilíbrio ecológico.

Geralmente esses padrões são estabelecidos por resoluções do Conama, que já tem regulado os padrões relativos ao **ar**, à **água** e aos níveis de **ruído**.

O **zoneamento ambiental** é um dos instrumentos da Política Nacional do Meio Ambiente elencado no artigo 9º, inciso II da Lei 6.938/81 – Lei da Política Nacional do Meio Ambiente, que prevê os princípios e as diretrizes a serem seguidos pelo Poder Público e pela sociedade, visando à preservação, melhoria e recuperação da qualidade ambiental entre nós.

Paulo Affonso Leme Machado (*Direito Ambiental brasileiro,* p. 205) assim o define:

> *"O zoneamento ambiental é um dos aspectos do poder de polícia administrativa, que atua com a finalidade de garantir a salubridade, a tranquilidade, a paz, a saúde, o bem-estar do povo. O zoneamento, ao discriminar usos, representa uma limitação do direito dos cidadãos. A propriedade não poderá ser utilizada da maneira desejada unicamente pelo proprietário".*

Por meio do conceito acima exposto, pode-se verificar que o zoneamento ambiental é ao mesmo tempo um instrumento jurídico de proteção do meio ambiente, mas também um instrumento político já que acaba por impor restrições aos direitos individuais, visando resguardar um direito coletivo – a proteção do meio ambiente – bem de uso comum do povo.

Assim, as regras do zoneamento ambiental devem ser analisadas, por exemplo, quando há uma proposta de uso do espaço geográfico para determinada ocupação, comprovando-se por intermédio do procedimento do licenciamento ambiental se a área é compatível com tal pretensão de uso.

Nesse sentido, o zoneamento ambiental destaca-se também como um mecanismo de desenvolvimento urbano com o intuito de promover o ordenamento e planejamento territorial. O próprio Estatuto da Cidade, consubstanciado na Lei 10.257/01, artigo 4º, III, "c" determina:

> *"Para os fins desta lei, serão utilizados, entre outros instrumentos:*
> *III – planejamento municipal, em especial:*
> *c) zoneamento ambiental".*

Quando a proteção ambiental recai sobre as unidades de conservação, os espaços territoriais especialmente protegidos (CF/88 – art. 225, § 1º, III), verificamos que a lei específica que institui o Sistema Nacional de Unidades de Conservação (Snuc) – Lei 9.985/00 define o que pode ser entendido como zoneamento, para os fins previstos na referida legislação. Assim, o artigo 2º, XVI prevê, *in verbis:*

> *"Art. 2º. Para os fins previstos nesta lei, entende-se por:*
> *(...)*
> *XVI – zoneamento: definição de setores ou zonas em uma unidade de conservação com objetivos de manejo e normas específicos, com o propósito de proporcionar os meios e as condições para que todos os objetivos da unidade possam ser alcançados de forma harmônica e eficaz".*

A **Avaliação de Impactos Ambientais (AIA)** surge em primeiro lugar com a Lei 6.803/80, que determina no artigo 10, §§ 2º e 3º, que a aprovação de zonas de uso estritamente industrial deverá ser precedida de estudos especiais de alternativas e avaliações de impactos. Depois, com a Lei da Política Nacional do Meio Ambiente, a AIA passou a ser importante instrumento para tal proteção.

Assim, a AIA é gênero do qual são espécies os estudos relacionados ao aspecto ambiental, e que servirão de base para a análise do projeto ou atividade a ser instalada. Dentre esses estudos, destaca-se o Estudo de Impacto Ambiental (EIA) a ser analisado em capítulo específico.

Nesse sentido, Edis Milaré (*op. cit.*, p. 354) ressalta: *"A implantação de qualquer atividade ou obra efetiva ou potencialmente degradadora deve submeter-se a uma análise e controle prévios. Tal análise se faz necessária para se anteverem os riscos e eventuais impactos ambientais a serem prevenidos, corrigidos, mitigados e/ou compensados quando da sua instalação, da sua operação e, em casos específicos, do encerramento das atividades".*

Quanto ao **licenciamento** e a **revisão de atividades efetiva ou potencialmente poluidoras,** sabe-se que é um instrumento da Política Nacional do Meio Ambiente e se volta ao controle sobre as atividades humanas que interferem nas condições ambientais, como veremos em capítulo próprio.

Encontramos na Resolução Conama 237/97 a regra geral desse importante instrumento. Necessário frisar, no entanto, que existem resoluções específicas cuidando do licenciamento de certas atividades ou estabelecendo regras próprias de licenciamento, levando em conta a localização do empreendimento.

Por fim, importante salientarmos também outros instrumentos da Política Nacional do Meio Ambiente elencados no artigo 9º da Lei 6.938/81, a saber:

- os incentivos à produção e instalação de equipamentos e a criação ou absorção de tecnologia, voltados para a melhoria da qualidade ambiental;
- a criação de espaços territoriais especialmente protegidos pelo Poder Público federal, estadual e municipal, tais como Áreas de Proteção Ambiental, de relevante interesse ecológico e reservas extrativistas;

- o sistema nacional de informações sobre o meio ambiente;
- o Cadastro Técnico Federal de Atividades e Instrumentos de Defesa Ambiental;
- as penalidades disciplinares ou compensatórias ao não cumprimento das medidas necessárias à preservação ou correção da degradação ambiental;
- a instituição do Relatório de Qualidade do Meio Ambiente, a ser divulgado anualmente pelo Instituto Brasileiro do Meio Ambiente e dos Recursos Naturais Renováveis (Ibama);
- a garantia da prestação de informações relativas ao meio ambiente, obrigando-se o Poder Público a produzi-las, quando inexistentes;
- o Cadastro Técnico Federal de atividades potencialmente poluidoras e/ou utilizadoras dos recursos ambientais;
- instrumentos econômicos, como concessão florestal, servidão ambiental, seguro ambiental e outros.

Em Resumo

Política Nacional do Meio Ambiente

A Lei 6.938/81 – conhecida como a Lei da Política Nacional do Meio Ambiente, após um período de tutela pontual e fragmentária, estabeleceu um conjunto de instrumentos legais, técnicos, políticos e econômicos destinados à proteção ambiental.

A linha de atuação da Política Nacional do Meio Ambiente tem por finalidade a harmonização do meio ambiente com o desenvolvimento socioeconômico (em última análise, o desenvolvimento sustentável).

A grande importância da Lei 6.938/81 foi justamente estabelecer essa política entre nós e, em paralelo, instituir um sistema articulado de órgãos para implementá-la, além de consolidar diversos instrumentos para executá-la.

O Sistema Nacional de Proteção Ambiental (Sisnama) é o conjunto de órgãos e entidades da União, dos Estados, do Distrito Federal, dos Territórios e dos Municípios, bem como as fundações instituídas pelo Poder Público, responsáveis pela proteção e melhoria da qualidade ambiental. Compõe-se dos seguintes órgãos, a saber:

- **órgão superior:** o Conselho de Governo, com a função de assessorar o presidente da República na formulação da política nacional e nas diretrizes governamentais para o meio ambiente e os recursos ambientais;
- **órgão consultivo e deliberativo:** o Conselho Nacional do Meio Ambiente (Conama), com a finalidade de assessorar, estudar e propor ao Conselho de Governo, diretrizes de políticas governamentais para o meio ambiente e os recursos naturais e deliberar, no âmbito de sua competência, sobre normas e padrões compatíveis com o meio ambiente ecologicamente equilibrado e essencial à sadia qualidade de vida;

- **órgão central:** a Secretaria do Meio Ambiente da Presidência da República, com a finalidade de planejar, coordenar, supervisionar e controlar, como órgão federal, a política nacional e as diretrizes governamentais fixadas para o meio ambiente; *(esta secretaria, citada como órgão central do Sisnama, é hoje o Ministério do Meio Ambiente, pois a Lei 8.490/92, no artigo 21, a transformou em ministério)*
- **órgãos executores:** o Instituto Brasileiro do Meio Ambiente e dos Recursos Naturais Renováveis (Ibama), e o Instituto Chico Mendes de Conservação da Biodiversidade – Instituto Chico Mendes, com a finalidade de executar e fazer executar a política e diretrizes governamentais fixadas para o meio ambiente;
- **órgãos seccionais:** os órgãos ou entidades estaduais responsáveis pela execução de programas, projetos e pelo controle e fiscalização de atividades capazes de provocar a degradação ambiental;
- **órgãos locais:** os órgãos ou entidades municipais, responsáveis pelo controle e pela fiscalização dessas atividades nas suas respectivas jurisdições.

Os Instrumentos da Política Nacional do Meio Ambiente encontram-se previstos no artigo 9º, I a XIII, da Lei 6.938/81 e, dentre eles, podemos destacar: o estabelecimento de padrões de qualidade ambiental, o zoneamento ambiental, a avaliação de impactos ambientais, o licenciamento ambiental e a revisão de atividades efetiva ou potencialmente poluidoras, instrumentos econômicos, como concessão florestal, servidão ambiental, seguro ambiental e outros.

Preste Atenção

O Decreto 6.792, de 10/3/2009, que alterou e acrescentou dispositivos ao Decreto 99.274/90 – regulamentador da Lei da Política Nacional do Meio Ambiente – determinou a nova composição e funcionamento do Conama. Assim, o Conselho compõe-se, atualmente, por: I – Plenário; II – Câmara Especial Recursal; III – Comitê de Integração de Políticas Ambientais; IV – Câmaras Técnicas; V – Grupos de Trabalho; e VI – Grupos Assessores.

Com essa nova regulamentação, um representante do Instituto Chico Mendes de Conservação da Biodiversidade passa a integrar o plenário do Conselho. Instituída a Câmara Especial Recursal, foi definida sua finalidade, composição e competência, de modo que o Conselho Nacional do Meio Ambiente passa a contar com uma última instância administrativa para decidir os recursos contra as multas e outras penalidades impostas pelo Ibama. Além disso, dentre as alterações produzidas, aumentou-se a previsão de membros na composição das Câmaras Técnicas do Conama de sete para até dez membros.

6

EIA/RIMA – ESTUDO E RELATÓRIO DE IMPACTO AMBIENTAL

Conceito

O Estudo de Impacto Ambiental (EIA) é um estudo detalhado, científico e profissional que apresenta os impactos da atividade e as alternativas mitigadoras. O Estudo de Impacto Ambiental inserido no gênero "avaliação de impacto ambiental" tem previsão legislativa no artigo 9º, III, da Lei 6.938/81, com disciplina prevista no Decreto 99.274/90 e na Resolução Conama 001/86, artigo 6º, adquirindo, com a CF/88, o *status* de matéria constitucional, pois, colocado no artigo 225, § 1º, IV, enquanto instrumento necessário para tornar efetivo o direito ao meio ambiente ecologicamente equilibrado.

Conforme alertam-nos Ana Maria Marchesan, Annelise Monteiro Steigleder e Silvia Cappelli (*Direito Ambiental,* p. 85) ao se referirem ao EIA:

> *"Sua natureza jurídica é de pré-procedimento administrativo, vinculado ao licenciamento ambiental, de natureza constitucional, destinado a avaliar impactos e definir medidas mitigadoras e/ou compensatórias pela introdução de atividade significativamente degradante".*

Previsão normativa

O EIA encontra previsão normativa no artigo 225, § 1º, IV, da CF/88, que determina que, para assegurar a efetividade do direito ao meio ambiente ecologicamente equilibrado, incumbe ao Poder Público exigir, na forma da lei, para instalação de obra ou atividade potencialmente causadora de significativa degradação do meio ambiente, estudo prévio de impacto ambiental, a que se dará publicidade.

Como espécie que é do gênero avaliação de impacto ambiental, pode-se dizer que também a Lei 6.938/81 – artigo 9º, III, e o Decreto 99.274/90 – artigo 17, §§ 1º, 2º, e 3º, cuidam desse instrumento de proteção ambiental.

A Resolução Conama 001/86 é considerada o diploma básico das regras do Estudo de Impacto Ambiental (EIA) e do Relatório de Impacto Ambiental (Rima) combinada com a Resolução Conama 237/97 – sobre licenciamento ambiental e a Resolução Conama 009/87, que dispõe sobre a realização de audiências públicas no processo de licenciamento ambiental*. Outros dispositivos também estabelecem a obrigatoriedade do EIA e, dentre eles, podemos destacar, como exemplo: a Lei 7.661/88 – Institui o Plano Nacional do Gerenciamento Costeiro; a Resolução Conama 305/02 – Dispõe sobre Licenciamento Ambiental, Estudo de Impacto Ambiental e Relatório de Impacto no Meio Ambiente de atividades e empreendimentos com Organismos Geneticamente Modificados e seus derivados; a Lei de Florestas Públicas – Lei 11.284/06, a qual impõe, no artigo 18, § 1º, a exigência de EIA para concessão da licença prévia nos licenciamentos envolvendo atividades de manejo florestal que, em virtude da escala, da intensidade e das peculiaridades dos recursos ambientais envolvidos, possam vir a causar significativa degradação do meio ambiente.

Atividades sujeitas ao EIA/Rima

Importante destacar que o EIA não é sempre exigido, mas será necessário e deverá realizar-se nos procedimentos de licenciamento ambiental de empreendimentos e atividades consideradas causadoras de significativa degradação ambiental, isto é, atividades que sejam definidas como de potencial carga poluidora e passíveis de causar grande impacto ambiental.

Destaca-se que o texto constitucional, ao determinar a realização do estudo prévio de impacto ambiental, fala em **significativa degradação** de onde se conclui que o EIA não será obrigatório para todo e qualquer empreendimento ou atividade que se pretenda estabelecer, mas tão somente para as de significativo impacto. Nesse sentido, a Resolução Conama 001/86, considerada o diploma básico sobre o EIA, define impacto ambiental como:

> *"qualquer alteração das propriedades físicas, químicas e biológicas do meio ambiente, causada por qualquer forma de matéria ou energia resultante das atividades humanas que, direta ou indiretamente, afetam:*
> *I – a saúde, a segurança e o bem-estar da população;*
> *II – as atividades sociais e econômicas;*
> *III – a biota;*
> *IV – as condições estéticas e sanitárias do meio ambiente;*
> *V – a qualidade dos recursos ambientais".*

Assim, o artigo 2º da Resolução Conama 001/86 apresentou um rol meramente exemplificativo de atividades cuja realização do EIA se faz necessária. Dessa forma, embora exemplificativo o rol, é obrigatório quanto às atividades ali relacionadas.

*Ressalta-se que a Resolução Conama 009/87 à época do fechamento da edição deste trabalho se encontrava vigente, mas em processo de revisão.

Nesse aspecto, Edis Milaré (*op. cit.*, p. 371) nos coloca que:

"Na doutrina, tem prevalecido o entendimento de que as hipóteses de atividades estabelecidas pela Resolução 001/86 estão regidas pelo princípio da obrigatoriedade, segundo o qual a Administração deve, e não simplesmente pode, determinar a elaboração do EIA. Ou seja, o elenco constante do artigo 2º somente é exemplificativo para possibilitar o acréscimo de atividades, sendo porém obrigatório quanto àquelas relacionadas".

(No mesmo sentido, citados por Edis Milaré: (*idem*) Antonio Herman V. Benjamim, Paulo Affonso Leme Machado, Silvia Cappelli e Álvaro Luiz Valery Mirra.)

No entanto, ainda que determinada atividade não esteja prevista no artigo 2º da Resolução 001/86, é possível que um empreendedor seja compelido a executar o EIA, uma vez que a expressão "significativa degradação" é extremamente ampla e de conceituação aberta, cabendo em última análise ao órgão ambiental competente verificar a situação e eventualmente ao Poder Judiciário, caso a hipótese seja de não realização em caso em que era necessário ter concretizado o estudo.

Ainda quanto ao tema da realização do EIA, verifica-se que com a edição da Resolução Conama 237/97 uma questão que se colocou foi a seguinte: Teria essa nova resolução revogado a obrigatoriedade de realização do EIA/Rima? Tem-se entendido que não.

Em primeiro lugar, a resolução não poderia ordenar de modo contrário ao próprio dispositivo constitucional que determina a realização do estudo, conforme artigo 225, § 1º, IV, e, além disso, na verdade o parágrafo único do artigo 3º só vem confirmar a ideia da discricionariedade do órgão ambiental para determinar, em casos de menor impacto, a realização de outros estudos.

O dispositivo em questão determina:

Art. 3º
(......)
Parágrafo único. O órgão ambiental competente, verificando que a atividade ou empreendimento não é potencialmente causador de significativa degradação do meio ambiente, definirá os estudos ambientais pertinentes ao respectivo processo de licenciamento.

Assim, conclui-se que a critério do órgão ambiental competente, e quando verificado que o empreendimento ou a atividade não é potencialmente causador de significativa degradação, poderá ser solicitado estudo ambiental diverso, em conformidade com a tipologia, a localidade e as características do empreendimento ou atividade a ser licenciada (art. 3º, parágrafo único da Resolução 237/97 do Conama).

Dessa forma, como o ente ambiental vai agir quanto à exigência do EIA?

Em resumo, podemos afirmar que, se for obra ou atividade elencada no artigo 2º da Resolução Conama 001/86, o EIA será obrigatório.

Para obra ou atividade de significativo impacto, também é obrigatório, conforme norma constitucional expressa que elevou a exigência de EIA ao *status* de norma constitucional para obra ou atividade de significativa degradação.

Além disso, pela previsão da Resolução Conama 237/97, artigo 3º, parágrafo único, vislumbra-se a atuação do poder discricionário da Administração Pública para avaliar o impacto e, se não for significativo, não exigir o EIA e exigir outro estudo.

Nesse ponto, compartilhamos o pensamento de Paulo de Bessa Antunes (*op. cit.*, p. 291) que nos alerta:

> *"A questão crucial, portanto, é definir as atividades que podem se enquadrar no tipo constitucional aberto como efetiva ou potencialmente causadoras de degradação ambiental. Evidentemente que, em cada caso concreto, a Administração Pública deverá declarar se a atividade pode ou não ser enquadrada na categoria. Este enquadramento deverá ser feito de forma fundamentada, mediante ato administrativo próprio, repita-se".*

Observa-se que a decisão da administração sempre deve ser objetiva e motivada, obedecendo aos princípios constitucionais da Administração Pública, notadamente os do artigo 37 da CF/88, bem como os previstos na Lei 9.784/99, a qual regula o processo administrativo no âmbito da Administração Pública Federal, destacando-se a motivação e a razoabilidade, já que, se a decisão não for motivada, poderemos ter a anulação da mesma pelas vias da ação popular e/ou ação civil pública.

Ressalta-se, por fim, conforme afirmação de Paulo Affonso Leme Machado (*Direito Ambiental brasileiro,* p. 230) que:

> *"Quem tem o ônus de provar que a atividade que pretende exercer não tem a potencialidade de causar dano significativo é o próprio empreendedor, e não os órgãos públicos ambientais".*

Conteúdo mínimo

Cabe ao artigo 6º da Resolução Conama 001/86 definir o conteúdo mínimo do EIA que deverá abordar as seguintes atividades técnicas:

I – Diagnóstico ambiental da área de influência do projeto, completa descrição e análise dos recursos ambientais e suas interações, tal como existem, de modo a caracterizar a situação ambiental da área, antes da implantação do projeto, considerando:

a) o meio físico – o subsolo, as águas, o ar e o clima, destacando os recursos minerais, a topografia, os tipos e aptidões do solo, os corpos d'água, o regime hidrológico, as correntes marinhas, as correntes atmosféricas;

b) o meio biológico e os ecossistemas naturais – a fauna e a flora, destacando as espécies indicadoras da qualidade ambiental, de valor científico e econômico, raras e ameaçadas de extinção, e as Áreas de Preservação Permanente;

c) o meio socioeconômico – o uso e ocupação do solo, os usos da água e a socioeconomia, destacando os sítios e monumentos arqueológicos, históricos e culturais da comunidade, as relações de dependência entre a sociedade local, os recursos ambientais e a potencial utilização futura desses recursos.

II – Análise dos impactos ambientais do projeto e de suas alternativas, através de identificação, previsão da magnitude e interpretação da importância dos prováveis impactos relevantes, discriminando: os impactos positivos e negativos (benéficos e adversos), diretos e indiretos, imediatos e a médio e longo prazos, temporários e permanentes; seu grau de reversibilidade; suas propriedades cumulativas e sinérgicas; a distribuição dos ônus e benefícios sociais.

III – Definição das medidas mitigadoras dos impactos negativos, entre elas os equipamentos de controle e sistemas de tratamento de despejos, avaliando a eficiência de cada uma delas.

IV – Elaboração do programa de acompanhamento e monitoramento dos impactos positivos e negativos, indicando os fatores e parâmetros a serem considerados.

Parágrafo único. Ao determinar a execução do estudo de impacto ambiental, o órgão estadual competente; ou a Sema ou quando couber, o Município fornecerá as instruções adicionais que se fizerem necessárias, pelas peculiaridades do projeto e características ambientais da área.

Quem paga o EIA?

Correrão por conta do proponente do projeto todas as despesas e os custos referentes à realização do estudo de impacto ambiental, tais como: coleta e aquisição dos dados e informações, trabalhos e inspeções de campo, análises de laboratório, estudos técnicos e científicos e acompanhamento e monitoramento dos impactos, elaboração do Rima e fornecimento de pelo menos cinco cópias (conforme previsão do artigo 8º da Resolução Conama 001/86).

Como fica a questão temporal?

Entende-se que o EIA deve ser elaborado antes da concessão da licença prévia, como uma condição à expedição desta, com base em um termo de referência fornecido pelo órgão ambiental norteado no mínimo pelas diretrizes do artigo 5º da Resolução Conama 001/86, o qual prevê que, ao determinar a execução do estudo de impacto ambiental, o órgão estadual competente, ou a Sema ou, no que couber ao Município, fixará as diretrizes adicionais que, pelas peculiaridades do projeto e características ambientais da área, forem julgadas necessárias, até mesmo os prazos para conclusão e análise dos estudos.

O próprio *nomem juris* que a Constituição confere ao instrumento enaltece sua anterioridade ao estabelecimento da atividade, pois se trata de um Estudo **Prévio** de Impacto Ambiental (Epia) – art. 225, § 1º, IV, da CF/88.

Questão delicada apresenta-se se a obra ou atividade sujeita ao EIA já estiver em andamento ou em franco funcionamento. Tem-se entendido que nesses casos não será mais cabível o EIA, pois ele é sempre prévio à atividade, mas poderá ser exigido outro estudo de avaliação ambiental para acompanhar e/ou controlar a atividade. Nesse sentido, Paulo Affonso Leme Machado (*Direito Ambiental brasileiro,* p. 266) ao afirmar que:

> *"A fase chamada Licença Prévia pode coincidir com o Epia, mas normalmente o estudo deverá anteceder a Licença Prévia".*

No tocante a uma atividade sujeita ao EIA, mas já em andamento, Edis Milaré (*op. cit.*, p. 375) também assevera:

> *"Aí, evidentemente, não mais terá cabimento o EIA, com a liturgia desenhada na Resolução 001/86 do Conama, certo que, segundo a Constituição, é sempre prévio, mas sim outras espécies de estudos de avaliação destinados a acompanhar ou controlar os possíveis impactos ambientais. Nesse sentido, vale lembrar que a Resolução Conama 006/87, ao disciplinar o licenciamento ambiental de obras de grande porte, especialmente do setor de geração de energia elétrica, se preocupou com a questão, engendrando interessante fórmula que pode servir de modelo para a regularização de obras que, por razões intertemporais ficaram imunes à prévia avaliação de seus impactos sobre o meio ambiente".*

Responsabilidades no EIA

Responsabiliza-se o empreendedor e a equipe com o intuito de se evitar dados e informações fraudulentas apresentadas apenas para facilitar o licenciamento do empreendimento. Nesse sentido, encontramos a previsão do artigo 11, parágrafo único da Resolução 237/97, ao determinar que:

> *"Os estudos necessários ao processo de licenciamento deverão ser realizados por profissionais legalmente habilitados, às expensas do empreendedor. Parágrafo único. O empreendedor e os profissionais que subscrevem os estudos previstos no* caput *deste artigo* ***serão responsáveis pelas informações apresentadas, sujeitando-se às sanções administrativas, civis e penais".*** *(destaque nosso)*

O EIA e o EIV

Está claro que, embora sejam estudos semelhantes, o EIA e o EIV não se confundem.

O Estatuto da Cidade – Lei 10.257/00, nos artigos 36 a 38, regulamentou o Estudo de Impacto de Vizinhança (EIV), prevendo a possibilidade de ser exigido esse estudo para a análise dos impactos na qualidade de vida da população do entorno de certos empreendimentos urbanos. Portanto, para ser aplicado em determinado município, será necessário que a legislação municipal o contemple e regulamente.

Dessa forma, lei municipal definirá os empreendimentos e atividades privados ou públicos em área urbana que dependerão de elaboração de prévio Estudo de Impacto de Vizinhança (EIV), para obter as licenças ou autorizações de construção, ampliação ou funcionamento a cargo do Poder Público municipal.

Analisando-se o conteúdo do EIV, verificamos que será executado de forma a contemplar os efeitos positivos e negativos do empreendimento ou atividade quanto à qualidade de vida da população residente na área e suas proximidades, incluindo a análise, no mínimo, das seguintes questões:

I – adensamento populacional;
II – equipamentos urbanos e comunitários;
III – uso e ocupação do solo;
IV – valorização imobiliária;
V – geração de tráfego e demanda por transporte público;
VI – ventilação e iluminação;
VII – paisagem urbana e patrimônio natural e cultural.

Assim, o EIV volta-se para empreendimentos típicos do contexto urbano, sendo, portanto, relevante elemento de prevenção de dano ao meio ambiente urbano. Observa-se que o EIV, tendo um campo de atuação específico, não substitui o EIA/Rima, quando este for exigido.

Importante destacar a publicidade que será dada aos documentos integrantes do EIV, que ficarão disponíveis para consulta, no órgão competente do Poder Público municipal, por qualquer interessado.

O Relatório de Impacto Ambiental (Rima)

É um relatório elaborado em linguagem acessível ao administrador e ao público para que a comunidade possa entender o tipo de empreendimento que se vai instalar na região. Encontra expressa previsão no artigo 9º da Resolução 001/86 do Conama. Pode-se dizer que o Rima é um resumo do EIA, e as informações devem ser apresentadas de forma objetiva, em linguagem acessível, ilustradas por mapas, cartas, quadros, gráficos e demais técnicas de comunicação visual, de modo que se possam entender as vantagens e desvantagens do projeto, bem como todas as consequências ambientais de sua implementação (art. 9º, parágrafo único da Resolução 001/86 do Conama).

Conteúdo do Rima

De acordo com o artigo 9º da Resolução Conama 001/86, o Rima deve refletir as conclusões do estudo de impacto ambiental, contendo necessariamente as recomendações da equipe multidisciplinar em relação à alternativa mais favorável do ponto de vista ambiental e, se for o caso, até mesmo a hipótese de não realização do projeto – conforme item V do artigo em questão. Assim, o Rima conterá, no mínimo, alguns itens, dentre os quais destacamos:

I – Os objetivos e justificativas do projeto, sua relação e compatibilidade com as políticas setoriais, planos e programas governamentais;
II – A descrição do projeto e suas alternativas tecnológicas e locacionais, especificando para cada um deles, nas fases de construção e operação a área de influência, as matérias-primas, e mão de obra, as fontes de energia, os processos e técnicas operacionais, os prováveis efluentes, emissões, resíduos e perdas de energia, os empregos diretos e indiretos a serem gerados;

III – A síntese dos resultados dos estudos de diagnósticos ambiental da área de influência do projeto;
IV – A descrição dos prováveis impactos ambientais da implantação e operação da atividade, considerando o projeto, suas alternativas, os horizontes de tempo de incidência dos impactos e indicando os métodos, técnicas e critérios adotados para sua identificação, quantificação e interpretação;
V – A caracterização da qualidade ambiental futura da área de influência, comparando as diferentes situações da adoção do projeto e suas alternativas, ***bem como com a hipótese de sua não realização****; (destaque nosso)*
VI – A descrição do efeito esperado das medidas mitigadoras previstas em relação aos impactos negativos, mencionando aqueles que não puderem ser evitados, e o grau de alteração esperado;
VII – O programa de acompanhamento e monitoramento dos impactos;
VIII – Recomendação quanto à alternativa mais favorável (conclusões e comentários de ordem geral).

Publicidade do EIA/Rima

Quanto à publicidade do EIA/Rima esta vem prevista no artigo 225, § 1º, IV da CF/88, além da própria Resolução Conama 237/97 – artigo 3º e também a Lei 10.650/03. Ainda, verifica-se que o artigo 11 da Resolução Conama 001/86 a consagra na medida em que respeitado o sigilo industrial, assim solicitado e demonstrado pelo interessado, o Rima será acessível ao público.

As cópias do relatório permanecerão à disposição dos interessados, nos centros de documentação ou bibliotecas do órgão de controle ambiental correspondente, até mesmo durante o período de análise técnica. Além disso, os órgãos públicos que manifestarem interesse, ou tiverem relação direta com o projeto, receberão cópia do Rima, para conhecimento e manifestação.

O artigo 11, § 2º da Conama 001/86, combinado com a Resolução Conama 009/87 (a resolução vigente, mas em processo de revisão), tratam da realização da audiência pública para apresentação e informação sobre o projeto e seus impactos ambientais e discussão do Rima.

Assim, sempre que julgar necessário, ou quando for solicitado por entidade civil, pelo Ministério Público, ou por 50 ou mais cidadãos, o órgão de meio ambiente promoverá a realização de audiência pública.

A audiência pública pode ser entendida como a reunião que visa expor aos interessados o conteúdo do projeto em análise e do respectivo Rima, dirimindo dúvidas e recolhendo dos presentes as críticas e sugestões a respeito. Pode-se afirmar que a audiência pública consagra dois princípios fundamentais do Direito Ambiental: publicidade e participação pública.

No desenvolvimento do procedimento, verifica-se que o órgão de meio ambiente, a partir da data do recebimento do Rima, fixará em edital e anunciará pela imprensa local a abertura do prazo que será no mínimo de 45 dias para solicitação de audiência pública. No caso de haver solicitação de audiência pública e na hipótese de o órgão estadual não realizá-la, a licença concedida não terá validade.

Após esse prazo, a convocação será feita pelo órgão licenciador, através de correspondência registrada aos solicitantes e da divulgação em órgãos da imprensa local.

Quanto ao local de realização da audiência pública, verifica-se que esta deverá ocorrer em local acessível aos interessados e em função da localização geográfica dos solicitantes, e da complexidade do tema, poderá haver mais de uma audiência pública sobre o mesmo projeto de respectivo Relatório de Impacto Ambiental (Rima).

A audiência pública será dirigida pelo representante do órgão licenciador que, após a exposição objetiva do projeto e do seu respectivo Rima, abrirá as discussões com os interessados presentes (conforme previsão do art. 3º da Resolução Conama 009/87).

No fim de cada audiência pública, será lavrada uma ata sucinta, devendo ser anexados a ela todos os documentos escritos e assinados que forem entregues ao presidente dos trabalhos durante a seção (conforme previsão do art. 4º da Resolução Conama 009/87). A ata da(s) audiência(s) pública(s) e seus anexos servirão de base, acompanhada(s) do Rima, para a análise e parecer final do licenciador quanto à aprovação ou não do projeto (conforme previsão do art. 5º da Resolução Conama 009/87).

Ainda no tocante à publicidade, também a Lei 10.650/03 – artigo 4º, VII, determina que o registro de apresentação do estudo de impacto ambiental, bem como o ato de sua aprovação ou rejeição, deverão ser publicados no *Diário Oficial* e ficar disponíveis, no respectivo órgão, em local de fácil acesso ao público.

Observação: outro tipo de estudo ambiental apresentado como um relatório mais sucinto e menos completo do que um EIA/Rima é o **Relatório Ambiental Preliminar (RAP).** Este pode ser exigido nas hipóteses em que as atividades ou obras não forem potencialmente causadoras de significativa degradação ambiental (art. 1º, III e art. 3º, parágrafo único da Resolução 237/97 do Conama).

Também a Resolução Conama 279/01 instituiu o **Relatório Ambiental Simplificado (RAS)** a ser utilizado no licenciamento ambiental simplificado de empreendimentos elétricos, com pequeno potencial de impacto ambiental, aí incluídos:

I – Usinas hidrelétricas e sistemas associados;

II – Usinas termelétricas e sistemas associados;

III – Sistemas de transmissão de energia elétrica (linhas de transmissão e subestações);

IV – Usinas eólicas e outras fontes alternativas de energia.

Esse relatório – o RAS – compõe-se de estudos relativos aos aspectos ambientais relacionados à localização, instalação, operação e ampliação de uma atividade ou empreendimento, apresentados como subsídio para a concessão da licença prévia requerida, que conterá, dentre outras, as informações relativas ao diagnóstico ambiental da região de inserção do empreendimento, sua caracterização, a identificação dos impactos ambientais e das medidas de controle, de mitigação e de compensação. Verifica-se, ainda, que os estudos e documentos juntados ao RAS poderão ser utilizados no Estudo Prévio de Impacto Ambiental, com ou sem complementação, após manifestação favorável do órgão ambiental.

Em Resumo

EIA / Rima – Estudo e Relatório de Impacto Ambiental

O Estudo de Impacto Ambiental (EIA) é um estudo detalhado, científico e profissional que apresenta os impactos da atividade e as alternativas mitigadoras. O EIA inserido no gênero, "avaliação de impacto ambiental", tem previsão legislativa no artigo 9º, III da Lei 6.938/81, com disciplina suposta no Decreto 99.274/90 e na Resolução Conama 001/86, artigo 6º, adquirindo, com a CF/88, o *status* de matéria constitucional, pois colocado no artigo 225, § 1º, IV enquanto instrumento necessário para tornar efetivo o direito ao meio ambiente ecologicamente equilibrado.

É um estudo ambiental obrigatório para atividades de significativo impacto, devendo ser pago pelo empreendedor e analisado pelo órgão ambiental competente.

O Rima é um relatório elaborado em linguagem acessível ao administrador e ao público, para que a comunidade possa entender o que será realizado na área.

O EIA/Rima deve ser público, observado o sigilo quanto à publicidade do EIA/Rima, esta vem prevista no artigo 225, § 1º, IV, da CF/88, além da própria Resolução Conama 237/97 – artigo 3º e também a Lei 10.650/03.

Ainda, verifica-se que o artigo 11 da Resolução Conama 001/86 a consagra na medida em que respeitado o sigilo industrial, assim solicitado e demonstrado pelo interessado o Rima será acessível ao público.

A publicidade consagra-se por meio da realização de audiência pública, entendida esta como a reunião que visa expor aos interessados o conteúdo do projeto em análise e do respectivo Rima, dirimindo dúvidas e recolhendo dos presentes as críticas e sugestões a respeito. De acordo com o previsto na Resolução Conama 009/87, são quatro as hipóteses de convocação de audiência pública, a saber:

1ª – quando o órgão de meio ambiente achar necessário;

2ª – por solicitação de entidade civil;

3ª – por solicitação do Ministério Público;

4ª – a pedido de 50 ou mais cidadãos.

Preste Atenção

- Estudo de Impacto Ambiental (EIA) e Relatório de Impacto Ambiental (Rima) são documentos distintos. O EIA é o próprio estudo de caráter amplo e detalhado e o Rima é o resumo, em linguagem acessível, a ser apresentado para discussão e conhecimento do público.
- Estudo de Impacto Ambiental (EIA) e Estudo de Impacto de Vizinhança (EIV) também não se confundem, já que cuidam de aspectos diferentes do meio ambiente.

7

LICENCIAMENTO AMBIENTAL

Conceito e noções introdutórias

Enquanto importante instrumento da Política Nacional do Meio Ambiente, o licenciamento ambiental encontra-se previsto no artigo 9º, IV, da Lei 6.938/81, regulamentado pelo artigo 17 do Decreto 99.274/90, tendo na Resolução Conama 237/97 a previsão de suas linhas gerais de procedimento.

Assim, por expressa previsão do artigo 1º da Resolução Conama 237/97, o licenciamento ambiental pode ser entendido como

> *"o procedimento administrativo pelo qual o órgão ambiental competente licencia a localização, instalação, ampliação e a operação de empreendimentos e atividades utilizadoras de recursos ambientais, consideradas efetiva ou potencialmente poluidoras ou daquelas que, sob qualquer forma, possam causar degradação ambiental, considerando as disposições legais e regulamentares e as normas técnicas aplicáveis ao caso".*

No entanto, além da Resolução Conama 237/97, encontraremos várias resoluções tratando do tema do licenciamento, seja prevendo regras específicas no tocante a certas atividades ou, então, regras de licenciamento próprias levando-se em conta o local de implementação do empreendimento ou atividade.

Dessa forma, teremos, por exemplo, algumas resoluções do Conama tratando de normas e procedimentos gerais para o licenciamento ambiental, tais como:

- **Resolução 001, de 23/1/1986** – *Dispõe sobre critérios básicos e diretrizes gerais para a avaliação de impacto ambiental.*
- **Resolução 006, de 24/1/1986** – *Dispõe sobre a aprovação de modelos para publicação de pedidos de licenciamento.*
- **Resolução 11, de 18/3/1986** – *Dispõe sobre alterações na Resolução 001/86.*
- **Resolução 009, de 3/12/1987** – *Dispõe sobre realização de audiências públicas no processo de licenciamento ambiental (Resolução vigente, mas em processo de revisão à data do fechamento desta edição).*
- **Resolução 237, de 19/12/1997** – *Dispõe sobre a revisão e complementação dos procedimentos e critérios utilizados para o licenciamento ambiental.*
- **Resolução 281, de 12/7/2001** – *Dispõe sobre modelos de publicação de pedidos de licenciamento.*

Por outro lado, podemos ter Resoluções Conama prevendo regras específicas de licenciamento no tocante a certas atividades, tais como:

- **Resolução 006 de 16/9/1987** – *Dispõe sobre o licenciamento ambiental de obras do setor de geração de energia elétrica.*
- **Resolução 005 de 15/6/1988** – *Dispõe sobre o licenciamento de obras de saneamento básico.*
- **Resolução 009, de 6/12/1990** – *Dispõe sobre normas específicas para o licenciamento ambiental de extração mineral, classes I, III a IX.*
- **Resolução 10, de 6/12/1990** – *Dispõe sobre normas específicas para o licenciamento ambiental de extração mineral, classe II.*
- **Resolução 16, de 17/12/1993** – *Dispõe sobre a obrigatoriedade de licenciamento ambiental para as especificações, fabricação, comercialização e distribuição de novos combustíveis, e dá outras providências.*
- **Resolução 23, de 7/12/1994** – *Institui procedimentos específicos para o licenciamento de atividades relacionadas à exploração e lavra de jazidas de combustíveis líquidos e gás natural.*
- **Resolução 273, de 29/11/2000** – posteriormente alterada pelas Resoluções 276/01 e 319/02 – *Estabelece diretrizes para o licenciamento ambiental de postos de combustíveis e serviços e dispõe sobre a prevenção e controle da poluição.*
- **Resolução 279, de 27/6/2001** – *Estabelece procedimentos para o licenciamento ambiental simplificado de empreendimentos elétricos com pequeno potencial de impacto ambiental.*
- **Resolução 284, de 30/8/2001** – *Dispõe sobre o licenciamento de empreendimentos de irrigação.*
- **Resolução 305, de 12/6/2002** – *Dispõe sobre Licenciamento Ambiental, Estudo de Impacto Ambiental e Relatório de Impacto no Meio Ambiente de atividades e empreendimentos com organismos geneticamente modificados e seus derivados.*
- **Resolução 312, de 10/10/2002** – *Dispõe sobre o licenciamento ambiental dos empreendimentos de carcinicultura na zona costeira.*
- **Resolução 334, de 3/4/2003** – *Dispõe sobre os procedimentos de licenciamento ambiental de estabelecimentos destinados ao recebimento de embalagens vazias de agrotóxicos.*
- **Resolução 335, de 3/4/2003** – posteriormente alterada pelas Resoluções Conama 368/06 e 402/08 – *Dispõe sobre o licenciamento ambiental de cemitérios.*
- **Resolução 349, de 16/8/2004** – *Dispõe sobre o licenciamento ambiental de empreendimentos ferroviários de pequeno potencial de impacto ambiental e a regularização dos empreendimentos em operação.*
- **Resolução 350, de 6/7/2004** – *Dispõe sobre o licenciamento ambiental específico das atividades de aquisição de dados sísmicos marítimos e em zonas de transição.*
- **Resolução 401, de 4/11/2008** – *Disciplina o gerenciamento ambiental de pilhas e baterias.*

- **Resolução 404, de 11/11/2008** – Revoga a Resolução Conama 308/02 – *Estabelece critérios e diretrizes para o licenciamento ambiental de aterro sanitário de pequeno porte de resíduos sólidos urbanos.*
- **Resolução 412, de 13/5/2009** – *Estabelece critérios e diretrizes para o licenciamento ambiental de novos empreendimentos destinados à construção de habitações de interesse social.*
- **Resolução 413, de 26/6/2009** – *Dispõe sobre o licenciamento ambiental da aquicultura, e dá outras providências.*

Por fim, poderemos ter Resoluções Conama tratando do licenciamento ambiental por região ou local de atuação, como:

- **Resolução 004, de 31/3/1993** – *Dispõe sobre a obrigatoriedade de licenciamento ambiental para as atividades, obras, planos e projetos a serem instalados nas áreas de restinga.*
- **Resolução 10, de 24/10/1996** – *Regulamenta o licenciamento ambiental em praias onde ocorre a desova de tartarugas marinhas.*
- **Resolução 286, de 30/8/2001** – *Dispõe sobre o licenciamento ambiental de empreendimentos nas regiões endêmicas de malária.*

Considera-se que o licenciamento integra o âmbito da competência de implementação da Política Ambiental de modo que os três níveis de governo (União/Estados e Distrito Federal e os Municípios) estariam habilitados a licenciar empreendimentos com impactos ambientais, sendo que cada um deverá adequar sua estrutura administrativa com o objetivo de cumprir essa função que decorre diretamente da Constituição Federal.

Pode-se dizer que o licenciamento possui um caráter complexo, uma vez que se trata de um procedimento em cujas etapas intervêm vários agentes e que deverá ser precedido de EIA/Rima sempre que constatada a significância do impacto ambiental.

Verifica-se que é obrigatório para a localização, instalação, operação e ampliação de qualquer atividade objeto do regime de licenciamento.

A obrigatoriedade do licenciamento vem confirmada pelo disposto no artigo 60 da Lei 9.605/98 – a Lei de Crimes Ambientais que prevê:

"Construir, reformar, ampliar, instalar ou fazer funcionar, em qualquer parte do território nacional, estabelecimentos, obras ou serviços potencialmente poluidores, sem licença ou autorização dos órgãos ambientais competentes, ou contrariando as normas legais e regulamentares pertinentes:
Pena – detenção, de um a seis meses, ou multa, ou ambas as penas cumulativamente".

Também o Decreto 6.514/08, no artigo 66, com a redação dada pelo Decreto 6.686/08, considera infração administrativa ambiental:

"Construir, reformar, ampliar, instalar ou fazer funcionar estabelecimentos, atividades, obras ou serviços utilizadores de recursos ambientais, considerados efetiva ou potencialmente poluidores, sem licença ou autorização dos órgãos ambientais competentes, em desacordo com a licença obtida ou contrariando as normas legais e regulamentos pertinentes: Multa de R$ 500,00 (quinhentos reais) a R$ 10.000.000,00 (dez milhões de reais).
Parágrafo único. Incorre nas mesmas multas quem: I – constrói, reforma, amplia, instala ou faz funcionar estabelecimento, obra ou serviço sujeito a licenciamento ambiental localizado em unidade de conservação ou em sua zona de amortecimento, ou em áreas de proteção de mananciais legalmente estabelecidas, sem anuência do respectivo órgão gestor; e II – deixa de atender a condicionantes estabelecidas na licença ambiental.

Ressalta-se, ainda, que há o recolhimento de um valor, pelo interessado no estabelecimento da obra e/ou atividade, e pode-se concluir que a natureza desse pagamento é de taxa pelo exercício do poder de polícia ambiental.

Competência

O regramento básico das competências para o licenciamento ambiental vem previsto no artigo 10, Lei 6.938/81 e artigos 4º, 5º, 6º e 7º da Resolução Conama 237/97.

Em regra o licenciamento de determinada atividade/empreendimento é do órgão ambiental estadual, mas, dentro da estrutura do Sistema Nacional do Meio Ambiente (Sisnama) o Instituto Brasileiro do Meio Ambiente e dos Recursos Naturais Renováveis (Ibama) tem competência originária pelo licenciamento dos empreendimentos e atividades considerados de significativo impacto de âmbito nacional ou regional e uma competência subsidiária se o órgão competente for inepto/inerte ou omisso.

Nesse sentido, o artigo 10 da Lei 6.938/81 *caput* prevê:

"A construção, instalação, ampliação e funcionamento de estabelecimentos e atividades utilizadoras de recursos ambientais, considerados efetiva e potencialmente poluidores, bem como os capazes, sob qualquer forma, de causar degradação ambiental, dependerão de prévio licenciamento de órgão estadual competente, integrante do Sistema Nacional do Meio Ambiente (Sisnama), e do Instituto Brasileiro do Meio Ambiente e dos Recursos Naturais Renováveis (Ibama), em caráter supletivo, sem prejuízo de outras licenças exigíveis".

Na sequência, o § 4º do mesmo artigo determina a dita competência originária do Ibama:

"Compete ao Instituto Brasileiro do Meio Ambiente e dos Recursos Naturais Renováveis (Ibama) o licenciamento previsto no caput *deste artigo, no caso de atividades e obras com significativo impacto ambiental de âmbito nacional ou regional".*

Por determinação do artigo 4º da Resolução Conama 237/97 ao Ibama, atribuiu-se a responsabilidade pelo licenciamento dos empreendimentos e atividades considerados de significativo impacto de âmbito nacional ou regional, quando:

I – localizados ou desenvolvidos conjuntamente no Brasil e em país limítrofe; no mar territorial; na plataforma continental; na zona econômica exclusiva; em terras indígenas ou em unidades de conservação do domínio da União;

II – localizados ou desenvolvidos em dois ou mais Estados;

III – cujos impactos ambientais diretos ultrapassem os limites territoriais do País ou de um ou mais Estados;

IV – destinados a pesquisar, lavrar, produzir, beneficiar, transportar, armazenar e dispor material radioativo, em qualquer estágio, ou que utilizem energia nuclear em qualquer de suas formas e aplicações, mediante parecer da Comissão Nacional de Energia Nuclear (CNEN);

V – bases ou empreendimentos militares, quando couber, observada a legislação específica.

O Ibama atua principalmente no licenciamento de grandes projetos de infraestrutura que envolvam impactos em mais de um Estado e nas atividades do setor de petróleo e gás na plataforma continental.

Além disso, o interesse nacional pode ser identificado em atividades e obras que sejam levadas a efeito nas áreas do patrimônio nacional enumeradas pela CF/88 no artigo 225, § 4º. Já o interesse regional é encontrado quando o impacto ambiental do projeto possa atingir mais de um Estado ou uma região geográfica.

Assim, tanto pelo que determina a Lei 6.938/81, quanto o que foi previsto no Parecer 312 do Ministério do Meio Ambiente, fica claro que o critério adotado pelo legislador para efeito da divisão das competências é o dano e não titularidade do bem ou da localização da atividade.

Dessa forma, como regra, determina-se a competência para o licenciamento levando-se em conta o âmbito de influência do impacto direto, exceção que deve ser feita às unidades de conservação e algumas outras previsões expressas no artigo 4º da Resolução Conama 237/97, conforme acima visto, ressaltando-se dentre elas os casos de: energia nuclear, terras indígenas e empreendimentos de natureza militar, para os quais a resolução determinou o licenciamento pelo Ibama, sem contudo focar no alcance do impacto.

Paulo Affonso Leme Machado (*Direito Ambiental brasileiro*, p. 281) ainda coloca que:

"Além dos espaços nacional e regional, os impactos ambientais transfronteiriços precisam ser objeto da atuação do Ibama, mas a lei é omissa neste sentido".

Na verdade a Lei 6.938/81 não fala nada no artigo 10, mas a Resolução Conama 237/97 trata desse tipo de impacto no artigo 4º, III.

Conforme o artigo 5º da citada resolução ao órgão ambiental estadual ou do Distrito Federal, foi determinada a competência para o licenciamento dos empreendimentos e atividades:

I – localizados ou desenvolvidos em mais de um Município ou em unidades de conservação de domínio estadual ou do Distrito Federal;

II – localizados ou desenvolvidos nas florestas e demais formas de vegetação natural de preservação permanente relacionadas no artigo 2º da Lei 4.771, de 15 de setembro de 1965, e em todas as que assim forem consideradas por normas federais, estaduais ou municipais;

III – cujos impactos ambientais diretos ultrapassem os limites territoriais de um ou mais municípios;

IV – delegados pela União aos Estados ou ao Distrito Federal, por instrumento legal ou convênio.

O artigo 6º da Resolução Conama 237/97, por sua vez, determinou que cabe ao órgão de meio ambiente do Município a competência para o licenciamento de empreendimentos e atividades de impacto ambiental local e daquelas delegadas pelo Estado por instrumento legal ou convênio.

O convênio pode ser entendido como um ajuste entre partes, visando o cumprimento de objetivos comuns. Como tal ajuste é de cunho convencional, por esse motivo, pode plenamente estipular as competências de cada ente federativo no exercício do licenciamento ambiental, sem ferir a competência constitucional para tanto.

No entanto, a constitucionalidade sobre o licenciamento ambiental, no âmbito dos Municípios, chegou a ser questionada, alegando-se até mesmo a **inconstitucionalidade** do artigo 6º da Resolução Conama 237/97 (que, aliás, não define o que seria impacto local) e também dos artigos 4º e 5º, uma vez que o Conama poderia instituir normas e critérios para o licenciamento, mas não poderia atribuir competência para os entes federativos licenciarem. Chegou-se a afirmar que haveria um choque entre a Resolução Conama 237/97 e o artigo 10 da Lei 6.938/81.

Porém, pode-se defender a constitucionalidade da resolução com base na ideia de que o Conama retira suas competências do próprio artigo 8º da Lei 6.938/81 e de que o Município tem competência constitucional para atuar na proteção ambiental por expressa disposição do artigo 23 da CF/88.

De fato, a Constituição Federal de 1988 não trata explicitamente do licenciamento, mas estabelece as competências materiais ou administrativas e as competências legislativas em material ambiental.

O artigo 23 estabelece a denominada competência material e no inciso VI prevê, de modo amplo, que é competência comum da União, dos Estados, do DF e dos Municípios proteger o meio ambiente e combater a poluição em qualquer de suas formas. Assim, perfeitamente possível o licenciamento ambiental pelas três esferas, levando-se em conta a natureza da atividade.

Importante ressaltar, porém, que a Resolução Conama 237/97 vai além e determina, no artigo 7º, apenas um nível de licenciamento, prevendo:

"Os empreendimentos e atividades serão licenciados em um único nível de competência, conforme estabelecido nos artigos anteriores".

No entanto, esse artigo, que procurou estabelecer o licenciamento único, não vem sendo aceito pela doutrina e jurisprudência. Tem-se afirmado que é possível o denominado licenciamento dúplice ou tríplice, até porque, enquanto não editada as leis complementares estabelecendo normas para cooperação entre os entes federados, é válido sustentar que todos, ao mesmo tempo, têm competência e interesse para intervir nos licenciamentos ambientais. Nesse caso, a Constituição Federal de 1988 é a grande fonte da determinação da competência.

Assim, na ausência de leis complementares disciplinando o papel de cada um dos entes federados, todos teriam competência licenciatória emanada diretamente da CF/88.

Nesse aspecto, merece destaque a decisão da excelentíssima desembargadora federal doutora Consuelo Yoshida, do Tribunal Regional Federal da 3ª Região, no processo 2003.61.00.025724-4, referente à homologação do acordo no tocante ao licenciamento ambiental do Rodoanel Mario Covas, obra viária de grande vulto, de inegável importância do ponto de vista estratégico e econômico-social, a qual, além de acatar o licenciamento duplo ou múltiplo, cogita também do licenciamento complexo, importante mecanismo de *lege ferenda*, como pudemos observar.

Nessa direção, decidiu-se:

Trata-se de pioneira e histórica experiência de licenciamento ambiental que, embora processado num único e mesmo nível, sintetizará a participação efetiva e integrada das esferas federal, estadual e também municipal, no que couber, resultando, como dito, em licenças ambientais como atos complexos de natureza jurídica constitucional, lastreadas no artigo 225, combinado com o artigo 23, VI, VII e parágrafo único da Constituição Federal. (...)

E continua:

Muito embora entenda agasalhado o licenciamento ambiental duplo ou múltiplo pelo nosso sistema constitucional, pautado em competências concorrentes e comuns em matéria ambiental, na decisão que proferi nos autos do Agravo de Instrumento 2003.03.00.070460-9, cogitei, como alternativa, o licenciamento ambiental complexo, sem previsão expressa e sem disciplina em nosso ordenamento jurídico. Com efeito, como me manifestei:
(...) para que seja exercida a competência constitucional comum atribuída aos diversos níveis federativos, é imprescindível que, nas situações acima descritas, haja a participação efetiva dos órgãos ambientais federal, estadual(ais) e municipal(ais) envolvidos no processo de licenciamento, cada qual atuando dentro de suas respectivas competências. Tal exigência é observada na hipótese de duplo ou múltiplo licenciamento (federal,

estadual e/ou municipal), requerido no caso vertente na forma de pedido sucessivo. Pode-se cogitar, ademais, a possibilidade de licenciamento conjunto, como ato complexo das três esferas da Federação, inviável, contudo, por ora, por falta de previsão legal. Todavia, o licenciamento e as licenças ambientais com a natureza, respectivamente, de procedimento e de atos complexos, tornaram-se viáveis, inclusive operacionalmente, por meio do acordo implementado nestes autos, daí, mais uma vez, o realce a ser dado à relevância da iniciativa.

Assim, pode-se dizer que o múltiplo licenciamento também denominado dúplice ou tríplice e que seria realizado por mais de um órgão integrante da estrutura do Sisnama é legítimo, embora o artigo 7º da Resolução Conama 237/97 tente estabelecer um licenciamento único.

Ressalta-se, ainda, a necessidade de preparo dos entes federados para exercício das competências licenciatórias conforme previsão do artigo 20 da Conama 237/97 ao estabelecer que:

"Os entes federados, para exercerem suas competências licenciatórias, deverão ter implementados os Conselhos de Meio Ambiente, com caráter deliberativo e participação social, e, ainda, possuir em seus quadros ou a sua disposição profissionais legalmente habilitados".

Como regra, na determinação da competência para o licenciamento ambiental deve prevalecer o âmbito de influência dos impactos ambientais. Dessa forma, a regra da fixação de competência não ocorrerá, levando-se em conta a titularidade do bem em que esteja inserido o empreendimento ou a atividade. Nesse sentido, importante a previsão do Parecer do Ministério do Meio Ambiente – Parecer 312/Conjur/MMA/2004, de 4/9/2004.

No entanto, na prática, existirão atividades e obras que terão importância ao mesmo tempo para a Nação e para os Estados e ou Municípios, podendo haver a dita duplicidade de licenciamento.

Por fim, importante destacar nas palavras de Paulo de Bessa Antunes (*op. cit.*, p. 153) que:

"Não pode, contudo, o órgão federal 'discordar' da licença concedida pelo órgão estadual e, na vigência desta, embargar obras, etc. Isto somente pode ocorrer, em tese, se o órgão federal demonstrar que a licença estadual está eivada de vício. A observância deste parâmetro de atribuição administrativa é fundamental para que o Sisnama possa, de fato, existir. Se se admitisse que os órgãos públicos de diferentes esferas federativas pudessem, a seu talante, embargar, paralisar e contestar atividades que se encontram autorizadas regularmente pelos demais integrantes do Sisnama, no uso normal e legal de suas atribuições, o sistema se tornaria completamente inviável".

Portanto, pode-se concluir que o licenciamento é basicamente uma atividade a ser exercida pelo Poder Público estadual. Mas as autoridades federais atuarão em casos definidos ou supletivamente, e os Municípios poderão atuar nos impactos locais ou mediante delegação. No entanto, na prática, Paulo de Bessa Antunes (*idem*, p. 153) revela que é plenamente possível que sejam necessárias licenças diversas, isto é, licenças de diferentes órgãos do Sisnama. E afirma:

> *"Desejo ressaltar que, evidentemente, no uso da competência administrativa residual de cada um dos integrantes do Sisnama, é plenamente possível que sejam necessárias licenças diversas e que a concessão de uma delas, por si só, não seja suficiente para autorizar determinado empreendimento. Nesta hipótese, é possível a oposição de embargos administrativos a empreendimentos que não possuam todas as licenças necessárias".*

Procedimento

De acordo com o artigo 10 da Resolução Conama 237/97, o procedimento de licenciamento ambiental obedecerá algumas etapas, a saber:

- Definição pelo órgão ambiental competente, com a participação do empreendedor, dos documentos, projetos e estudos ambientais, necessários ao início do processo de licenciamento correspondente à licença a ser requerida;
- Requerimento da licença ambiental pelo empreendedor, acompanhado dos documentos, projetos e estudos ambientais pertinentes, dando-se a devida publicidade;
- Análise pelo órgão ambiental competente, integrante do Sisnama, dos documentos, projetos e estudos ambientais apresentados e a realização de vistorias técnicas, quando necessárias;
- Solicitação de esclarecimentos e complementações pelo órgão ambiental competente, integrante do Sisnama, uma única vez, em decorrência da análise dos documentos, projetos e estudos ambientais apresentados, quando couber, podendo haver a reiteração da mesma solicitação caso os esclarecimentos e complementações não tenham sido satisfatórios;
- Audiência pública, quando couber, de acordo com a regulamentação pertinente;
- Solicitação de esclarecimentos e complementações pelo órgão ambiental competente, decorrentes de audiências públicas, quando couber, podendo haver reiteração da solicitação quando os esclarecimentos e complementações não tenham sido satisfatórios;
- Emissão de parecer técnico conclusivo e, quando couber, parecer jurídico;
- Deferimento ou indeferimento do pedido de licença, dando-se a devida publicidade.

Além disso, o § 1º prevê que sempre no procedimento de licenciamento ambiental deverá constar, obrigatoriamente, a certidão da Prefeitura Municipal, declarando que o local e o tipo de empreendimento ou atividade estão em conformidade com a legislação aplicável ao uso e ocupação do solo e, quando for o caso, a autorização para supressão de vegetação e a outorga para o uso da água, emitidas pelos órgãos competentes.

Também no curso do licenciamento pode ser necessária a manifestação de outros órgãos públicos de qualquer esfera administrativa por meio de exames e pareceres que, embora possam não ter caráter vinculativo, podendo até por decisão motivada serem desconsiderados, devem fazer parte do procedimento.

Verifica-se que o Instituto do Patrimônio Histórico e Artístico Nacional (Iphan), por exemplo, para acautelamento e proteção do patrimônio arqueológico e pré-histórico, deve, nos termos da Portaria Iphan 230, de 17/12/2002, manifestar-se quando do licenciamento ambiental de empreendimentos e atividades potencialmente causadores de significativo impacto ambiental, sujeitos à apresentação de EIA/Rima.

Ao analisar quem paga pelo licenciamento, o artigo 11 da resolução em questão deixa claro que é o empreendedor que arca com os custos dos estudos necessários ao processo de licenciamento e estes deverão ser realizados por profissionais legalmente habilitados. Outrossim, o empreendedor deverá atender à solicitação de esclarecimentos e complementações, formulados pelo órgão ambiental competente, dentro do prazo máximo de quatro meses, a contar do recebimento da respectiva notificação, podendo, no entanto, o referido prazo ser prorrogado, desde que justificadamente e com a concordância do empreendedor e do órgão ambiental competente. Caso não cumpra os prazos estipulados, o empreendedor verá o arquivamento do seu pedido de licença. No entanto, o arquivamento do processo de licenciamento não impedirá a apresentação de novo requerimento de licença, que deverá obedecer aos procedimentos estabelecidos no artigo 10, mediante novo pagamento de custo de análise (art. 17 da Resolução Conama 237/97).

Como regra, o órgão ambiental também deverá agir dentro de um prazo e cabe ao artigo 14 da resolução determinar que este será de no máximo seis meses, a contar do ato de protocolar o requerimento até seu deferimento ou indeferimento, mas ressalvados os casos em que houver EIA/Rima e/ou audiência pública, quando o prazo será de até 12 meses.

Todavia, ressalvas são feitas e a contagem do prazo previsto para o órgão ambiental será suspensa durante a elaboração dos estudos ambientais complementares ou preparação de esclarecimentos pelo empreendedor, além do fato de os prazos estipulados poderem ser alterados, desde que haja justificativa e concordância do empreendedor e do órgão ambiental competente.

O não cumprimento do prazo pelo órgão ambiental sujeitará o licenciamento à ação do órgão que detenha competência para atuar supletivamente.

Ainda, o órgão ambiental competente definirá, se necessário, procedimentos específicos para as licenças ambientais, observadas a natureza, características e peculiaridades da atividade ou do empreendimento e, também, a compatibilização do processo de licenciamento com as etapas de planejamento, implantação e operação, podendo ser estabelecidos procedimentos simplificados para as atividades e os empreendimentos de pequeno potencial de impacto ambiental, que deverão ser aprovados pelos respectivos Conselhos de Meio Ambiente.

Por fim, o § 3º do artigo 12 da Resolução Conama 237/97 determina que deverão ser estabelecidos critérios para agilizar e simplificar os procedimentos de licenciamento ambiental das atividades e dos empreendimentos que implementem planos e programas voluntários de gestão ambiental, visando a melhoria contínua e o aprimoramento do desempenho ambiental.

Licença ambiental

CONCEITO - Ato administrativo pelo qual o órgão ambiental competente estabelece as condições, restrições e medidas de controle ambiental que deverão ser obedecidas pelo empreendedor, pessoa física ou jurídica, para localizar, instalar, ampliar e operar empreendimentos ou atividades utilizadores dos recursos ambientais consideradas efetiva ou potencialmente poluidoras ou aquelas que, sob qualquer forma, possam causar degradação ambiental.

ESPÉCIES - Podemos ter três tipos de licença, dependendo da fase do desenvolvimento da atividade: a Licença Prévia, a Licença de Instalação e a Licença de Operação (previstas no art. 8º da Resolução 237/97 do Conama).

- **Licença Prévia (LP)** – É a concedida na fase preliminar do planejamento do empreendimento ou da atividade aprovando sua localização e concepção, atestando a viabilidade ambiental e estabelecendo os requisitos básicos e condicionantes a serem atendidos nas próximas fases de sua implementação.
  O prazo de validade deverá ser, no mínimo, o estabelecido pelo cronograma, não podendo ser superior a cinco anos, no máximo (art. 18, I da Resolução 237/97 do Conama).
- **Licença de Instalação (LI)** – Autoriza a instalação do empreendimento ou de atividade de acordo com as especificações constantes dos planos, programas e projetos aprovados, incluindo as medidas de controle ambiental e demais condicionantes, da qual constituem motivo determinante.
  O prazo de validade deverá ser, no mínimo, o estabelecido pelo cronograma, não podendo ser superior a seis anos (art. 18, II da Resolução 237/97 do Conama).
- **Licença de Operação (LO)** – Autoriza a operação da atividade ou do empreendimento, após a verificação do efetivo cumprimento do que consta das licenças anteriores, com as medidas de controle ambiental e condicionantes determinados para a operação. O prazo de validade deverá considerar os planos de controle ambiental e será, no mínimo, de quatro anos e, no máximo, de dez (art. 18, III da Resolução 237/97 do Conama).

Verifica-se, no entanto, que as licenças ambientais poderão ser expedidas isoladas ou sucessivamente, de acordo com a natureza, as características e a fase do empreendimento ou da atividade.

Em certos casos, teremos a expedição de apenas algumas, como o disposto no artigo 18, § 6º da Lei 11.284/06 – a Lei de Florestas Públicas, que ao cuidar do licenciamento ambiental para uso sustentável prevê:

"O processo de licenciamento ambiental para uso sustentável da unidade de manejo compreende a licença prévia e a licença de operação, não se lhe aplicando a exigência de licença de instalação".

PRAZO DE REQUERIMENTO - Em relação às licenças já concedidas e à possibilidade de renovação, verifica-se que com antecedência mínima de 120 dias do término do prazo de validade estipulado, o interessado deverá requerer a respectiva renovação, protocolar o pedido no órgão público competente, ficando prorrogado automaticamente o prazo de validade até a manifestação definitiva do órgão (art. 18, § 4º da Resolução 237/97 do Conama).

NATUREZA JURÍDICA - Muito se tem questionado acerca da natureza jurídica da licença ambiental como ato oriundo do procedimento de licenciamento. Se pensarmos no instituto clássico da licença do direito administrativo, teremos um ato definitivo, vinculado e que implicaria obrigação do Poder Público atender a súplica do interessado, uma vez preenchidos os requisitos legais pertinentes e cuja retirada geraria indenização ao indivíduo que sofresse prejuízos.

Assim, a licença tradicional consubstancia-se em um ato administrativo vinculado, não podendo ser negada se o interessado comprovar ter atendido todas as exigências legais para o exercício de seu direito.

Já a autorização seria um ato discricionário, precário, pelo qual a administração faculta ao interessado, em casos concretos, o direito ao exercício da atividade autorizada e cuja retirada não geraria direito à indenização. Aqui, na autorização, o Poder Público decide discricionariamente sobre a conveniência ou não do atendimento da pretensão do interessado.

Há entendimento de que a licença ambiental teria natureza jurídica de autorização. Desse modo, seguindo o artigo 10, § 1º da Lei 6.938/81 há os que equiparam a licença ambiental a uma autorização, dada a possibilidade de revogação e a necessidade de pedido de renovação, o que revelaria a discricionariedade e precariedade do ato.

Entendem que se trata de uma autorização, já que a Lei 6.938/81 fala em renovação da "licença" e se licença fosse seria ato definitivo sem necessidade de renovação. (TJSP, 7ª C, AR de Ação Civil Pública 178.554-1-6, rel. des. Leite Cintra, j. 12/5/1993 – *Revista Direito Ambiental* 1/200-203 jan/mar 96.)

Paulo Affonso Leme Machado (*Direito Ambiental brasileiro,* p. 276) ressalta:

"Não há na 'licença ambiental' o caráter de ato administrativo definitivo; e, portanto, com tranquilidade, pode-se afirmar que o conceito de 'licença', tal como o conhecemos no Direito Administrativo brasileiro, não está presente na expressão 'licença ambiental'".

Para outros, a licença oriunda do procedimento do licenciamento ambiental seria um tipo especial de licença, já que a licença ambiental possui características peculiares, não podendo ser considerada mera autorização ou permissão nos moldes do Direito Administrativo. Dessa forma, pode-se dizer que seria um tipo especial de licença e o termo licença seria o correto, porém seria licença regida pelos princípios do Direito Ambiental.

Nesse sentido, Edis Milaré (*op. cit.*, p. 411) revela:

> *"Caracteriza-se por uma estabilidade temporal, que não se confunde com a precariedade das autorizações, nem com a definitividade das licenças tradicionais. Garante-se, numa palavra, no lapso temporal da licença, a inalterabilidade das regras impostas no momento da outorga, salvo, é claro, se o interesse público recomendar o contrário, quando então, em benefício da sociedade, poderá o ato ser revisto".*

Conforme pensamento exposto por Daniel Roberto Fink, Hamilton Alonso Jr. e Marcelo Dawalibi (*Aspectos Jurídicos do Licenciamento Ambiental*, p. 12), pode-se afirmar que:

> *"Em outras palavras, enquanto as condições fixadas pela licença ambiental atenderem ao fim maior que é a preservação do meio ambiente saudável, será mantida; caso deixe de atendê-lo, a licença* ***deverá*** *ser revista. Infere-se, portanto, que a licença ambiental é dotada, implicitamente, de uma verdadeira cláusula* rebu sic stantibus, *ou seja, se as condições originais que deram ensejo à concessão da licença mudarem, esta também pode ser alterada ou até retirada. Ademais, essas licenças são revistas periodicamente, já que concedidas por prazos certos". (destaque nosso)*

Assim, o artigo 19 da Resolução Conama 237/97 fala em modificar, suspender ou cancelar a licença expedida – o que veremos logo a seguir.

Destaca-se, ainda, pensamento de Paulo de Bessa Antunes (*op. cit.*, p. 148-149) para quem a licença ambiental não pode ser reduzida à condição de autorização, mas que defende que, enquanto a licença for vigente, não pode ser obrigatória a modificação do padrão do licenciamento para os indivíduos já licenciados. Conferir, *in verbis*, período abaixo no qual referido autor assevera:

> *"A licença ambiental,* in casu, *não pode ser entendida como uma licença de Direito Administrativo. As licenças de Direito Administrativo, uma vez concedidas, passam a integrar o patrimônio jurídico de seu titular como direito adquirido. Em tais circunstâncias, somente poderão ser revogadas pela infração às normas legais... A licença não pode ser reduzida à condição jurídica de simples autorização, pois os investimentos econômicos que se fazem necessários para a implantação de uma atividade utilizadora de recursos ambientais, em geral, são elevados. Por outro lado, a concessão de licenças com prazos fixos e determinados demonstra que o sentido de tais documentos é o de impedir a perenização de padrões que, sempre, são ultrapassados tecnologicamente.*

A situação, portanto, deve ser posta nos seguintes termos: enquanto uma licença for vigente, a eventual modificação de padrões ambientais não pode ser obrigatória para aquele que esteja regularmente licenciado, segundo padrões vigentes à época da concessão da licença... Uma vez encerrado o prazo de validade de uma licença ambiental, os novos padrões são imediatamente exigíveis. Este fato, em si mesmo, é importante, mas não é suficiente para que os novos padrões sejam imediatamente adotados. A questão não é legal: é econômica. Nem sempre o capital para os investimentos necessários está disponível e, evidentemente, existem diversos fatores que impedem o fechamento tout court *de uma atividade produtiva. Resulta, deste conjunto de circunstâncias, que a negociação para o atendimento de novos padrões é o único caminho que pode, de fato, assegurar o aprimoramento dos padrões efetivos de proteção ambiental".*

Portanto, no tocante à natureza jurídica da licença ambiental, verifica-se que ela pode ser considerada uma licença sim, mas regida por princípios informadores do Direito Ambiental. Após toda a análise do empreendimento ou da atividade – dentro do procedimento do licenciamento ambiental –, a licença concedida significa a anuência da autoridade ambiental competente para o desenvolvimento do pretendido, uma vez atendidos os condicionantes constitucionais e legais. No entanto, a licença ambiental é dotada implicitamente de verdadeira "cláusula *rebus sic stantibus"* porque se as condições originais que deram ensejo à licença mudarem, esta também pode ser alterada ou até retirada.

Ao concluir desse modo, Edis Milaré (*op. cit.*, p. 410) coloca:

"Em síntese, a licença ambiental, apesar de ter prazo de validade estipulado, goza do caráter de estabilidade, de jure*; não poderá, pois, ser suspensa por simples discricionariedade, muito menos por arbitrariedade do administrador público. Sua renovabilidade não conflita com sua estabilidade; está, porém, sujeita a revisão, podendo ser suspensa e mesmo cancelada, em caso de interesse público ou ilegalidade supervenientes, ou, ainda, quando houver descumprimento dos requisitos preestabelecidos no processo de licenciamento ambiental. Mais uma vez se pode chamar a atenção para disposições peculiares do Direito do Ambiente, peculiaridades essas fundadas na legislação e corroboradas por práticas administrativas correntes na gestão ambiental".*

Na verdade, devemos lembrar ainda que a licença ambiental é licença mesmo, norteada por características próprias do Direito Ambiental e não há que se confundir com a autorização, até porque existe essa figura própria que é a autorização ambiental.

A autorização ambiental pode ser entendida como um ato administrativo emitido em caráter precário e com limite temporal, mediante o qual o órgão competente estabelece as condições de realização ou operação de empreendimentos, atividades, pesquisas e serviços de caráter temporário ou para execução de obras que não caracterizem instalações permanentes e obras emergenciais de interesse público, transporte de cargas e resíduos perigosos. Enfim, a autorização surge como o meio adequado para remover uma proibição geral em favor de alguém em especial. Pode-se autorizar, por exemplo, a disposição de determinado resíduo em certo local.

APLICAÇÃO DO ARTIGO 19 DA RESOLUÇÃO CONAMA 237/97 - Embora a licença ambiental não tenha caráter definitivo, ela possui prazo prefixado de validade que deve ser observado e respeitado, sempre que as condições de sua expedição permanecerem as mesmas.

Assim, tem-se verificado que, em situações determinadas, o órgão ambiental competente, mediante decisão motivada, poderá modificar os condicionantes e as medidas de controle e adequação, suspender ou cancelar uma licença expedida. A justificativa para tais atos encontra respaldo toda vez que ocorrer a violação ou inadequação de quaisquer condicionantes ou normas legais, a omissão ou falsa descrição de informações relevantes que subsidiaram a expedição da licença ou a superveniência de graves riscos ambientais e de saúde, todas hipóteses elencadas no artigo 19 da Resolução 237/97 do Conama.

Como regra, esses atos de modificação de condicionantes, suspensão ou cancelamento não geram direito de indenização ao titular da licença ambiental. Isso porque, embora alegando a licitude da atividade, ninguém adquire direito de implantar empreendimento lesivo ao meio ambiente, além do que, sempre haverá responsabilidade pelos danos ambientais causados pela obra ou pelo empreendimento, mesmo que regularmente licenciados.

Em conclusão, tem-se entendido, ainda, que na hipótese de modificação dos condicionantes da licença expedida o empreendedor deverá implementar as adaptações necessárias e arcar com esses custos. Porém, se presentes as hipóteses de suspensão ou cancelamento e se o motivo advém de atitude do empreendedor, não há que se falar em indenização. Por outro lado, se a suspensão ou o cancelamento advém, em tese, de fato que não pode ser imputado ao empreendedor, ele poderá ter direito à indenização.

CONSIDERAÇÕES FINAIS - Ainda devemos considerar algumas questões envolvendo a licença ambiental e sua sistemática. Por exemplo: Sabemos que a licença tem um prazo de validade, devendo ser renovada. Pergunta-se: poderia haver indeferimento de renovação da licença?

Tem-se entendido que sim, na medida em que o desenvolvimento da atividade tenha se tornado danoso ao ambiente.

Devemos verificar dois aspectos: Em primeiro lugar, se o indeferimento ocorre em virtude de ato danoso – este não gerará indenização, pois ninguém tem direito de poluir. Por outro lado, um indeferimento imotivado poderá vir a gerar uma indenização.

E quanto às atividades desenvolvidas anteriormente ao estabelecimento da legislação do licenciamento? Aqui estaremos diante das denominadas atividades desconformes, isto é, as atividades que se estabeleceram regulares, mas se tornaram deficitárias diante de novas exigências estabelecidas por lei superveniente. Como resolver esses casos? Será que poderíamos falar em direito adquirido? Como regra, a menos que haja alguma situação que possa justificar o cancelamento ou a suspensão da licença, geralmente, no momento da renovação da licença é que vai ocorrer a adequação.

Além disso, o ordenamento também vem prevendo a chamada Licença de Operação Corretiva, que será aplicada para empreendimentos antigos – já implantados sem as respectivas licenças –, a fim de que se regularizem no órgão ambiental competente exatamente por meio da licença de operação corretiva ou retificadora.

Nesse sentido, cita-se como exemplo o artigo 34 do Decreto 4.340/02 ao prever:

> *"Os empreendimentos implantados antes da edição deste Decreto e em operação sem as respectivas licenças ambientais deverão requerer, no prazo de 12 meses, a partir da publicação deste Decreto, a regularização junto ao órgão ambiental competente, mediante licença de operação corretiva ou retificadora".*

Por fim, temos de verificar quem controla as licenças ambientais. O controle de validade das licenças cabe à administração com base no poder de polícia ambiental e também ao Poder Judiciário que, por meio de ação civil pública, ação popular ou mandado de segurança, pode controlá-las para que se determine sua revisão ou até invalidação.

Por conclusão, ainda, se a obra e/ou atividade se iniciar sem a competente licença de instalação ou começar a funcionar sem a licença de operação, vemos que o empreendedor incorre em infração administrativa e em crime ambiental, artigo 60 da Lei 9.605/98. De acordo com o caso em questão, teríamos a possibilidade de regularização do empreendimento, quando cabível, pela aplicação do disposto no artigo 79-A da mesma lei com estabelecimento de termo de compromisso.

Em Resumo

Licenciamento Ambiental

Enquanto importante instrumento da Política Nacional do Meio Ambiente, o licenciamento ambiental encontra-se previsto no artigo 9º, IV da Lei 6.938/81, regulamentado pelo artigo 17 do Decreto 99.274/90, tendo na Resolução Conama 237/97 a previsão de suas linhas gerais de procedimento.

De acordo com expressa previsão do artigo 1º da Resolução Conama 237/97, o licenciamento ambiental pode ser entendido como:

"O procedimento administrativo pelo qual o órgão ambiental competente licencia a localização, instalação, ampliação e a operação de empreendimentos e atividades utilizadoras de recursos ambientais, consideradas efetiva ou potencialmente poluidoras ou daquelas que, sob qualquer forma, possam causar degradação ambiental, considerando as disposições legais e regulamentares e as normas técnicas aplicáveis ao caso".

Em regra, o licenciamento de determinada atividade/empreendimento é do órgão ambiental estadual, mas, dentro da estrutura do Sisnama, o Ibama tem competência originária pelo licenciamento dos empreendimentos e atividades considerados de significativo impacto de âmbito nacional ou regional e competência subsidiária se o órgão legal for inepto/inerte ou omisso.

Assim, conforme a Resolução Conama 237/97, verifica-se que a repartição das competências de licenciamento ambiental, entre as diferentes esferas dos órgãos integrantes do Sisnama, tem como fundamento o conceito de significância e a abrangência do impacto ambiental direto decorrente do empreendimento ou da atividade. Dessa forma, como regra, se os impactos diretos do empreendimento extrapolam a extensão territorial de um Estado, será competente o Ibama. No entanto, se tais impactos forem inferiores ao limite territorial de um Estado, mas excederem o limite de um Município, o licenciamento competirá ao órgão ambiental estadual. Finalmente, se os impactos diretos forem apenas de âmbito local será competente o órgão municipal de meio ambiente. Este, em linhas gerais, o panorama traçado na Resolução Conama 237/97.

A licença ambiental é o ato administrativo pelo qual o órgão ambiental competente estabelece as condições, restrições e medidas de controle ambiental que deverão ser obedecidas pelo empreendedor, pessoa física ou jurídica, para localizar, instalar, ampliar e operar empreendimentos ou atividades utilizadoras dos recursos ambientais consideradas efetiva ou potencialmente poluidoras ou aquelas que, sob qualquer forma, possam causar degradação ambiental.

Podemos ter três tipos de licença, dependendo da fase do desenvolvimento da atividade: a Licença Prévia, a Licença de Instalação e a Licença de Operação (previstas no art. 8º da Resolução 237/97 do Conama). Embora a licença ambiental não tenha caráter definitivo, ela possui prazo prefixado de validade que deve ser observado e respeitado, sempre que as condições de sua expedição permanecerem as mesmas.

Desse modo, tem-se verificado que, em situações determinadas, o órgão ambiental competente, mediante decisão motivada, poderá modificar os condicionantes e as medidas de controle e adequação, suspender ou cancelar uma licença expedida.

PRESTE ATENÇÃO

Como regra, na determinação da competência para o licenciamento ambiental deve prevalecer o âmbito de influência dos impactos ambientais. Dessa forma, a regra da fixação de competência não ocorrerá levando-se em conta a titularidade do bem em que esteja inserido o empreendimento ou atividade. Nesse sentido, importante a previsão do Parecer do Ministério do Meio Ambiente – Parecer 312/Conjur/MMA/04, de 4/9/2004.

Tem-se admitido, ainda, o múltiplo licenciamento, isto é, o licenciamento de determinado empreendimento ou determinada atividade, que é realizado por mais de um órgão integrante do Sisnama. Isso porque, na ausência de leis complementares disciplinando o papel de cada um dos entes federados, todos teriam competência licenciatória emanada diretamente da Constituição Federal de 1988.

No tocante à licença ambiental, verifica-se que ela é uma licença sim, mas regida por princípios informadores do Direito Ambiental. Após toda a análise do empreendimento ou da atividade dentro do procedimento do licenciamento ambiental, a licença concedida significa a anuência da autoridade ambiental competente para o desenvolvimento da atividade ou do empreendimento, uma vez atendidos os condicionantes constitucionais e legais. No entanto, é dotada implicitamente de verdadeira "cláusula *rebus sic stantibus*" porque, se as condições originais que deram ensejo à licença mudarem, esta também pode ser alterada ou até retirada.

8

RESPONSABILIDADE AMBIENTAL

Noções introdutórias

Como vimos, o Direito Ambiental procura estabelecer um conjunto de regras para nortear o uso e a proteção do meio ambiente. Todos os princípios do Direito Ambiental procuram sistematizar essa ideia, na medida em que não se afasta a utilização do ambiente seja como fornecedor de matéria-prima ou como depositário das externalidades dos processos produtivos ou das atividades. No entanto, procura-se compatibilizar esse uso com as regras de proteção estabelecidas, uma vez que o meio ambiente ecologicamente equilibrado é bem de uso comum do povo e o direito ao meio ambiente sadio é direito humano fundamental, devendo ser considerado para as presentes e futuras gerações.

Assim sendo, todos os instrumentos de proteção previstos pela Lei 6.938/81 procuram atuar na esfera preventiva, para evitar qualquer dano ao ambiente, mas, caso isso não seja possível, o sistema de responsabilização deverá ser acionado, de modo que aquele que causou um dano ao meio ambiente seja responsabilizado. Isso se dá porque o causador do dano afeta o direito dos demais de usufruírem de um meio ambiente ecologicamente equilibrado.

O artigo 225, § 3º da Constituição Federal de 1988, ao determinar a tríplice punição do poluidor, define que existem três esferas de proteção do meio ambiente: a civil, a penal e a administrativa, o que deixa claro que a responsabilidade jurídica pelo dano ambiental pode ser de três espécies, dependendo da natureza da norma violada.

A responsabilização penal pressupõe turbação social, acarretando a submissão pessoal do agente à pena que lhe for imposta (punição através do cumprimento da pena estabelecida em lei).

Quanto à responsabilidade administrativa, esta surgirá toda vez que estivermos diante de uma infração administrativa ambiental (art. 70, *caput*, da Lei 9.605/98, combinado com art. 2º do Decreto 6.514/08), havendo a possibilidade de imposição de sanção administrativa pelo órgão competente.

A responsabilidade civil, por sua vez, pressupõe prejuízo ao ambiente em si ou a terceiros afetados, e tem por fundamento restabelecer o equilíbrio jurídico alterado ou desfeito pela lesão. Além das regras constitucionais e do Código Civil, também a Lei 6.938/81 previu o sistema de responsabilização do poluidor ou predador pelos danos causados ao ambiente seja no artigo 4º, VII, bem como no artigo 14, § 1º.

Devemos ressaltar que não há *bis in idem* na regra da cumulação de sanções (penais, civis e administrativas), pois as mesmas protegem objetos distintos e estão sujeitas a regimes jurídicos diversos.

Dano ambiental e suas peculiaridades

Dano ambiental pode ser entendido como alteração *in pejus* do equilíbrio ecológico. Contudo, como toda atividade e/ou todo empreendimento, causa alteração ao meio, a verificação do que se poderá caracterizar como um dano ambiental deve ser analisada levando-se em conta a intensidade da alteração que coloca em risco o equilíbrio ambiental. Podemos ter, na prática, alterações do ambiente que são positivas, como recuperação de uma área anteriormente degradada. Nessa hipótese, não se pode afastar a ideia de alteração do ambiente, porém para melhor.

A Lei 6.938/81, no artigo 3º, II, conceitua degradação da qualidade ambiental como a alteração adversa das características do meio ambiente. Apesar disso, pode-se dizer que não há uma definição legal do dano ambiental em si. Podemos ter uma alteração adversa do meio ambiente legalmente permitida, por exemplo, quando temos certos níveis de emissões atmosféricas previstos por padrões previamente estabelecidos. Pode-se dizer que é a "poluição permitida", ou, segundo melhor juízo, a aplicação do desenvolvimento sustentável.

Portanto, para a caracterização de um acontecimento como dano ambiental, devemos estar diante de algo que extrapola, que supera os limites de suporte da carga do ambiente, como um vazamento, uma emissão totalmente fora dos padrões estabelecidos para aquela atividade, naquele local determinado.

Na prática, a ocorrência de determinado fato danoso pode gerar dupla consequência, de modo que poderemos ter:

- o dano causado ao meio ambiente *lato sensu*;
- o dano causado a terceiros, mas em virtude do mesmo fato e que é conhecido como dano em ricochete.

Podemos entender esse fenômeno como a dupla face do dano ambiental.

O dano causado ao meio ambiente *lato sensu* é o que afeta um bem difuso, isto é, o dano aos recursos ambientais propriamente ditos: água, ar, solo, flora, fauna. O dano causado a terceiros é o que extrapola o meio ambiente e atinge pessoas de modo aleatório e, portanto, vai legitimar os lesados a procurar uma reparação pelo prejuízo patrimonial ou extrapatrimonial.

Nesse sentido, José Rubens Morato Leite (*Dano Ambiental: do individual ao coletivo extrapatrimonial,* p. 281) destaca a possibilidade de existência do dano extrapatrimonial ou moral ambiental citando a própria lei da ação civil pública – Lei 7.347/85 – que no artigo 1º prevê ações de responsabilidade por danos morais e patrimoniais causados aos interesses que elenca.

Tem-se entendido que esse terceiro afetado não pode, por si só, mover uma ação civil pública, mas terá legitimidade para deduzir pretensão individual com base na responsabilidade objetiva do causador do dano.

Ainda, em relação a essa peculiaridade do dano ambiental, Edis Milaré (*op. cit.*, p. 813) assevera:

"Quando, ao lado da coletividade, é possível identificar um ou alguns lesados em seu patrimônio particular, tem-se o dano ambiental individual, também chamado dano ricochete ou reflexo; essa é a modalidade de dano ambiental que, ao afetar desfavoravelmente a qualidade do meio, repercute de forma reflexa sobre a esfera de interesses patrimoniais ou extrapatrimoniais de outrem".

Assim, importante salientar estes dois aspectos: o dano ambiental denominado público (ou coletivo ou dano ambiental propriamente dito) e dano ambiental privado (ou dano ambiental individual).

- O dano ambiental público tem sua eventual indenização destinada ao fundo para reconstituição dos bens lesados (Lei 7.347/85, art. 13).
- O dano ambiental privado dá ensejo à indenização dirigida à recomposição do patrimônio individual das vítimas (observar o § 1º artigo 14 da Lei 6.938/81).

CARACTERIZAÇÃO DO DANO AMBIENTAL - O dano ambiental apresenta características que lhe são próprias, em virtude da peculiaridade do bem afetado – o meio ambiente ou em face dos desdobramentos que podem advir.

É fundamental ressaltarmos que o dano ambiental se caracteriza pela pulverização de vítimas, isto é, ele afeta uma pluralidade difusa de vítimas, mesmo quando certos aspectos de sua danosidade atingem individualmente alguns sujeitos. Além disso, podemos e até devemos ampliar nossa noção sobre dano ambiental e entendê-lo como lesão ou ameaça de lesão ao patrimônio ambiental.

Por patrimônio ambiental podemos entender o conjunto de bens que possibilitam um desenvolvimento equilibrado da vida humana, podendo ser classificados em: bens do meio ambiente natural (água, ar, solo, fauna, flora e recursos minerais), cultural (patrimônio histórico, artístico, paisagístico, turístico), artificial (espaço urbano ou espaço habitável, ainda que rural) e ambiente do trabalho (elementos de garantia da saúde e segurança do trabalhador). Pode-se dizer que são bens essenciais, inalienáveis e imprescritíveis, de modo que ninguém pode alegar direito adquirido de continuar poluindo porque faz isso há muitos anos.

Portanto, para haver dano ambiental, não precisamos esperar que alguém morra, mas somente que esteja sofrendo diminuição do direito a uma vida digna e saudável, já que o direito a um meio ambiente sadio é um direito fundamental da pessoa humana.

Ampla dispersão de vítimas

Podemos ter toda uma comunidade atingida por um dano ambiental, por exemplo: um vazamento de óleo, ou então no caso de uma contaminação de água, não só uma comunidade local, como também eventuais pessoas que tiveram acesso àquela água contaminada pelo fato de estarem temporariamente na região.

De qualquer maneira muitas vezes não se consegue identificar o número de atingidos pelo dano, tampouco sua identidade, daí falar-se em dano difuso.

Dificuldade de reparação

Muitas vezes a volta ao *statu quo ante,* isto é, a volta à normalidade da situação antes da ocorrência do dano ambiental é praticamente impossível. Por exemplo: como recuperar toda uma biodiversidade destruída por uma contaminação de águas? Como recompor as espécies destruídas e que habitavam aquele lugar? Quais eram? Em que estágio de evolução estavam? Essas são algumas questões complexas a resolver-se.

A compor esse quadro de dificuldade de reparação do dano encontramos a problemática da quantificação do dano ambiental agravada por algumas considerações:

- O meio ambiente não é *res in commercio.*
  Assim, surge uma primeira dificuldade: Como calcular quanto vale um rio?
- Pela extensão do dano.
  Como calcular a importância do dano para o ecossistema atingido?
- Pela cumulação de dano moral com patrimonial.
  Como calcular os prejuízos materiais e os morais sofridos pela população atingida? Por exemplo: pescadores que viviam da pesca em área que foi contaminada. Pessoas que se sentiram afetadas pela destruição de paisagem de determinada região.

Mesmo assim, nosso ordenamento procurou desenvolver formas para dar resposta a essas questões e, levando-se em conta as formas de reparação do dano, sempre que possível, a obtenção de uma reparação direta *in specie* do dano deve sobrepor-se ao recebimento de dinheiro na modalidade de indenização, como veremos logo abaixo.

FORMAS DE REPARAÇÃO DO DANO – Levando-se em conta que em algumas legislações estrangeiras o que norteia a responsabilidade ambiental é o princípio do causador ou responsável, nossa Lei da Política Nacional do Meio Ambiente também cuidou de prever tal situação, ao determinar que o poluidor e o predador devem recuperar **e/ou** indenizar os danos causados, conforme artigo 4º, VII da Lei 6.938/81. Nesse aspecto, Maria Luiza Machado Granziera (*Direito Ambiental*, p. 588) ressalta que:

> *"Embora o § 1º do artigo 14 da Lei 6.938/81 determine que o poluidor deverá reparar* ***ou*** *indenizar, o sentido que deve ser dado ao texto é de obrigação cumulativas e não alternativas, pelo que o poluidor deverá indenizar e recuperar, não bastando somente indenizar ou somente recuperar. Isso se dá, inicialmente, pela disposição do inciso VII do artigo 4º da Lei 6.938/81, que determina recuperação* ***e/ou*** *indenização".*

Já sabemos que em matéria ambiental deve-se priorizar a prevenção do dano procurando, em cada caso concreto, fazer atuar o princípio da precaução utilizando, para tanto, todos os meios à disposição (controle da atividade a ser desenvolvida com realização dos estudos próprios, fiscalização por parte do Poder Público, etc.).

No entanto, se ocorrido o dano, surge a necessidade de repará-lo e, nesse caso, a reparação funcionará como verdadeiro remédio ressarcitório.

Dentre as duas formas básicas de reparação do dano ambiental: retorno ao *statu quo ante* e indenização em dinheiro, a primeira é a mais festejada e é a que deve ser tentada, pois, em certos casos, o que realmente interessa não é indenizar, mas fazer cessar a causa do mal.

O fato é que para reparar o dano ambiental ocorrido podem surgir alguns caminhos que se relacionam ou com a tentativa de restauração da situação ao que era antes da ocorrência do dano, ou então podemos ter, dependendo do caso, a indenização de modo cumulativo ou não.

Dessa forma, basicamente três situações podem ocorrer:

1. a recuperação do bem danificado, por exemplo por meio de uma obrigação de fazer;
2. a recuperação do bem danificado por meio do fim da prática lesiva, isto é, cessando a atividade causadora do dano;
3. a indenização, consubstanciada por uma obrigação de dar, geralmente na impossibilidade de recuperação integral do bem danificado.

Assim sendo, na reparação do dano podemos ter a recuperação da área atingida e conjuntamente uma indenização ou então apenas uma delas.

O fato é que podemos ter a dita reparação direta ou a indireta, sempre lembrando que nosso sistema prevê e adota a reparação integral do dano ambiental, de modo que quando não for possível a reparação do dano *in specie* ou esta não for suficiente, será devida indenização pecuniária.

Desse modo, podemos concluir que a reparação está estruturada entre nós da seguinte forma:

Reparação direta

Nesse caso, prioriza-se a restauração natural ou *in specie*, que se dará por dois caminhos basicamente:

a) cessando (*in loco*) a atividade lesiva e repondo-se a situação ao *status* anterior;

b) adotando-se medida compensatória equivalente, procurando restaurar os bens lesados ainda que em lugar diferente.

Reparação indireta

Aqui, pode ocorrer a indenização em dinheiro – hipótese que deve ser pensada somente quando a restauração *in natura* não seja viável – fática ou tecnicamente, ou quando esta não seja apta a restaurar a situação de maneira integral, hipótese na qual teremos a cumulação da indenização com a reparação propriamente dita.

Responsabilidade civil ambiental

Podemos entender a responsabilidade como obrigação/dever de reparar um dano causado a outrem, que pode ser decorrente da conduta do agente causador do dano, de pessoa por quem responda, de coisa a que lhe pertença ou de qualquer outra circunstância legal que a justifique.

Quem responde é quem violou norma (isto é, desobedeceu um dever previsto no ordenamento jurídico) ou violou a obrigação assumida (hipóteses de inexecução de obrigação) e, consequentemente, causou dano.

Na base da responsabilidade civil, está a obrigação de recomposição da situação anterior à lesão, seja com o retorno ao *statu quo ante* ou com a indenização pecuniária, ressaltando-se o caráter reparatório desta, servindo para restaurar o direito violado, até mesmo diante da ideia da impossibilidade do enriquecimento ilícito, segundo nos parece.

Assim, na violação das normas da esfera civil e tendo havido dano que perturba a paz social (que a norma visava manter) surge a responsabilidade. Além disso, a responsabilidade civil pressupõe invasão da esfera patrimonial do agente, já que é através de seu patrimônio que se dará o ressarcimento. A redação do *caput* do artigo 942 do Código Civil é clara ao prever que:

> *"Os bens do responsável pela ofensa ou violação do direito de outrem ficam sujeitos à reparação do dano causado e, se a ofensa tiver mais de um autor, todos responderão solidariamente pela reparação".*

Tem-se classificado tal responsabilidade em **subjetiva** e **objetiva.**

A subjetiva é baseada na prática do ato ilícito, devendo haver o ressarcimento do prejuízo se se provar que houve dolo ou culpa na ação. No caso, o lesado deverá provar a culpa do lesante na produção do dano.

A responsabilidade "sem culpa" é a responsabilidade objetiva, imposta por lei que se funda num princípio de equidade existente desde os tempos do direito romano, qual seja: aquele que lucra com uma situação deve responder pelo risco ou pelas desvantagens dela resultantes. Desse modo, essa responsabilidade tem como fundamento a atividade exercida pelo agente, isto é, o perigo que essa atividade pode gerar.

Portanto, é do desenvolvimento de uma atividade potencialmente danosa, ainda que **lícita**, e que possa gerar prejuízo, perigo que surge a necessidade de responsabilização, exonerando-se o lesado da prova da culpa do lesante, fixando-se no elemento objetivo, isto é, na relação de causalidade entre dano e conduta do seu causador.

Dessa forma, o indivíduo que exerce a atividade lícita, porém, potencialmente danosa, tem a obrigação de zelar para que nenhum dano ocorra, e caso venha a ocorrer terá o dever ressarcitório pela simples comprovação do nexo causal.

O artigo 927 do Código Civil espelha a coexistência em nosso sistema desses dois tipos de responsabilidade ao prever:

"Aquele que, por ato ilícito (arts. 186 e 187) causar dano a outrem, fica obrigado a repará-lo. Parágrafo único. Haverá obrigação de reparar o dano, independentemente de culpa, nos casos especificados em lei, ou quando a atividade normalmente desenvolvida pelo autor do dano implicar, por sua natureza, risco para os direitos de outrem".

Na era moderna, com o fenômeno da industrialização do pós-guerra aliado à multiplicação dos danos, a dificuldade de provar-se a causa dos sinistros e a insuficiência da noção de culpa para embasar as devidas indenizações surgem novas teorias, que procuram fundamentar a responsabilidade, dentre as quais se encontra a teoria da responsabilidade objetiva.

Como ensina Vladimir Passos de Freitas (*A Constituição Federal e a efetividade das normas ambientais*, p. 172):

"No Brasil, a primeira lei a dispor acerca da responsabilidade civil objetiva por danos ambientais foi a 6.453, de 17/10/1977, que trata, no artigo 4°, da responsabilidade por dano nuclear. O referido diploma foi sancionado na época em que se instalava a Usina Nuclear de Angra dos Reis, RJ. Depois o Brasil celebrou a Convenção Internacional sobre Responsabilidade Civil em Danos Causados por Poluição de Óleo, de 1969, promulgada pelo Decreto 79.347, de 28/3/1977. O passo seguinte foi mais decisivo, através da Lei 6.938, de 31/8/1981, que trata da Política Nacional do Meio Ambiente".

A Lei 6.938/81 – Lei da Política Nacional do Meio Ambiente foi recepcionada pela CF/88, e é esta lei que prevê no artigo 14, § 1° que:

"Sem obstar a aplicação das penalidades previstas neste artigo, é o poluidor obrigado, ***independentemente de existência de culpa****, a indenizar ou reparar os danos acusados ao meio ambiente e a terceiros, afetados por sua atividade. O Ministério Público da União e dos Estados terá legitimidade para propor ação de responsabilidade civil e criminal por danos causados ao meio ambiente". (destaque nosso)*

Assim, precisamos destacar algumas considerações a respeito dessa responsabilidade.

Em primeiro lugar, verifica-se pela própria natureza do dano ambiental e sua extensão, que as regras tradicionais da responsabilização não poderiam resolver satisfatoriamente a questão.

Surge, dessa forma, a responsabilidade objetiva nessa matéria, sendo necessário para que se possa pleitear a reparação do dano que o autor demonstre a ação ou omissão do réu, o evento danoso e o nexo de causalidade, de modo que a ausência de culpa ou, ainda, a licitude da atividade não impedem a reparação do dano.

Portanto, a defesa do poluidor, alegando que exerce atividade lícita devidamente autorizada pelo órgão competente não o exime da reparação do dano, se este ocorreu em virtude da sua atividade.

Entende-se que a responsabilidade acatada é a objetiva, sob a modalidade do *risco integral* (posicionamento pioneiro defendido por Sergio Ferraz (*Responsabilidade civil por dano ecológico*, Revista de Direito Público, São Paulo, 1979, v. 49-50, p. 38), pela qual é irrelevante a existência do caso fortuito ou da força maior como causas excludentes da responsabilidade. Assim, ocorrido o dano, seja em virtude de uma falha técnica ou humana, ou por obra do acaso, ou, ainda, força da natureza, deve o empreendedor responder e se possível voltar-se contra o verdadeiro causador, pelo direito de regresso, quando for fato de terceiro. Essa é a interpretação que, segundo Nelson Nery Junior (*Responsabilidade civil por dano ecológico e a ação civil pública*, Revista Justitia, São Paulo, 1984, v. 126, p. 171) deve ser dada à Lei 6.938/81.

Desse modo, no campo ambiental a responsabilidade civil é objetiva pela Teoria do Risco Integral com intuito de estabelecer-se um sistema mais rigoroso de apuração, destacando-se que no ordenamento jurídico-ambiental brasileiro o regime da responsabilidade objetiva foi expressamente adotado nos seguintes diplomas:

- Lei 6.453/77 – dispõe sobre responsabilidade civil por danos nucleares;
- Lei 6.938/81 – Lei da PNMA;
- Lei 10.406/02 – Atual Código Civil, artigo 927, parágrafo único;
- Lei 11.105/05 – Conhecida como Lei da Biossegurança, que regulamenta os inícios II, IV e V, § 1º, do artigo 225 da CF/88.

Também a CF/88 no artigo 21, XXIII, "d" prevê a responsabilidade objetiva.

Como consequência da adoção da Teoria da Responsabilidade Objetiva, na modalidade do Risco Integral, realçamos alguns pontos a serem observados ao analisarmos o dever de reparar o dano, dentre eles:

1. **Prescindibilidade da culpa** – Isto é, o simples exercício da atividade potencialmente poluidora gera a responsabilidade do explorador, independentemente da existência de culpa. Assim, deverá arcar com o ônus decorrente do acidente ambiental, porque é ele quem retira proveito dessa atividade.

Na lição de Paulo Affonso Leme Machado (*Direito Ambiental brasileiro*, p. 351.):

> *"Não se aprecia subjetivamente a conduta do poluidor, mas a ocorrência do resultado prejudicial ao homem e seu ambiente. (...) A atividade poluente acaba sendo uma apropriação pelo poluidor dos direitos de outrem, pois na realidade a emissão poluente representa um confisco do direito de alguém em respirar ar puro, beber água saudável e viver com tranquilidade".*

2. **Irrelevância da licitude da atividade** – Isto é, não se discute a legalidade da atividade. É a potencialidade do dano que a atividade possa trazer aos bens ambientais que será objeto de consideração, já que as normas administrativas existentes nada mais significam que um teto além do qual não é lícito passar.
3. **Inaplicabilidade de excludentes** – Isto é, se é responsabilidade objetiva e baseada no risco integral – como entende parte da doutrina –, significa que esta não admite sequer as excludentes da força maior ou do caso fortuito, e também há a impossibilidade de invocação de cláusula de não indenizar.

A força maior refere-se ao fato da natureza superior às forças humanas (por exemplo: rompimento de uma barragem em razão de precipitação pluviométrica anormal), enquanto caso fortuito diz respeito a um acontecimento do acaso (por exemplo: explosão de um reator, quebra de uma peça de turbina). No entanto, se ocorreu o acidente por meio de falha humana ou técnica ou ainda por obra do acaso ou, da força da natureza, deve o empreendedor responder pelos danos, podendo, se possível, voltar-se contra o verdadeiro causador por meio do direito de regresso. De qualquer modo, ele responde e só num segundo momento vai discutir o regresso.

Já a cláusula de não indenizar é aquela por meio da qual o devedor procura liberar-se da reparação do dano, ou seja, da indenização propriamente dita. Todavia, tal atitude só é possível quando relacionada com obrigações passíveis de modificação convencional. Assim, a cláusula, muito comum em contratos de compra e venda de empresas com passivos ambientais, embora inaplicável em termos de responsabilidade ambiental, vale entre as partes, facilitando o direito de regresso daquele que isoladamente tiver sido responsabilizado.

Com isso, o poluidor deve assumir todo o risco que sua atividade acarreta, de modo que o simples fato de existir a atividade produz o dever de reparar, uma vez provada a conexão causal entre a atividade e o dano dela advindo.

Paulo Affonso Leme Machado ressalta que, embora não sejam admitidas excludentes, é possível considerar como exoneradores dessa responsabilidade fatos de excepcional gravidade, tal como um cataclisma natural e outros.

Portanto, não se pergunta a razão da degradação para que haja o dever de reparar já que deve, o acusado, provar que a degradação era necessária, natural ou impossível de se evitar.

Desse modo, só haverá exoneração da responsabilidade quando o dano não existiu ou não guarda relação de causalidade com a atividade da qual emergiu o risco.

4. **Inversão do ônus da prova** – Caberá ao acusado tentar afastar sua responsabilidade, uma vez que esta se encontra presumida pela comprovação do dano e do nexo de causalidade entre este e a atividade do agente.

Importante salientar que a **responsabilidade civil ambiental é também extracontratual,** na medida em que, independentemente de qualquer vínculo com os afetados, o poluidor é obrigado a indenizar os danos causados ao meio ambiente em si e a terceiros, afetados pela conduta danosa.

Destaca-se, ainda, que **é uma responsabilidade solidária**, pois, se há mais de um empreendedor, a reparação pode ser exigida de todos ou de qualquer um, segundo as regras da solidariedade, cabendo, ao que pagar pelo dano, a ação de regresso contra os outros corresponsáveis, aí, sim, pela via da responsabilidade subjetiva, em que poderão discutir a responsabilidade de cada um.

Analisando-se o sujeito responsável, vemos que, pela nossa legislação (art. 14, § 1º da Lei 6.938/81), o responsável principal é o "poluidor" (mencionado no art. 14, § 1º e definido no art. 3º, IV, da Lei 6.938/81).

Poluidor, conforme o artigo 3º, IV da 6.938/81, é a pessoa física ou jurídica, de direito público ou privado, responsável, direta ou indiretamente, por atividade causadora de degradação ambiental.

Assim, este responsável pode ser o empreendedor considerado o responsável direto ou principal e, havendo mais de um, prevalece a regra da solidariedade, entre eles, mas também, dependendo do caso pode ser o Estado: – como agente poluidor (por exemplo, quando constrói algo sem a realização de EIA/Rima) ou – quando se omite no dever constitucional de proteção do meio ambiente, quando por exemplo devia fiscalizar, se omite e, em virtude disso, ocorre o dano.

Nesses casos, tem-se entendido que o Estado pode ser acionado direta ou indiretamente, sendo de forma solidária responsável pelos danos causados por terceiros já que devia fiscalizar.

Interessante a posição da jurisprudência que entende possível ser proposta ação civil pública contra o responsável direto, contra o indireto ou contra ambos, sendo responsabilidade solidária.

Incluir o Estado como solidariamente responsável pelos danos provocados por terceiros, já que é seu dever fiscalizar e impedir que os danos aconteçam, é algo mais complexo. Há posicionamento entendendo não ser possível, pois puniríamos a própria vítima da poluição, o povo.

Por fim, necessário frisar que quanto à responsabilidade do profissional (técnico) da área ambiental ela será subjetiva, pois, conforme Édis Milaré (*Direito do Ambiente*, p. 911) ressalta:

> "... *não há se cogitar de responsabilidade objetiva dos profissionais que, por falha humana ou técnica, tenham colaborado para o desencadeamento do evento danoso, mesmo porque isso implicaria investigação de conduta culposa, circunstância que não se afeiçoa com o sistema da objetivação da responsabilidade, que rege a matéria ambiental*".

Nesses casos, o empreendedor é acionado e posteriormente se volta contra o funcionário.

Responsabilidade administrativa

Para entendermos a tutela administrativa do meio ambiente, a infração administrativa e a responsabilidade administrativa ambiental, temos de lembrar do poder de polícia ambiental, isso porque todos os entes federativos têm competência comum para proteger o meio ambiente e combater a poluição, e isso envolve atribuições na esfera administrativa, exatamente com base no poder de polícia.

Assim, a tutela administrativa do meio ambiente é expressão máxima do poder de polícia ambiental, lembrando também que as investigações das supostas infrações e a aplicação de sanções administrativas configuram-se em expressão desse poder conferido à administração, que aplicará as penalidades administrativas pelos seus próprios órgãos. As sanções civil e penal só são aplicadas pelo Poder Judiciário.

A definição clássica de poder de polícia vem consagrada no *caput* do artigo 78 do Código Tributário Nacional, que determina:

> *"Considera-se poder de polícia a atividade da Administração Pública que, limitando ou disciplinando direito, interesse ou liberdade, regula a prática de ato ou abstenção de fato, em razão de interesse público concernente à segurança, à higiene, à ordem, aos costumes, à disciplina da produção e do mercado, ao exercício de atividades econômicas dependentes de concessão ou autorização do Poder Público, à tranquilidade pública ou ao respeito à propriedade e aos direitos individuais ou coletivos".*

Na área ambiental, podemos destacar a definição de Paulo Affonso Leme Machado (*Direito Ambiental brasileiro,* p. 332) que diz:

> *"Poder de Polícia Ambiental é a atividade da Administração Pública que limita ou disciplina direito, interesse ou liberdade, regula a prática de ato ou a abstenção de fato em razão de interesse público concernente à saúde da população, à conservação dos ecossistemas, à disciplina da produção e do mercado, ao exercício de atividades econômicas ou de outras atividades dependentes de concessão, autorização, permissão ou licença do Poder Público, de cujas atividades possam decorrer poluição ou agressão à natureza".*

O correto exercício desse poder é importante para o meio ambiente em dois momentos do desenvolvimento das atividades:

PREVENÇÃO

Na prevenção das atividades lesivas ao ambiente por meio do controle dos administrados. Pode manifestar-se de diferentes formas, por exemplo, com o estabelecimento das limitações administrativas, regras de tombamento, realização de EIA/Rima, etc.

As **limitações administrativas,** por exemplo, são impostas pela administração pública, com caráter genérico, visando atender ao interesse público, notadamente por meio de obrigação de não fazer. Em regra, não há direito à indenização, exceto se a limitação for ilegal ou abusiva. Como exemplos, temos: limitações de alturas de edifícios, metragem mínima de recuo para a construção de imóveis, limitações que se expressam em proibições para não desmatar determinada área (Área de Proteção Ambiental) ou tipo de vegetação (por exemplo, mata ciliar).

O tombamento é um procedimento pelo qual se impõe a preservação de determinado bem, de acordo com as regras adequadas para cada caso. A coisa tombada continua pertencendo ao proprietário, mas sofre uma série de restrições (medida utilizada para proteção do meio ambiente cultural).

A realização de Estudo de Impacto Ambiental (EIA) com a consequente elaboração de um Relatório de Impacto Ambiental (Rima) torna-se necessária para a obtenção da licença ambiental de empreendimentos ou atividades de significativo impacto ambiental, como vimos em tópico específico.

REPRESSÃO

Na repressão, quando as autoridades noticiam formalmente a ocorrência de uma infração às normas e princípios de Direito Ambiental.

Na prática, dada a amplitude e características do dano ambiental, deve-se sempre buscar primeiro a adequação da conduta e reservar a punição para casos extremos.

E se o agente encarregado de exercer o poder de polícia não atuar?

Nesse caso, pode-se identificar uma infração administrativa dele, conforme artigo 70, § 3º da Lei 9.605/98, o qual prevê corresponsabilidade ou então improbidade administrativa, conforme artigo 11, II, da Lei 8.429/92. Teremos uma hipótese de corresponsabilidade e até mesmo perda do cargo do funcionário omisso.

Considera-se infração administrativa ambiental, capaz de gerar a responsabilidade administrativa, toda ação ou omissão que viole as regras jurídicas de uso, gozo, promoção, proteção e recuperação do meio ambiente (art. 70, *caput*, da Lei 9.605/98 e art. 2º do Decreto 6.514/08).

É fundamental lembrar que a Lei 9.605/98, embora seja mais conhecida como Lei dos Crimes Ambientais, dedicou do artigo 70 ao 76, todo um capítulo específico contendo regras gerais em relação às infrações administrativas. Por outro lado, o Decreto 3.179/99, que regulamentava a Lei 9.605/98, foi revogado pelo Decreto 6.514/08, o qual, com as posteriores alterações introduzidas pelo Decreto 6.686/08 e pelo Decreto 7.029/09, passou a dispor sobre as infrações e sanções administrativas ao meio ambiente, estabelecendo o processo administrativo federal para apuração dessas infrações.

O atual Decreto 6.514/08 define infração administrativa ambiental e elenca um rol exemplificativo de infrações (já que não exclui a previsão de outras infrações previstas na legislação), destacando: infrações contra a fauna, a flora, o ordenamento urbano e o patrimônio cultural, a administração ambiental, as infrações relativas à poluição e as infrações cometidas exclusivamente em unidades de conservação. O referido decreto prevê, ainda, as penalidades aplicáveis e determina todas as fases do processo administrativo federal previsto para apuração.

Assim, ocorrida a infração administrativa, lavrado o auto de infração ambiental apontando a regra jurídica violada, se dá a apuração em processo administrativo próprio, poderá ser imposta a sanção administrativa pelo órgão competente, devendo sempre vir prevista em lei, obedecendo ao princípio da legalidade.

Com base na definição de infração administrativa, entende-se que esta se resume numa conduta **ilícita**, isto é, qualquer comportamento contrário ao ordenamento jurídico.

Desse modo, esses ilícitos **não** dependem da configuração de um prejuízo para gerarem a responsabilidade. Dessa forma, podem ser coibidas condutas que apresentem mera potencialidade de dano ou mesmo de risco de agressão aos recursos ambientais.

Exemplo: o artigo 60 da Lei 9.605/98 e o artigo 66 do Decreto 6.514/08 tipificam, respectivamente, como crime e infração administrativa a conduta de operar atividade sem licença ambiental exigível. Nesse caso, só o fato de funcionar sem a licença já configura a infração, independentemente da ocorrência ou não de um dano ambiental material, como o rompimento de uma barreira e um vazamento tóxico.

Desse modo, vemos que a essência da infração ambiental não é o dano em si, mas o comportamento em desobediência a uma norma jurídica. Por exemplo: se uma indústria emite poluentes dentro dos parâmetros previstos na licença ambiental ainda que, em tese, esteja poluindo, **não** será responsabilizada, pois nesse caso estaremos diante da poluição permitida.

Devemos lembrar, ainda, de algumas considerações sobre o ilícito administrativo. Este se configura em uma conduta que pode ser uma ação ou omissão de pessoa física ou jurídica (de direito público ou privado) ressaltando-se, ainda, que a responsabilização administrativa é absolutamente pessoal, isto é, o órgão administrativo não pode punir uma pessoa pelo evento danoso de outra.

Quanto à natureza dessa responsabilidade, nota-se que há divergências doutrinárias sobre o regime da responsabilidade administrativa, debatendo a doutrina sobre a imprescindibilidade ou não da configuração da culpa *lato sensu* para a aplicação das sanções administrativas. Como regra, o elemento subjetivo não é pressuposto jurídico para configuração da responsabilidade, mas para aplicação da sanção pecuniária serve como elemento de fundamentação do valor.

Assim, pode-se dizer que a doutrina tem considerado a responsabilidade de natureza híbrida, com leve tendência em admitir-se que ela não se funda na culpa na medida em que pelo teor do artigo 70 da Lei 9.605/98, a infração administrativa caracteriza-se como qualquer violação do ordenamento jurídico tutelar do ambiente, independentemente da presença do elemento subjetivo.

Conclui-se portanto que, de acordo com a definição de infração inscrita no artigo 70 da Lei 9.605/98, a responsabilidade administrativa prescinde de culpa; de outro lado, porém, ao contrário da esfera civil, não dispensa a ilicitude da conduta para que seja ela tida como infracional, além de caracterizar-se pela pessoalidade decorrente de sua índole repressiva.

Por isso, devem ser ressalvados os casos em que, distanciando-se da responsabilidade objetiva, haja expressa disposição legal, exigindo a presença do elemento subjetivo, na própria tipificação da conduta tida como delituosa. Ex: artigo 72, § 3º da Lei 9.605/98.

Também o artigo 3º, § 2º do Decreto 6.514/08, traz previsão importante sobre a natureza jurídica da responsabilidade administrativa ambiental, ao determinar que a caracterização de negligência ou dolo será exigível nas hipóteses previstas nos incisos I e II, do § 3º, do artigo 72, da Lei 9.605/98.

Portanto, em se tratando da sanção da multa simples, conforme previsto no artigo 72 da Lei 9.605/98, entende-se que a apreciação da responsabilidade será subjetiva. **Para as outras hipóteses,** seria objetiva.

Quanto ao procedimento de apuração da infração administrativa, verifica-se que o mesmo é instaurado com base na prática de um ato administrativo, a lavratura do auto de infração.

Esse auto, como ato emanado da autoridade competente, goza dos atributos de legalidade, veracidade e presunção de legitimidade.

Dessa forma, o ônus da prova (de inocência) pertence ao suposto infrator, a quem incumbe desconstituir o auto de infração, demonstrando que não se encontram presentes, no caso em questão, os pressupostos jurídicos da responsabilidade administrativa.

Na apuração das infrações administrativas ambientais, verificamos que as regras do artigo 71 da Lei 9.605/98 e do Decreto 6.514/08 só se aplicam à Administração Pública Federal. Os Estados, o Distrito Federal e os Municípios estabelecem um rito próprio ou se valem da norma federal integral ou subsidiariamente.

Assim, no âmbito da Administração Pública Federal, aplicam-se:

- Lei 9.605/98 => artigo 71 e seguintes;
- Lei 9.784/99 => regula processo administrativo no âmbito da Administração Pública Federal;
- Instrução Normativa 008/03 do Ibama (regulando os procedimentos a serem adotados na apuração de infração administrativa e cobrança de débitos para com a autarquia).

Hoje, o Decreto novo 6.514/08 traça todo o procedimento. Artigos 94/96 e seguintes.

Fases do procedimento de apuração

O procedimento inicia-se com a lavratura do auto. Esse auto pode ser lavrado em virtude de apuração a pedido de interessado, conforme artigo 70, § 2º da Lei 9.605/98 ou *ex officio,* conforme artigo 70, § 3º da Lei 9.605/98.

Características do auto de infração

O auto deve ser claro e objetivo. Além disso, por expressa previsão do artigo 97 do Decreto 6.514/08, ele deverá ser lavrado em impresso próprio, com a identificação do autuado, a descrição clara e objetiva das infrações administrativas constatadas e a indicação dos respectivos dispositivos legais e regulamentares infringidos, não devendo conter emendas ou rasuras que comprometam sua validade.

Uma vez lavrado o auto, deve-se dar ciência ao autuado, assegurando-se o contraditório e a ampla defesa. Essa ciência pode ocorrer por diversos modos: pessoalmente; por intermédio do representante legal do autuado; por carta registrada com aviso de recebimento; por edital, se estiver o infrator autuado em lugar incerto, não sabido ou se não for localizado no endereço (art. 96, § 1º, do Decreto 6.514/08, com a redação do Decreto 6.686/08).

No entanto, caso o autuado se recuse a dar ciência do auto de infração, o agente autuante certificará o ocorrido na presença de duas testemunhas e o entregará ao autuado.

Nos casos de evasão ou ausência do responsável pela infração administrativa, e inexistindo preposto identificado, o agente autuante procederá na forma acima exposta, encaminhando o auto de infração por via postal, com aviso de recebimento ou outro meio válido que assegure sua ciência.

Nos artigos 99 e 100, o Decreto 6.514/08 aborda a questão dos vícios que podem ocorrer em relação ao auto de infração e o que pode acontecer nesses casos.

Se o auto de infração apresentar o dito vício sanável, poderá, a qualquer tempo, ser convalidado de ofício pela autoridade julgadora, mediante despacho saneador, após o pronunciamento do órgão da Procuradoria-Geral Federal que atua na respectiva unidade administrativa da entidade responsável pela autuação.

Dessa forma, constatado o vício sanável, sob alegação do autuado, o procedimento será anulado desde a fase processual em que o vício foi produzido, reabrindo-se novo prazo para defesa, aproveitando-se os atos regularmente produzidos.

Assim, auto com vício sanável leva a um aproveitamento dos atos já praticados. Como exemplo dessa situação, poderemos ter o auto com a assinatura do servidor, mas não com sua identificação (nome completo, setor). Nesse caso, se este servidor possuir a competência funcional para a prática do ato, nada impede uma complementação de dados dele ser feita depois.

Verifica-se que existe vício insanável quando a correção da autuação implica modificação do fato descrito no auto de infração.

Nessa hipótese, o auto de infração que apresentar vício insanável deverá ser declarado nulo pela autoridade julgadora competente, que determinará o arquivamento do processo, após o pronunciamento do órgão da Procuradoria-Geral Federal que atua na respectiva unidade administrativa da entidade responsável pela autuação.

Na prática, no entanto, poderemos deparar-nos com uma situação na qual a infração efetivamente existiu, mas o auto foi declarado nulo por vício insanável. Como resolver tal situação? Nos casos em que o auto de infração for declarado nulo e estiver caracterizada a conduta ou atividade lesiva ao meio ambiente, deverá ser lavrado novo auto, observadas as regras relativas à prescrição.

No tocante à prescrição, regras importantes estão elencadas nos artigos 21 e 22 do Decreto 6.514/08, lembrando que se considera iniciada a ação de apuração de infração ambiental pela administração com a lavratura do auto de infração e prescreve em cinco anos a ação da administração, objetivando apurar a prática de infrações contra o meio ambiente, contada da data da prática do ato, ou, no caso de infração permanente ou continuada, do dia em que esta tiver cessado.

Por outro lado, se a administração der início à apuração e paralisá-la por mais de três anos, deixando o procedimento de apuração pendente de julgamento ou despacho, incide a prescrição no procedimento de apuração do auto de infração. No caso, os autos serão arquivados de ofício ou mediante requerimento da parte interessada, sem prejuízo da apuração da responsabilidade funcional decorrente da paralisação.

Quando o fato objeto da infração também constituir crime, a prescrição para a ação da administração objetivando apurar a prática de infrações contra o meio ambiente reger-se-á pelo prazo previsto na lei penal (art. 21, § 3º, do Decreto 6.514/08).

Por fim, a prescrição da pretensão punitiva da administração não elide a obrigação de reparar o dano ambiental.

Ressalta-se, por fim, que o erro no enquadramento legal da infração não implica vício insanável, podendo ser alterado pela autoridade julgadora mediante decisão fundamentada que retifique o auto de infração.

Uma vez lavrado o auto, o autuado poderá, no prazo de 20 dias, contados da data da ciência da autuação, oferecer defesa contra o auto de infração (previsão do art. 113 do Decreto 6.514/08). Também o artigo 71 da Lei 9.605/98 traz o prazo de 20 dias.

Importante salientar que não é obrigatório oferecer a defesa e, de acordo com o artigo 124, *caput* do Decreto 6.514/08, oferecida ou não a defesa, a autoridade julgadora, no prazo de 30 dias, julgará o auto de infração, decidindo sobre a aplicação das penalidades.

A defesa será ofertada diretamente pelo autuado ou por advogado ou procurador legalmente constituído, devendo para tanto ser anexado à defesa o respectivo instrumento de procuração, podendo ainda o autuado requerer prazo de até dez dias para a juntada do instrumento (tudo conforme o previsto no art. 116 do Decreto 6.514/08).

Uma vez que se opte por apresentá-la, ela será formulada por escrito e deverá conter os fatos e fundamentos jurídicos que contrariem o disposto no auto de infração e termos que o acompanham, bem como a especificação das provas que o autuado pretende produzir a seu favor, devidamente justificadas.

Assim sendo, ressalta-se que o suposto infrator deverá excluir um ou ambos os pressupostos da responsabilidade administrativa ambiental, demonstrando a licitude de sua conduta e/ou comprovando que **não** teve qualquer participação direta/indireta na atividade contrária à legislação ambiental.

No entanto, se a defesa for apresentada fora do prazo, por quem não seja legitimado ou perante órgão ou entidade ambiental incompetente, a mesma não será conhecida (art. 117 do Decreto 6.514/08).

Apresentada a defesa, segue-se a fase de instrução. Nessa fase, cabe ao autuado a prova dos fatos que tenha alegado, sem prejuízo do dever atribuído à autoridade julgadora para instrução do processo, já que esta poderá requisitar a produção de provas necessárias à sua convicção, bem como parecer técnico ou contradita do agente autuante, especificando o objeto a ser esclarecido.

Concluída a instrução, o autuado terá o direito de manifestar-se em alegações finais, no prazo máximo de dez dias. Para o exercício desse direito, a autoridade julgadora publicará em sua sede administrativa e em sítio na rede mundial de computadores a relação dos processos que entrarão na pauta de julgamento, para fins de apresentação de alegações finais pelos interessados.

A decisão da autoridade julgadora não se vincula às sanções aplicadas pelo agente autuante, ou ao valor da multa, podendo, em decisão motivada, de ofício ou a requerimento do interessado, minorar, manter ou majorar seu valor, respeitados os limites estabelecidos na legislação ambiental vigente (art. 123 do Decreto 6.514/08).

Com isso, verifica-se que a sanção que o agente autuante aplicou quando da lavratura do auto, embora aplicada de plano deverá, nos termos do artigo 124, § 1º do Decreto 6.514/08, ser apreciada no ato decisório, sob pena de ineficácia.

Também o artigo 4º, § 2º do Decreto 6.514/08, com a redação dada pelo Decreto 6.686/08, prevê que as sanções aplicadas pelo agente autuante estarão sujeitas à confirmação pela autoridade julgadora.

Isso se dá, porque, constatada a infração ambiental, o agente autuante, no uso do seu poder de polícia, poderá adotar as seguintes medidas administrativas: apreensão; embargo de obra ou atividade e suas respectivas áreas; suspensão de venda ou fabricação de produto; suspensão parcial ou total de atividades; destruição ou inutilização dos produtos, subprodutos e instrumentos da infração; e demolição.

Na verdade, essas medidas têm como objetivo prevenir a ocorrência de novas infrações, resguardar a recuperação ambiental e garantir o resultado prático do processo administrativo.

É importante frisar que o embargo de obra ou atividade se restringe aos locais onde efetivamente se caracterizou a infração ambiental, não alcançando as demais atividades realizadas em áreas não embargadas da propriedade ou posse ou não correlacionadas com a infração. No caso de descumprimento ou violação do embargo, a autoridade competente, além de adotar as medidas previstas nos artigos 18 e 79, deverá comunicar ao Ministério Público, no prazo máximo de 72 horas, para que seja apurado o cometimento de infração penal (art. 108 do Decreto 6.514/08, com a redação do Decreto 6.686/08).

Nos casos em que o responsável pela infração administrativa ou o detentor do imóvel onde foi praticada a infração for indeterminado, desconhecido ou de domicílio indefinido, será realizada notificação da lavratura do termo de embargo mediante a publicação de seu extrato no *Diário Oficial da União*.

No tocante à demolição, por se tratar de medida de extrema gravidade, só deverá ocorrer em casos excepcionais, quando, no ato da fiscalização se constatar que a ausência da demolição importa em iminente risco de agravamento do dano ambiental ou de graves riscos à saúde. Assim, a demolição de obra, edificação ou construção não habitada e utilizada diretamente para a infração ambiental poderá ser feita pelo agente autuante, por quem este autorizar ou pelo próprio infrator e deverá ser devidamente descrita e documentada, até mesmo com fotografias.

As despesas para a realização da demolição correrão às custas do infrator e não será realizada em edificações residenciais.

No momento da decisão da autoridade julgadora nos casos de agravamento da penalidade, o autuado deverá ser cientificado antes da respectiva decisão, por meio de aviso de recebimento, para que se manifeste no prazo das alegações finais.

Ressalta-se também que o órgão da Procuradoria-Geral Federal, quando houver controvérsia jurídica, emitirá parecer fundamentado para a motivação da decisão da autoridade julgadora.

É necessário lembrar que há um prazo de 30 dias para o julgamento da infração, porém, a inobservância do prazo para julgamento não torna nula a decisão da autoridade julgadora e o processo (art. 124, § 2º do Decreto 6.514/08).

Em relação aos recursos, verifica-se que da decisão proferida pela autoridade julgadora caberá recurso no prazo de 20 dias (art. 127 do Decreto 6.514/08, com a redação dada pelo Decreto 6.686/08).

Em primeiro lugar, esse recurso será dirigido à autoridade administrativa julgadora que proferiu a decisão na defesa, numa tentativa de reconsideração da decisão. No entanto, essa autoridade pode reconsiderar sua decisão ou encaminhar os autos à autoridade imediatamente superior para julgamento conforme a estrutura administrativa. Assim, se não houver a reconsideração, no prazo de cinco dias, o recurso será encaminhado à autoridade superior.

Vale salientar que o recurso será dirigido à instância superior no âmbito da entidade da Federação que aplicou a penalidade (já que não cabe recurso da esfera municipal para estadual e estadual para federal).

Não há subordinação hierárquica administrativa entre os entes federativos.

É cabível, ainda, recurso de ofício da autoridade que proferiu a decisão na defesa à autoridade superior nas hipóteses a serem definidas pelo órgão ou pela entidade ambiental, sendo o mesmo interposto mediante declaração na própria decisão (art. 127-A do Decreto 6.514/08, com a redação dada pelo Decreto 6.686/08).

Uma vez encaminhado o recurso à autoridade superior, como esta poderá agir?

Verifica-se que a autoridade superior responsável pelo julgamento do recurso poderá confirmar, modificar, anular ou revogar, total ou parcialmente, a decisão recorrida.

Da decisão proferida pela autoridade superior caberá recurso ao Conama, no prazo de 20 dias.

No entanto, esse recurso ao Conama será dirigido, inicialmente, à autoridade superior que proferiu a decisão no recurso, a qual, se não a reconsiderar no prazo de cinco dias, e após exame prévio de admissibilidade, o encaminhará ao presidente do Conama.

Uma vez que o recurso tenha chegado ao Conselho, a autoridade julgadora no Conama não poderá modificar a penalidade aplicada para agravar a situação do recorrente (art. 130, § 2º, do Decreto 6.514/08, com a redação dada pelo Decreto 6.686/08).

Por fim, em relação à garantia de instância como requisito de admissibilidade de recurso administrativo, verificamos que a Lei 9.784/99, no artigo 56, § 2º, preconiza pela sua não exigência, pois determina:

> *"Salvo exigência legal, a interposição de recurso administrativo independe de caução".*

Também a Súmula 373 do Superior Tribunal de Justiça (STJ) assim determina:

> *"É ilegítima a exigência de depósito prévio para admissibilidade de recurso administrativo".*

O Supremo Tribunal Federal (STF) manifestou entendimento no mesmo sentido ao declarar a inexigibilidade do depósito prévio em recurso administrativo, nos seguintes termos:

> *"A garantia constitucional da ampla defesa afasta a exigência do depósito como pressuposto de admissibilidade de recurso administrativo". (Julgamento Conjunto dos Recursos Extraordinários 388359/389383/390513.)*

Quanto às sanções aplicáveis, vemos que além das medidas administrativas que podem ser aplicadas, de plano, pelo agente autuante no uso do seu poder de polícia (art. 101 do Decreto 6.514/08), temos também a previsão das sanções administrativas. Essas sanções podem ser aplicadas sem prejuízo das sanções civis e penais e se apresentam sob a forma de advertência, multa simples ou diária, apreensão dos animais, produtos e subprodutos da fauna e flora, instrumentos, petrechos, equipamentos ou veículos de qualquer natureza utilizados na infração; destruição ou inutilização do produto; suspensão de venda e fabricação do produto; embargo de obra ou atividade; demolição de obra; suspensão parcial ou total de atividades e restritiva de direitos (art. 72 da Lei 9.605/98 e art. 3º do Decreto 6.514/08).

Ressalta-se que o Decreto 6.514/08 elenca as mesmas sanções administrativas estabelecidas no artigo 72 da Lei 9.605/98, apenas com um adendo: prevê embargo de obra ou atividade **e suas respectivas áreas** (art. 3º, VII).

Quanto à sanção de multa, a autoridade ambiental poderá, nos termos do que dispõe o § 4º, do artigo 72 da Lei 9.605, de 1998, converter a multa simples em serviços de preservação, melhoria e recuperação da qualidade do meio ambiente.

Assim, o autuado poderá requerer a conversão da multa por ocasião da apresentação da defesa, observando que o valor dos custos dos serviços de preservação, melhoria e recuperação da qualidade do meio ambiente não poderá ser inferior ao valor da multa convertida.

Independentemente do valor da multa aplicada, fica o autuado obrigado a reparar de forma integral o dano que tenha causado, mas a autoridade ambiental aplicará o desconto de 40% sobre o valor da multa consolidada (art. 143, § 3º do Decreto 6.514/08, com a redação dada pelo Decreto 6.686/08).

São considerados serviços de preservação, melhoria e recuperação da qualidade do meio ambiente:

I – execução de obras ou atividades de recuperação de danos decorrentes da própria infração;

II – implementação de obras ou atividades de recuperação de áreas degradadas, bem como de preservação e melhoria da qualidade do meio ambiente;

III – custeio ou execução de programas e de projetos ambientais desenvolvidos por entidades públicas de proteção e conservação do meio ambiente; e

IV – manutenção de espaços públicos que tenham como objetivo a preservação do meio ambiente (art. 140 do Decreto 6.514/08).

Responsabilidade penal

Na área penal, entende-se que o bem jurídico protegido é o meio ambiente, entendido enquanto bem de uso comum do povo – fruição coletiva (conforme análise do *caput* do art. 225/CF/88). Assim, a responsabilidade penal pelo crime ambiental encontra respaldo na previsão constitucional e atualmente na Lei 9.605/98.

Ao analisar breve histórico da proteção penal do meio ambiente, vemos que até o advento da Lei 9.605/98 tínhamos uma legislação esparsa sobre o tema.

Inicialmente, com o Código Criminal de 1830, tivemos uma primeira iniciativa de proteção com os artigos 178 e 257, que estabeleciam penas para corte ilegal de madeira. A Lei 3.311, de 1886, considerou crime o incêndio.

O primeiro Código Florestal – Decreto 23.793, de 1934, dividiu as infrações em crimes e contravenções.

O Código Penal de 1940 passou a disciplinar vários assuntos anteriormente dispostos na Lei Florestal.

O Decreto 5.894, de 1943, aprovou o Código de Caça com dispositivos penais e, finalmente, na década de 60, com o novo Código Florestal – Lei 4.771, de 1965, esse instrumento introduziu várias infrações penais no seu artigo 26.

Na sequência, a lei de proteção da fauna – Lei 5.197, de 1967, e o Código de Pesca – Decreto-lei 221, de 1967, também cuidaram de prever infrações penais.

A Lei 7.802, de 1989, previu crimes ligados ao uso de agrotóxicos e a Lei 7.804, de 1989, introduz o crime de poluição sob qualquer forma.

Conforme analisado, pode-se afirmar que a legislação era esparsa, faltando uma regulamentação geral sobre o assunto, levando em conta as peculiaridades do dano ambiental e sua necessidade de punição também na esfera penal.

Em 1998, com a Lei 9.605, passamos a ter uma lei específica para sistematizar a matéria. O que nos levou a acatar uma orientação distinta da até então adotada, pois passamos a ter uma lei "fundamental", dispondo sobre os tipos penais ambientais. É importante frisar, no entanto, que existem, mesmo fora dela, alguns tipos penais ainda previstos em outras leis, como artigo 26, "e"; "j"; "l" e "m" do Código Florestal, só para citarmos um exemplo.

CARACTERÍSTICAS DO TIPO PENAL AMBIENTAL NA LEI 9.605/98 - Ressalta-se que a **técnica legislativa utilizada – em muitos tipos – foi a da norma penal em branco.** Assim, a conduta proibida está descrita de modo vago, dependendo de uma complementação que pode ser por outro dispositivo legal ou de disposição emanada de outro poder, como um ato administrativo. Para ilustrar, podemos citar o artigo 50 da Lei 9.605/98, que prevê:

"Destruir ou danificar florestas nativas ou plantadas ou vegetação fixadora de dunas, protetora de mangues, objeto de especial preservação: Pena: detenção, de três meses a um ano, e multa".

Trata-se de exemplo de norma penal em branco, já que o artigo não esclarece o que se entende por vegetação fixadora de dunas ou protetora de mangues. Necessário buscar tais conhecimentos numa legislação ou em um ato normativo complementar.

Outro exemplo encontra-se no artigo 29, § 4º, I, da Lei 9.605/98, que prevê:

"Matar, perseguir, caçar, apanhar, utilizar espécimes da fauna silvestre, nativos ou em rota migratória, sem a devida permissão, licença ou autorização da autoridade competente, ou em desacordo com a obtida: (...) § 4º – A pena é aumentada de metade, se o crime é praticado: I – contra espécie rara ou considerada ameaçada de extinção, ainda que somente no local da infração (...)".

Nesse caso, para aplicação do tipo, teremos de identificar o que se entende por espécime da fauna silvestre e, dentre estes, os que são raros ou ameaçados de extinção.

Por outro lado, em alguns tipos identifica-se também **a utilização de tipo penal aberto,** isto é, a descrição genérica da conduta, pois o tipo não contém a descrição completa do comportamento delituoso.

Nesse sentido, podemos lembrar do artigo 54 da Lei 9.605/98, que prevê:

"Art. 54. Causar poluição de qualquer natureza em níveis tais que resultem ou possam resultar em danos à saúde humana, ou que provoquem a mortandade de animais ou a destruição significativa da flora. Pena: reclusão, de um a quatro anos, e multa.
§ 1º Se o crime é culposo. Pena: detenção, de seis meses a um ano, e multa.
§ 2º Se o crime:
I – tornar uma área, urbana ou rural, imprópria para a ocupação humana;
II – causar poluição atmosférica que provoque a retirada, ainda que momentânea, dos habitantes das áreas afetadas, ou que cause danos diretos à saúde da população;
III – causar poluição hídrica que torne necessária a interrupção do abastecimento público de água de uma comunidade;
IV – dificultar ou impedir o uso público das praias;
V – ocorrer por lançamento de resíduos sólidos, líquidos ou gasosos, ou detritos, óleos ou substâncias oleosas, em desacordo com as exigências estabelecidas em leis ou regulamentos. Pena: reclusão, de um a cinco anos.
§ 3º Incorre nas mesmas penas previstas no parágrafo anterior quem deixar de adotar, quando assim o exigir a autoridade competente, medidas de precaução em caso de risco de dano ambiental grave ou irreversível".

Tem-se criticado o tipo por ser demasiadamente aberto e ter utilizado conceitos muito vagos, como "destruição significativa", fugindo do princípio da legalidade. Nesse aspecto, esse tipo abarca qualquer forma de degradação da qualidade ambiental.

Em muitos tipos ocorre também a utilização dos ditos **elementos normativos do tipo**. Esses são elementos que dizem respeito à antijuridicidade e são designados por expressões, como: indevidamente; sem licença da autoridade competente e outras. Na Lei 9.605/98, vários tipos contêm o elemento, por exemplo: artigos 29, 30, 44, 45, 46, parágrafo único; 51, 52, 55, 56, 60, 63, 64.

Ao analisarmos os crimes contra o meio ambiente, encontraremos:

Crimes de dano e de perigo

Encontramos na legislação penal ambiental a possibilidade da ocorrência de um crime ambiental classificado como de dano – isto é, aquele que só se consuma com a efetiva lesão do bem jurídico, bem como o dito crime de perigo, aqueles para os quais a punição independe do dano efetivo, bastando a ocorrência do simples perigo.

Crimes dolosos e culposos

Encontramos na legislação penal ambiental a possibilidade da ocorrência de um crime ambiental doloso ou culposo.

Diz-se o crime doloso quando o agente quer – sua vontade é dirigida para a concretização do resultado ou assume o resultado – assume o risco de produzi-lo. Nessa última hipótese, temos o dolo eventual – espécie muito comum nos crimes ambientais.

O crime será culposo quando o agente dá causa ao resultado por imprudência/negligência e imperícia.

Vemos, pelo artigo 18 do Código Penal, que os crimes são dolosos como regra e excepcionalmente podem ser culposos se houver previsão a esse respeito. Dessa forma, os culposos só são puníveis quando a lei prever, isto é, se no tipo penal houver um parágrafo prevendo de forma expressa a hipótese culposa.

Antes da Lei 9.605/98, com raridade se previa a forma culposa para o delito ambiental, o que ocasionava grande impunidade.

Atualmente, a Lei 9.605/98 prevê uma série de tipos penais que serão apenados a título de dolo e outros nos quais se admite a modalidade culposa (os tipos culposos aparecem nos arts. 38, 40, 41, 49, 54, 56, 62, 67, 68 e 69-A).

Crimes por ação ou omissão

A Lei 9.605/98 pune a ação e também a omissão em relação ao dano ambiental, isto é, pune aquele que sabendo da conduta criminosa de outrem não impede sua prática, quando podia agir para evitar o fato.

Destaca-se, ainda, que como regra os crimes contra o meio ambiente podem ser praticados por qualquer pessoa. Casos há, entretanto, que só poderão ser praticados por determinadas pessoas – crimes próprios especiais ou de mão própria ou delitos de atuação pessoal.

Por exemplo: Algumas figuras dos crimes contra a administração ambiental – artigos 66 e 67, que se referem especificamente à figura do funcionário público.

EXCLUDENTES DA ANTIJURIDICIDADE E CULPABILIDADE - As excludentes da antijuridicidade ou ilicitude podem ser aplicadas aos crimes ambientais.

O artigo 79 da Lei 9.605/98 prevê a aplicação subsidiária do Código Penal. Assim, o artigo 23 do CP aplica-se subsidiariamente, prevendo a possibilidade das excludentes do estado de necessidade, da legítima defesa ou do estrito cumprimento de dever legal ou exercício regular de um direito.

Em tais casos, o fato típico perde o caráter ilícito pela presença da excludente da antijuridicidade. Dentre exemplos dessa possibilidade existentes na Lei 9.605/98, podemos destacar: artigo 37 da Lei 9.605/98 – descriminaliza o abate de animais para saciar a fome; artigo 50-A, § 1º da Lei 9.605/98, que também retira o caráter antijurídico do desmatamento, a exploração econômica ou a degradação não autorizadas de floresta plantada ou nativa, em terras de domínio público ou devolutas, se tais condutas forem necessárias à subsistência imediata pessoal do agente ou de sua família, o que igualmente caracteriza estado de necessidade.

As excludentes de culpabilidade também se aplicam aos crimes ambientais na medida em que o Código Penal é legislação de incidência subsidiária. Em breve síntese, seguem algumas considerações a respeito.

Para que o infrator possa ser considerado culpado e seja punido pelo crime ambiental, vemos que a culpabilidade pode resumir-se na presença de três elementos: a imputabilidade combinada com a potencial consciência da ilicitude e a exigibilidade de conduta diversa.

Faltando um desses elementos, não há que se falar em culpabilidade e, nesses casos, o crime subsiste, mas o agente não deve ser punido.

Dentre algumas causas excludentes de culpabilidade previstas no Código Penal e de aplicação na área ambiental vamos encontrar, por exemplo, o erro de proibição (art. 21 – *caput*) e a coação moral irresistível e obediência hierárquica (art. 22).

SUJEITOS DO CRIME AMBIENTAL - O sujeito ativo é aquele que concretiza a conduta descrita em lei como crime ambiental. O sujeito passivo é aquele que sofre a agressão descrita. É o titular do bem jurídico lesado ou ameaçado.

Sujeito ativo

a) Pessoa física imputável

A responsabilização penal, em geral, acarreta a submissão pessoal do agente, quando pessoa física, à pena que lhe for imposta (punição por meio do cumprimento da pena estabelecida em lei).

O artigo 2º da Lei 9.605/98 assim determina:

"Quem, de qualquer forma, concorre para a prática dos crimes previstos nesta lei, incide nas penas a estes cominadas, na medida da sua culpabilidade, bem como o diretor, o administrador, o membro de conselho e de órgão técnico, o auditor, o gerente, o preposto ou mandatário de pessoa jurídica, que, sabendo da conduta criminosa de outrem, deixar de impedir sua prática, quando podia agir para evitá-la".

Assim, como já vimos, a regra é que os crimes contra o meio ambiente podem ser praticados por qualquer pessoa, exceção feita a alguns crimes contra a administração ambiental só podem ser praticados pelo funcionário público (arts. 66 e 67 da Lei 9.605/98), configurando-se em crimes próprios.

b) Pessoa jurídica

A pessoa jurídica é aquela que exerce atividade econômica.

Em relação à responsabilidade penal, por crimes ambientais, a Lei 9.605/98 veio regulamentar o artigo 225, § 3º da CF/88, prevendo a possibilidade de penalização da pessoa jurídica. O artigo 3º assim prevê:

"As pessoas jurídicas serão responsabilizadas administrativa, civil e penalmente conforme o disposto nessa lei, nos casos em que a infração seja cometida por decisão de seu representante legal ou contratual, ou de seu órgão colegiado, no interesse ou benefício da sua entidade".

Parágrafo único. A responsabilidade das pessoas jurídicas não exclui a das pessoas físicas, autoras, coautoras ou partícipes do mesmo fato.

A penalização da pessoa jurídica fica condicionada a dois fatos:

a) que a infração seja cometida por decisão de seu representante legal ou contratual ou de seu órgão colegiado;

b) que tenha sido cometida no interesse ou benefício da sua entidade.

Inequívoca tal responsabilidade aceita não só pela doutrina, mas também pela jurisprudência, conforme decisão da 5ª Turma do Superior Tribunal de Justiça – STJ – desde 2005 (Resp 564.960/SC), 5ª Turma, rel. ministro Gilson Dipp, DJ de 13/6/2005, que decidiu:

> *"...a responsabilização penal da pessoa jurídica pela prática de delitos ambientais advém de escolha política, como forma não apenas de punição das condutas lesivas ao meio ambiente, mas como forma mesmo de prevenção geral e especial... a atuação do colegiado em nome e proveito da pessoa jurídica é a própria vontade da empresa. A coparticipação prevê que todos os envolvidos no evento delituoso serão responsabilizados na medida de sua culpabilidade..."*

Dessa forma, é fundamental verificar, no caso concreto, se o ilícito cometido reverteu em alguma vantagem para a empresa, isto é, se a pessoa jurídica obteve algum proveito com isso, pois só assim ela poderá ser responsabilizada.

Observação importante faz-se necessária quanto às previsões do artigo 3º e seu parágrafo único, que trata da denominada coautoria necessária ou teoria da dupla imputação.

Sabe-se que a pessoa jurídica, *sponte propria,* não pode cometer delitos e isso só é possível por meio de uma pessoa natural. O delito praticado será sempre de coautoria necessária e a jurisprudência tem acatado tal posicionamento.

Assim, no Recurso de *Habeas Corpus* 19.119/MG, a 5ª Turma do Superior Tribunal de Justiça, sob a relatoria do ministro Felix Fischer, decidiu que:

> *"Admite-se a responsabilidade penal da pessoa jurídica em crimes ambientais desde que haja a imputação simultânea do ente moral e da pessoa física que atua em seu nome ou em seu benefício, uma vez que não se pode compreender a responsabilidade do ente moral dissociada da atuação de uma pessoa física, que age com elemento subjetivo próprio".*

Assim, doutrina e jurisprudência têm reconhecido a necessidade de dupla imputação nos delitos atribuídos à pessoa jurídica, só se admitindo a responsabilidade da pessoa jurídica havendo também a responsabilização da pessoa física que atua em seu nome e benefício.

Ainda sobre a pessoa jurídica criminosa, questão interessante que se apresenta diz respeito à possibilidade ou não da responsabilização criminal da pessoa jurídica de direito público pelo crime ambiental. Pergunta-se: **são responsáveis criminalmente também as pessoas jurídicas de direito público? Ou só as de direito privado?**

A questão é interessante na medida em que a norma legal não foi expressa, apenas se referindo à responsabilidade das pessoas jurídicas em geral.

A doutrina encontra-se dividida. Temos posicionamentos diversos entre os que aceitam e os que identificam problemas nessa responsabilização.

Paulo Affonso Leme Machado (*op. cit.*, p. 709) entende que ambas (as pessoas jurídicas de direito público e as de direito privado) sujeitam-se aos rigores da lei, uma vez que a lei não fez qualquer distinção e não caberia ao intérprete fazê-la.

Luiz Flávio Gomes (*Crime ambiental e responsabilidade penal de pessoa jurídica de direito público*. Disponível em: http://jus2.uol.com.br) também não vê empecilho para tal responsabilização.

Vladimir Passos de Freitas e Gilberto Passos de Freitas (*Crimes contra a natureza,* p. 67-68) consideram que só a pessoa jurídica de direito privado é que poderá ser criminalmente responsabilizada, já que pessoa jurídica de direito público não pode cometer ilícito penal e, se tal ocorrer, é porque o administrador público é que agiu com desvio de poder e, portanto, só a pessoa natural poderá ser responsabilizada penalmente.

Edis Milaré (*op. cit.*, p. 932) entende dignas de reflexão as ponderações de Guilherme José Purvin de Figueiredo e Solange Teles da Silva no sentido de que não é possível responsabilizar penalmente as pessoas jurídicas de direito público, por ser certo que um crime jamais poderia beneficiá-las e que as penas a elas impostas seriam inócuas ou, se executadas, prejudicariam diretamente a própria comunidade beneficiária do serviço público. Por outro lado, o agente público que tenha concorrido para o desencadeamento do ato lesivo ao ambiente poderá ser responsabilizado.

Referido autor (*Direito do Ambiente*, p. 932) ainda sobre o assunto nos coloca que:

> *"Interessante precedente sobre a matéria pode ser encontrado no Proc. 1.354/1998, da 4ª Vara Criminal da Comarca de São José dos Campos, onde o Ministério Público denunciou a Prefeitura local pela prática do crime ambiental previsto no artigo 38 da Lei 9.605/98. Com base em transação penal, obrigou-se a Municipalidade ao plantio de 500 árvores no local do dano (área de preservação permanente), com o envolvimento de alunos da rede pública de ensino numa autêntica aula prática de educação ambiental"* (Revista de Direito Ambiental, *São Paulo: RT, nº15, p. 208-210,1999).*

O artigo 4º da Lei 9.605/98 prevê que poderá ser desconsiderada a personalidade da pessoa jurídica toda vez que isso for um obstáculo ao ressarcimento de prejuízos causados à qualidade do meio ambiente. É a tese da desconsideração da personalidade jurídica, também chamada de *disregard of legal entity*, pela qual ao apurar o crime ambiental podemos nos voltar diretamente contra os administradores.

A regra geral é tentar preservar a pessoa jurídica, mas uma análise caso a caso é que determinará a desconsideração ou não. Desse modo, diante do abuso de direito/da fraude no uso da personalidade jurídica, o juiz verificará se deve desprezar a personalidade jurídica para alcançar as pessoas e os bens que dentro dela se escondem para fins ilícitos.

Sujeito passivo

Quanto ao sujeito passivo, podemos ter mais de um: a coletividade (sempre é o sujeito passivo direto) e pessoas certas e determinadas atingidas em virtude de certos aspectos do dano ambiental (sujeitos passivos indiretos).

Assim analisando um exemplo: um indivíduo ingressa em um parque nacional, derruba e subtrai árvores. Nesse caso, o sujeito passivo é a coletividade e também a União Federal, já que a área se trata de um Parque Nacional, sob gestão desta entidade federativa.

Outro exemplo é citado por Edis Milaré (*op. cit.*, p. 935) no caso de incêndio provocado intencionalmente por terceiro em mata ou floresta pertencente ao patrimônio público ou particular, dando causa a um dano ambiental. Identifica-se, no caso, o crime previsto no artigo 41 da Lei 9.605/98 e um crime de dano contra o patrimônio particular do artigo 163 do Código Penal.

PENALIDADES - Dentre as penalidades previstas na Lei 9.605/98, encontraremos uma diferenciação das penas aplicáveis às pessoas físicas e as aplicáveis às pessoas jurídicas, sendo que:

- **para a pessoa física,** as penas aplicáveis são: pena privativa de liberdade, restritiva de direitos e multa.
- **para a pessoa jurídica,** as penas aplicáveis isolada, cumulativa ou alternativamente, são:

"I – multa; II – restritivas de direitos; III – prestação de serviços à comunidade (art. 21 da Lei 9.605/98).
As penas restritivas de direitos da pessoa jurídica são:
I – suspensão parcial ou total de atividades;
II – interdição temporária de estabelecimento, obra ou atividade;
III – proibição de contratar com o Poder Público, bem como dele obter subsídios, subvenções ou doações". (art. 22 da Lei 9.605/98)

A prestação de serviços à comunidade pela pessoa jurídica consistirá em:

"I – custeio de programas e de projetos ambientais;
II – execução de obras de recuperação de áreas degradadas;
III – manutenção de espaços públicos;
IV – contribuições a entidades ambientais ou culturais públicas". (art. 23 da Lei 9.605/98)

No momento da imposição e gradação da penalidade, a autoridade competente deve apurar as consequências e a extensão do dano, escolher a melhor pena dentre as aplicáveis, observando a gravidade do fato, os antecedentes do infrator em relação ao cumprimento da legislação ambiental, os motivos da infração e suas consequências, bem como a situação econômica do infrator (art. 6º da Lei 9.605/98). Por fim, devem ser também consideradas as atenuantes e agravantes previstas na lei.

De acordo com o artigo 14 da Lei 9.605/98, são circunstâncias que atenuam a pena: I – baixo grau de instrução ou escolaridade do agente; II – arrependimento do infrator, manifestado pela espontânea reparação do dano, ou limitação significativa da degradação ambiental causada; III – comunicação prévia pelo agente do perigo iminente de degradação ambiental; IV – colaboração com os agentes encarregados da vigilância e do controle ambiental.

As agravantes encontram-se no artigo 15 da Lei 9.605/98 e deverão ser aplicadas quando não constituem ou qualificam o crime. Envolvem basicamente a reincidência no crime de natureza ambiental ou peculiaridades da prática da infração, como ter o agente cometido a infração para obter vantagem pecuniária, afetando ou expondo a perigo, de maneira grave, a saúde pública ou o meio ambiente, mediante abuso do direito de licença, permissão ou autorização ambiental, dentre outros casos expressos na lei.

COMPETÊNCIA E REGRAS PARA JULGAMENTO DOS CRIMES AMBIENTAIS - Aplicam-se as regras de competência previstas no Código de Processo Penal com aplicação subsidiária por expressa previsão do artigo 79 da Lei 9.605/98.

Esta não possui dispositivo específico sobre competência, de modo que, como regra, tem-se entendido que a competência para julgar crimes ambientais é estadual, podendo ser federal na hipótese do artigo 109, IV (interesse da União, suas autarquias ou empresas públicas).

Tem-se entendido que, se for o caso de um crime ambiental enquadrado nas previsões dos incisos V e IX – do referido dispositivo – (crime previsto em tratado ou convenção, ou praticado a bordo de navio ou aeronave), a competência será da Justiça Federal também. Para os demais casos, vale a regra geral da competência da Justiça Estadual.

No tocante aos crimes contra a fauna, a Súmula 91 do STJ, que previa: *"compete à Justiça Federal processar e julgar os crimes praticados contra a fauna"* foi cancelada. Assim sendo, hoje, um crime contra a fauna é em princípio competência da Justiça estadual e excepcionalmente da federal, nos casos por exemplo que os espécimes atingidos estiverem protegidos em área da União, como em um parque nacional.

Destacamos mais um exemplo: no caso de crimes contra a flora, a competência só será da Justiça Federal se o delito foi praticado em detrimento de bem da União, isto é, a uma unidade de conservação federal. Aqui, aplica-se a regra do artigo 109, IV da CF/88. Assim, se um infrator corta árvores clandestinamente no Parque Nacional de Itatiaia configurando o tipo do artigo 38 da Lei 9.605/98, vemos que a Justiça Federal será a competente. Por outro lado, se a mesma conduta é praticada contra particulares ou contra Estado ou Município, não será competência da Justiça Federal analisar a questão porque as árvores não estão sob domínio e fiscalização da União.

O próprio STF quando chamado a decidir sobre questões de competência tem entendido conforme acima exposto, como verificamos no exemplo a seguir:

> *"...Asseverou-se, destarte, pouco importar que se tivesse chegado ao comprometimento de açudes, córregos e riachos locais, devendo prevalecer circunstância de o dano apontado haver ocorrido em rio – o qual banha dois Estados membros – que, pelo teor do inciso III do artigo 20 da CF, consubstancia bem da União ('São bens da União: os lagos, rios e quaisquer correntes de água em terrenos de seu domínio, ou que banhem mais de um Estado...'). Concluiu-se que esse preceito e a premissa fática constante do acórdão impugnado atrairiam a incidência do inciso IV do artigo 109 da CF. Por fim, estabeleceu-se ser competente para a propositura da ação penal o Ministério Público Federal".* Nesse sentido, o RE 454740/AL, rel. min. Marco Aurélio, 28/4/2009, conforme Informativo 544 – STF – Brasília de 27 abril a 1º de maio".

Uma questão importante sobre competência frequentemente se coloca: de quem é a competência para julgar crime ambiental praticado nas áreas consideradas patrimônio nacional: as áreas elencadas no artigo 225, § 4º da CF/88. Seria competente a Justiça estadual ou federal?

Nesse caso, embora o artigo 225, § 4º, tenha atribuído o caráter de patrimônio nacional à Floresta Amazônica, à Serra do Mar, à Mata Atlântica, ao Pantanal e à Zona Costeira... isso não quer dizer que a propriedade é da União, mas sim que se trata de patrimônio comum a todos os brasileiros, cabendo-lhes zelar por ele. Como ensina José Afonso da Silva (*op. cit.*, p. 227):

> *"...o significado primeiro e político da declaração constitucional de que aqueles ecossistemas florestais constituem patrimônio nacional está em que não se admite qualquer forma de internacionalização da Amazônia ou de qualquer outra área".*

O Supremo Tribunal Federal (STF) já reconheceu que patrimônio nacional não se confunde com o da União. (Supremo Tribunal Federal, 1ª Turma, RE 134.297/SP, rel. min. Celso de Mello, j. 13/6/1995. RTJ 158/205 – 217.)

Em várias outras oportunidades, o STF manifestou entendimento no sentido de que essas áreas não se transformaram em bens da União por serem chamadas de "patrimônio nacional". Além disso, tal qualificação "não impede a utilização, pelos próprios particulares, dos recursos naturais existentes naquelas áreas que estejam sujeitas ao domínio privado, desde que observadas as prescrições legais e respeitadas as condições necessárias à preservação ambiental". (Conferir: STF, RE 300.244-9-SC, 1ª Turma, rel. Moreira Alves, j. 20/11/2001, v.u., DJU

19/12/2001; Cf. STF, RE 349.189, Moreira Alves,1ª Turma, DJ 14/11/2002; Cf. STF, RE 349184/TO, rel. min. Moreira Alves, DJ 7/3/2003; Cf. STJ, 5ª Turma, Resp 610015-TO, rel. min. Félix Fischer, DJ 14/6/2004, p. 274.)

Logo, pelo exposto, não constitui, em princípio, competência da Justiça Federal julgar os crimes praticados contra as referidas áreas protegidas.

Dessa forma, em cada caso será necessário analisar se é ou não hipótese de aplicação da competência da Justiça Federal nos moldes constitucionais.

Na hipótese dos ditos crimes conexos, isto é, se houver conexão entre um crime ambiental de competência da Justiça Federal e outro da Estadual, prevalece a Súmula 52 do antigo Tribunal Federal de Recursos que previa que a competência da Justiça Federal, por ser prevista na Constituição, atraia a da Justiça Estadual.

Na hipótese de contravenções, vale a Súmula 38 do STJ prevendo que não compete à Justiça Federal julgá-las mesmo sendo a União, suas autarquias ou empresas públicas as vítimas. Nesse sentido, a súmula diz:

> *"Compete à Justiça Estadual comum, na vigência da Constituição de 1988, o processo por contravenção penal, ainda que praticada em detrimento de bens, serviços ou interesse da União ou de suas entidades".*

A ação penal para apuração dos crimes ambientais é pública incondicionada, privativa do MP e se inicia por denúncia. Tratando-se de pessoa jurídica criminosa, entende-se que esta poderá ser indiciada, juntando-se cópia do contrato social e pesquisados seus antecedentes.

Os crimes ambientais de menor potencial ofensivo permitem a aplicação da Lei 9.099/95, conforme previsão dos artigos 27 e 28 da Lei 9.605/98.

O artigo 27 da Lei 9.605/98 nos remete à possibilidade de aplicação da Lei 9.099/95, determinando que nos crimes ambientais de menor potencial ofensivo, a proposta de aplicação imediata de pena restritiva de direitos ou multa, prevista no artigo 76 da Lei 9.099, de 26 de setembro de 1995, somente poderá ser formulada desde que tenha havido a prévia composição do dano ambiental, de que trata o artigo 74 da mesma lei, salvo em caso de comprovada impossibilidade.

Assim, numa correta interpretação do artigo 27 da Lei 9.605/98, vemos que, para que ocorra a transação, a proposta deve ser precedida da prévia composição do dano ambiental, salvo em caso de comprovada impossibilidade.

E se o infrator não reparou o dano é possível a transação?

Tem-se entendido que sim e que a expressão prévia composição do dano ambiental referida no dispositivo significa o acordo necessário, perante o juiz, no qual o infrator se compromete a cumprir/recuperar o dano (obrigação de fazer), bem como cessar a degradação que realizava (obrigação de não fazer).

No entanto, se depois não cumprir o prometido, como se trata de transação e a ação penal nem chegou a existir o STJ, já entendeu que a sentença homologatória da transação tem caráter condenatório impróprio, abrindo ensejo a um processo autônomo de execução, sendo inviável o oferecimento da denúncia *(STJ, Resp 172.981/SP, 6ª Turma, rel. min. Fernando Gonçalves, j. 22/6/1999, DJU 2/8/1999, p. 227).*

O artigo 28 da Lei 9.605/98 traz a possibilidade de suspensão do processo nos moldes do artigo 89 da Lei 9.099/95, com as devidas previsões específicas da Lei de Crimes Ambientais.

Quanto à suspensão do processo, ela deve ser proposta pelo representante do MP quando do oferecimento da denúncia, desde que o réu preencha os requisitos estabelecidos no artigo 89 da Lei 9.099/95 e observadas as peculiaridades do artigo 28 da Lei 9.605/98. Notadamente, o inciso I do artigo 28 da Lei 9.605/98 estabeleceu que a declaração da extinção da punibilidade dependerá do laudo de constatação da reparação ambiental. Se o réu não cumpriu a condição, não será extinta a punibilidade.

Outrossim, o artigo 16 da Lei 9.605/98 – a Lei de Crimes Ambientais – possibilita a ocorrência do denominado *sursis* ambiental – ou seja, nos crimes previstos nessa lei, a suspensão condicional da pena pode ser aplicada nos casos de condenação a pena privativa de liberdade não superior a três anos. Ressalta-se, ainda, que a Lei 11.284/06 – Lei de Gestão de Florestas Públicas – acrescentou artigos à Lei de Crimes Ambientais – Lei 9.605/98 – e passamos a ter crimes ambientais com penas mais graves e, portanto, para esses casos não haverá a possibilidade de aplicação dos institutos da Lei 9.099/95, em especial a transação penal e a suspensão do processo.

Os dispositivos acrescentados à Lei 9.605/98 são:

Art. 50-A que prevê: "Desmatar, explorar economicamente ou degradar floresta, plantada ou nativa, em terras de domínio público ou devolutas, sem autorização do órgão competente: Pena – reclusão de 2 (dois) a 4 (quatro) anos e multa.
§ 1º Não é crime a conduta praticada quando necessária à subsistência imediata pessoal do agente ou de sua família.
§ 2º Se a área explorada for superior a 1.000 ha (mil hectares), a pena será aumentada de 1 (um) ano por milhar de hectare".

Art. 69-A. que prevê: "Elaborar ou apresentar, no licenciamento, concessão florestal ou qualquer outro procedimento administrativo, estudo, laudo ou relatório ambiental total ou parcialmente falso ou enganoso, inclusive por omissão: Pena – reclusão, de 3 (três) a 6 (seis) anos, e multa.
§ 1º Se o crime é culposo: Pena – detenção, de 1 (um) a 3 (três) anos.
§ 2º A pena é aumentada de 1/3 (um terço) a 2/3 (dois terços), se há dano significativo ao meio ambiente, em decorrência do uso da informação falsa, incompleta ou enganosa".

Por fim, a Medida Provisória 2.163-41/01 acrescentou à Lei 9.605/98 o artigo 79-A, prevendo que para o cumprimento do disposto nesta lei, os órgãos ambientais integrantes do Sisnama, responsáveis pela execução de programas e projetos e pelo controle e fiscalização dos estabelecimentos e das atividades suscetíveis de degradarem a qualidade ambiental, ficam autorizados a celebrar, com força de título executivo extrajudicial, termo de compromisso com pessoas físicas ou jurídicas responsáveis pela construção, instalação, ampliação e funcionamento de estabelecimentos e atividades utilizadores de recursos ambientais, considerados efetiva ou potencialmente poluidores.

Esse termo terá a função básica de reparação das correções necessárias da atividade ou do dano ambiental causado para o atendimento das exigências impostas pelas autoridades ambientais competentes, e deverá conter alguns requisitos básicos como o nome, a qualificação e o endereço das partes compromissadas e dos respectivos representantes legais – o prazo de vigência do compromisso, que, em função da complexidade das obrigações nele fixadas, poderá variar entre o mínimo de 90 dias e o máximo de três anos, com possibilidade de prorrogação por igual período; a descrição detalhada de seu objeto, o valor do investimento previsto e o cronograma físico de execução e de implantação das obras e dos serviços exigidos, com metas trimestrais a serem atingidas – as multas que podem ser aplicadas à pessoa física ou jurídica compromissada e os casos de rescisão, em decorrência do não cumprimento das obrigações nele pactuadas; o foro competente para dirimir litígios entre as partes.

Considera-se rescindido de pleno direito o termo de compromisso, quando descumprida qualquer de suas cláusulas, ressalvado o caso fortuito ou de força maior.

Verifica-se, ainda, pela previsão do artigo 79-A, § 4º, que a celebração do termo de compromisso de que trata esse artigo não impede a execução de eventuais multas aplicadas antes da protocolização do requerimento.

Por fim, o termo de compromisso deverá ser firmado em até 90 dias, contados da protocolização do requerimento e sob pena de ineficácia, os termos de compromisso deverão ser publicados no órgão oficial competente, mediante extrato (art. 79-A §§ 6º e 8º).

Em Resumo

Responsabilidade Ambiental

O dano ambiental é de difícil reparação, sendo, portanto, importante a ênfase na sua prevenção. No entanto, uma vez ocorrido, desencadeará o sistema da tríplice responsabilização: a civil; a administrativa e a penal, conforme expressa previsão do artigo 225, § 3º da Constituição Federal.

Analisando-se os aspectos da responsabilidade civil ambiental, verificamos que ela é: extracontratual, pois decorre do dever geral de indenizar; objetiva, já que independe da análise de culpa do agente; e solidária, pois se pode exigir a reparação de qualquer empreendedor no caso de haver mais de um responsável.

Para que se possa pleitear a reparação do dano ambiental, o autor deve demonstrar a ação ou omissão do réu, o evento danoso e o nexo de causalidade, de modo que a ausência de culpa ou, ainda, a licitude da atividade não impeçam a reparação.

Tem-se entendido que a responsabilidade acatada é a objetiva, sob a modalidade do risco integral, pela qual é irrelevante a existência do caso fortuito ou da força maior como causas excludentes. Dessa forma, ocorrido o dano, seja em virtude de uma falha técnica ou humana, ou por obra do acaso, ou, ainda, força da natureza, deve o empreendedor responder e, se possível, voltar-se contra o verdadeiro causador, pelo direito de regresso, quando for fato de terceiro.

Contudo, entendemos que podemos considerar como exoneradores dessa responsabilidade fatos de excepcional gravidade, tal como um cataclismo natural e outros.

A responsabilidade administrativa apresenta-se como reflexo do dever que o Poder Público tem de preservar o meio ambiente, notadamente por intermédio do poder de polícia ambiental.

Considera-se infração administrativa ambiental, capaz de gerar a responsabilidade administrativa, toda ação ou omissão que viole as regras jurídicas de uso, gozo, promoção, proteção e recuperação do meio ambiente (art. 70, *caput*, da Lei 9.605/98 e art. 2º do Decreto 6.514/08).

O Decreto 6.514/08 define infração administrativa ambiental, elenca um rol exemplificativo de infrações (já que não exclui a previsão de outras infrações previstas na legislação), destacando: infrações contra a fauna; flora; contra o ordenamento urbano e o patrimônio cultural, contra a administração ambiental, as infrações relativas à poluição e as infrações cometidas exclusivamente em unidades de conservação. O referido decreto prevê, ainda, as penalidades aplicáveis e determina todas as fases do processo administrativo federal previsto para apuração.

Assim, ocorrida a infração administrativa, lavrado o auto de infração ambiental apontando a regra jurídica violada, dando-se a apuração em processo administrativo próprio, poderá ser imposta a sanção administrativa pelo órgão competente, devendo sempre vir prevista em lei, obedecendo ao princípio da legalidade.

A responsabilidade penal ambiental vem sistematizada na Lei 9.605/98, a qual se divide em várias seções, prevendo crimes contra a flora, a fauna, o ordenamento urbano, o patrimônio cultural, a poluição e os crimes internacionais.

Podemos ter a responsabilização das pessoas físicas e também das pessoas jurídicas, sendo que a responsabilidade das pessoas jurídicas não exclui a das pessoas físicas autoras, coautoras ou partícipes do mesmo fato.

Levando-se em conta a punição dos diferentes tipos da Lei 9.605/98, a maioria das infrações penais pode levar à aplicação dos institutos da transação penal/da suspensão do processo e da suspensão condicional da pena (*sursis* ambiental).

PRESTE ATENÇÃO

No tocante à competência para julgamento dos crimes ambientais, verificamos que se aplicam as regras de competência previstas no Código de Processo Penal, com aplicação subsidiária por expressa previsão do artigo 79 da Lei 9.605/98. Esta não possui dispositivo específico sobre competência, de modo que, como regra, tem-se entendido que a competência para julgar crimes ambientais é estadual, podendo ser federal na hipótese do artigo 109, IV (interesse da União, suas autarquias ou empresas públicas).

Entende-se que, se for o caso de um crime ambiental enquadrado nas previsões dos incisos V e IX – do referido dispositivo – (crime previsto em tratado ou convenção, ou praticado a bordo de navio ou aeronave) a competência será da Justiça Federal também. Para os demais casos, vale a regra geral da competência da Justiça Estadual.

Em relação aos crimes contra a fauna, a Súmula 91 do STJ que previa: *"compete à Justiça Federal processar e julgar os crimes praticados contra a fauna"* foi cancelada. Assim sendo, hoje, um crime contra a fauna é em princípio competência da Justiça Estadual e excepcionalmente da Federal nos casos, por exemplo, que os espécimes atingidos estiverem protegidos em área da União, como em um parque nacional.

Como conclusão: cada caso deverá ser analisado levando-se em conta as previsões constitucionais e processuais sobre o tema.

9

A PROTEÇÃO DA FLORA

Abrangência da proteção

Ressalta-se que o termo flora possui um significado abrangente envolvendo florestas (Floresta Amazônica, Mata Atlântica, etc.) e quaisquer outros tipos de vegetação. Floresta, segundo a doutrina, pode ser entendida como uma estrutura complexa de vegetação formada por alta densidade de árvores; *hábitat* para várias espécies animais.

Assim, ao tratarmos da proteção da flora. verificamos que esta possui este significado amplo. O artigo 1º do Código Florestal (Lei 4.771/65) deixa clara essa vasta proteção, ao prever que:

> *"**As florestas existentes no território nacional e as demais formas de vegetação,** reconhecidas de utilidade às terras que revestem, são bens de interesse comum a todos os habitantes do país, exercendo-se os direitos de propriedade, com as limitações que a legislação em geral e especialmente esta lei estabelecem". (destaque nosso)*

De acordo com José Afonso da Silva (*op. cit.*, p. 153-154):

> *"...flora é um coletivo que se refere ao conjunto das espécies vegetais do país ou de determinada localidade. A 'flora brasileira' compõe-se, assim, de todas as formas de vegetação, úteis à terra que revestem, o que inclui as florestas, os cerrados, as caatingas, os brejos, e mesmo as forrageiras nativas que cobrem nossos campos naturais. Floresta é um tipo de flora".*

Legislação aplicável

A Constituição Federal, artigo 23, VII, trata da proteção da flora e das florestas. O artigo 24, VI, trata da competência legislativa concorrente da União, dos Estados e do Distrito Federal no tocante às florestas, à caça, à pesca, à fauna, à conservação da natureza, à defesa do solo e dos recursos naturais, à proteção do meio ambiente e ao controle da poluição.

O artigo 225, VII, da Constituição Federal, por exemplo, trata expressamente da proteção da flora e, no inciso III, cuida dos espaços territoriais especialmente protegidos.

Já o § 4º do artigo 225, elenca um rol exemplificativo dos ecossistemas considerados patrimônio nacional, destacando: a Floresta Amazônica brasileira, a Mata Atlântica, a Serra do Mar, o Pantanal Mato-grossense e a Zona Costeira.

Vale salientar que, além da CF, a legislação básica de proteção das florestas e demais formas de vegetação é a Lei 4.771, de 15 de setembro de 1965 – o Código Florestal.

Para espaços territoriais especialmente protegidos – em sentido estrito – (que são as unidades de conservação), vale a Lei 9.985/00, conhecida como Lei do Snuc, regulamentada pelo Decreto 4.340/02, alterado pelos decretos 5.566/05 e 6.848, de 14 de maio de 2009.

No tocante às florestas, a Lei 11.284, de 2 de março de 2006, passou a dispor sobre a gestão de florestas públicas para a produção sustentável, admitindo a exploração econômica controlada da florestas (exploração livre **não** existe mais).

A Lei 11.428, de 22 de dezembro de 2006, regulou a utilização e proteção da vegetação nativa do bioma Mata Atlântica, regulamentada pelo Decreto 6.660, de 21 de novembro de 2008.

É fundamental lembrarmos, ainda, da Lei 11.516, de 28 de agosto de 2007, que criou o Instituto Chico Mendes de Conservação da Biodiversidade, com a finalidade de executar ações da política nacional de unidades de conservação da natureza referentes às atribuições federais relativas à proposição, implantação, gestão, proteção, fiscalização e monitoramento das unidades de conservação instituídas pela União.

Também a Lei 9.605/98 – a Lei de Crimes Ambientais – que, nos artigos 38 a 53, estabelece crimes ambientais contra a flora e, ainda, seu decreto regulamentador, o Decreto 6.514/08, o qual determina infrações administrativas contra a flora, dos artigos 43 ao 60, incluindo-se ilícitos contra florestas e demais formas de vegetação, Áreas de Preservação Permanente, vegetação localizada em reserva legal, bem como a própria falta de averbação desse espaço protegido. Além disso, do artigo 84 ao 93, institui infrações cometidas exclusivamente em unidades de conservação.

Sobressaem, ainda, no tocante à proteção da flora, os seguintes decretos: o Decreto 7.029/09, que altera o Decreto 6.514/08 e traz regras e novos prazos para regularização da reserva legal e institui, também, o Programa "Mais Ambiente" e o Decreto 6.992/09, que regulamenta a Lei 11.952/09, para dispor sobre a regularização fundiária das áreas rurais situadas em terras da União (no âmbito da Amazônia Legal e outros) e ao prever o procedimento da regularização fundiária, nas áreas que determina, ressalta, em vários dispositivos, a necessidade de preservação ambiental.

Apesar das resoluções do Conama não se enquadrarem como lei propriamente dita, devemos destacar algumas importantes para a proteção da flora, tais como:

- **Resolução 302/02** – Dispõe sobre parâmetros, definições e limites de Áreas de Preservação Permanente de reservatórios artificiais e o regime de usos do entorno.

- **Resolução 303/02** – Dispõe sobre parâmetros, definições e limites de Áreas de Preservação Permanente.
- **Resolução 369/06** – Trata dos casos de possibilidade de intervenção ou supressão de vegetação em APPs.
- **Resolução 378/06** – Trata dos empreendimentos causadores de impacto ambiental para fins da Lei 4.771/65.
- **Resolução 379/06** – Cria e regulamenta sistemas de dados e informações sobre a gestão florestal.
- **Resolução 406/09** – Estabelece parâmetros técnicos a serem adotados na elaboração, apresentação, avaliação técnica e execução de Plano de Manejo Florestal Sustentável (PMFS), com fins madeireiros, para florestas nativas e suas formas de sucessão no bioma Amazônia.
- **Resolução 411/09** – Dispõe sobre procedimentos para inspeção de indústrias consumidoras ou transformadoras de produtos e subprodutos florestais madeireiros de origem nativa, bem como os respectivos padrões de nomenclatura e coeficientes de rendimento volumétricos, até mesmo carvão vegetal e resíduos de serraria.
- **Resolução 417/09** – Dispõe sobre parâmetros básicos para definição de vegetação primária e dos estágios sucessionais secundários da vegetação de Restinga na Mata Atlântica e dá outras providências.

Código Florestal - Lei 4.771/65*

O Código Florestal, diploma legal instituído pela Lei 4.771/65, posteriormente alterado pela Medida Provisória 2.166-67, de 2001, e ainda pela Lei 11.934, de 5 de maio de 2009, é a legislação básica sobre proteção de florestas e demais formas de vegetação, instituindo as normas gerais de proteção.

Entende-se que tais regras constituem um patamar mínimo de proteção, de modo que, respeitadas as disposições do Código Florestal no âmbito nacional, caberá aos Estados, ao Distrito Federal e/ou Municípios estabelecerem, por meio da competência legislativa concorrente e suplementar, suas normas, observando que estas podem ser mais restritivas que o determinado no Código Florestal, porém não mais flexíveis. Isso se dá porque as disposições do Código valem como um mínimo a ser observado.

Assim, o Código Florestal prevê as formas de utilização da flora – direcionando sua utilização, sem contudo deixar de regular a supressão, em certos casos –, define áreas consideradas de proteção permanente (as APPs), áreas que devem ser preservadas (as áreas de reserva legal – art. 16) e regime de proteção especial, como o estabelecido para árvores imunes ao corte. Além disso, determina o órgão ambiental competente que poderá aprovar a exploração de florestas (art. 19), estabelece regra para as atividades e/ou empreendimentos consumidores de grandes

*O Congresso Nacional discute uma série de alterações ao Código Florestal, as quais não foram aprovadas até o fechamento desta edição. Desse modo, a análise do tema far-se-á de acordo com o Código Florestal em vigor – Lei 4.771/65.

quantidades de matéria-prima florestal (art. 21), contém regras proibitivas, como o uso do fogo (art. 27), dispõe sobre a servidão florestal (art. 44-A) e sobre a Cota de Reserva Florestal (CRF) (art. 44-B).

Especificamente sobre a proibição do uso do fogo, é interessante observar que existe um regime legal para essa utilização. Assim, o artigo 27 do Código Florestal proíbe no *caput*, mas abre possibilidade de utilização no parágrafo único.

O Decreto 2.661, de 8 de julho de 1998, com redação dada pelo Decreto 3.010, de 30 de março de 1999, regulamenta a proibição e a permissão do emprego do fogo. A proibição vem prevista no artigo 1º do decreto e se refere a certas formas de vegetação ou áreas em cuja metragem determinada não poderá ocorrer a queima.

Permite-se, no entanto, o emprego do fogo em práticas agropastoris e florestais, nos casos de queima controlada. O artigo 2º, parágrafo único do Decreto 2.661/98, define queima controlada como o emprego do fogo como fator de produção e manejo em atividades agropastoris ou florestais, e para fins de pesquisa científica e tecnológica, em áreas com limites físicos previamente definidos.

Porém, o emprego do fogo mediante queima controlada depende de prévia autorização, a ser obtida pelo interessado no órgão do Sistema Nacional do Meio Ambiente (Sisnama), com atuação na área onde se realizará a operação, conforme determina o artigo 3º do decreto.

ÁREA DE PRESERVAÇÃO PERMANENTE (APP) - As APP(s) têm ostentado o *status* jurídico de espaços territoriais especialmente protegidos em sentido amplo. Os espaços territoriais especialmente protegidos em sentido estrito seriam as unidades de conservação. O Código Florestal, no artigo 1º, § 2º, II, considera Área de Preservação Permanente como:

> *"a área protegida nos termos dos artigos 2º e 3º desta lei, coberta ou não por vegetação nativa, com a função ambiental de preservar os recursos hídricos, a paisagem, a estabilidade geológica, a biodiversidade, o fluxo gênico de fauna e flora, proteger o solo e assegurar o bem-estar das populações humanas".*

Verifica-se, dessa forma, que a APP tem uma função de manutenção das características dos ecossistemas e, nesse sentido, o artigo 2º do Código Florestal prevê, por exemplo, certas faixas de proteção ao longo dos corpos d'água, nas encostas, no topo de morros, etc.

Assim, o artigo 2º trata das Áreas de Preservação Permanente instituídas por lei – as denominadas APPs por determinação legal, cuja instituição não gera indenização.

As Áreas de Preservação Permanente encontram-se em propriedades privadas ou públicas, podendo existir em área rural ou urbana.

O artigo 2º, parágrafo único, trata das APPs em área urbana. Como interpretar tal situação?

Paulo de Bessa Antunes (*op. cit.*, p. 520) diz:

"O respeito aos limites e princípios estabelecidos pelo Código Florestal deve ser interpretado como a impossibilidade legal de que os Municípios tornem mais flexíveis os parâmetros estabelecidos na lei federal".

No artigo 3º do Código Florestal, encontramos as Áreas de Preservação Permanente instituídas pelo Poder Público.

Dessa forma, cabe ao Poder Público declarar, normalmente por decreto, como Área de Preservação Permanente as florestas e demais formas de vegetação que se encontrem nas condições previstas pelo dispositivo – artigo 3º do Código Florestal.

Nesse caso, quando criadas por ato administrativo, são passíveis de indenização. Tem-se entendido que, devido à impossibilidade de exploração normal, o Poder Público deveria indenizar o proprietário.

Observação: o artigo 3º, § 1º do Código Florestal prevê que, em casos de projetos de utilidade pública ou interesse social, é possível supressão total ou parcial de florestas de preservação permanente, com prévia autorização do Poder Executivo Federal.

Em relação às APPs, devemos lembrar, ainda, das Resoluções Conama 302/02 e 303/02, as quais foram editadas com o intuito de definir parâmetros para as APPs e estabelecer os casos excepcionais de eventual supressão.

A Resolução Conama 303/02 regulamentou os artigos 2º e 3º do Código Florestal, definindo parâmetros e limites, trazendo definições e metragem das APPs. O artigo 2º da Resolução traz definições de morro, montanha, nascente ou olho d'água e o artigo 3º explicita as áreas consideradas APPs.

A Resolução Conama 302/02 deu tratamento específico para APPs, no entorno de reservatórios artificiais – artigos 2º e 3º da resolução são importantes, assim como saber o conceito de área urbana consolidada.

Ainda sobre Áreas de Preservação Permanente, o artigo 4º do Código Florestal, com redação dada pela Medida Provisória 2.166-67/01, trata da possibilidade de supressão de vegetação em Área de Preservação Permanente, que somente poderá ser autorizada em caso de utilidade pública ou de interesse social, devidamente caracterizados e motivados em procedimento administrativo próprio, quando inexistir alternativa técnica e locacional ao empreendimento proposto.

Ao analisar o histórico da vigência do artigo 4º, verificamos que a MP 2.166-67/01 alterou o artigo 4º do Código Florestal, prevendo a possibilidade de intervenção em APPs, em caso de utilidade pública e interesse social.

O Ministério Público Federal propôs uma ação direta de inconstitucionalidade, a ADIn 3.540, em face da alegada inconstitucionalidade do artigo 1º da MP que alterava o artigo 4º do Código Florestal. Analisando-se o trâmite dessa ADIn, verificamos que:

1 – Houve uma liminar favorável ao Ministério Público Federal (MPF) suspendendo eficácia e aplicabilidade do artigo 1º da MP, que alterava notadamente o artigo 4º do Código Florestal, nos seguintes termos:

> *"em 25/7/2005 (...) em exame prévio, verificam-se presentes os pressupostos necessários para o deferimento da medida cautelar. A inicial anuncia a proximidade da 78ª reunião ordinária do Conama, órgão consultivo e deliberativo do Sisnama – (...), que será realizada de 27 a 28/7/2005 (fls. 17/20). Ocorre que, com fundamento no artigo 4º da MP ora impugnada, o Conama, por meio de resolução, pode vir a autorizar o gestor ambiental local a suprimir a vegetação de uma Área de Preservação Permanente, para fins de 'empreendimento de mineração' (fl. 7) (...) ora, a extração de minério causa danos irreparáveis e irreversíveis ao meio ambiente (...) presente por esse motivo o* periculum in mora. *O* fumus boni iuris *encontra-se na norma constitucional... daí que a concessão da medida permitirá uma análise mais aprofundada sobre o tema... assim, defiro o pedido de medida cautelar para suspender,* ad referendum *do plenário, até o julgamento final da ação, a eficácia do artigo 4º,* caput *e §§ 1º, 2º, 3º, 4º, 5º, 6º e 7º da Lei 4.771/65".*

2 – No entanto, a liminar foi revogada pelo plenário do STF por maioria de votos (7x2) e o Conama publicou a Resolução 369/06, que regulamentou o artigo 4º e definiu os casos **excepcionais** em que o órgão ambiental competente pode autorizar intervenção ou supressão de vegetação em área de preservação permanente para a implantação de obras, planos, atividades ou projetos de utilidade pública ou interesse social e a realização de ações consideradas eventuais e de baixo impacto ambiental.

Conclusão: acórdão do plenário negando referendo à decisão que deferiu o pedido da cautelar nos seguintes termos:

> *"O Tribunal, por maioria, negou referendo à decisão que deferiu o pedido de medida cautelar, restaurando-se, desse modo, em plenitude, a eficácia e a aplicabilidade do diploma legislativo ora impugnado nesta sede de fiscalização abstrata, nos termos do voto do relator..."*

Acórdão do plenário em 1/2/2005 => publicado em 3/2/2006 e em 14/2/2006 ocorreu o trânsito em julgado sem que fosse interposto recurso do acórdão.

Em consulta ao andamento processual – o momento do fechamento desta edição –, verificamos que desde 5/3/2008 os autos se encontram conclusos ao relator (http://www.stf.jus.br/portal/processo/verProcessoAndamento.asp).

RESERVA LEGAL - Por expressa definição do artigo 1º, § 2º, III, do Código Florestal, entende-se como reserva legal a:

"área localizada no interior de uma propriedade ou posse rural, excetuada a de preservação permanente, necessária ao uso sustentável dos recursos naturais, à conservação e reabilitação dos processos ecológicos, à conservação da biodiversidade e ao abrigo e proteção de fauna e flora nativas".

Verifica-se, portanto, que a reserva legal é porção de área de imóvel rural e consiste numa forma de restrição à exploração econômica da propriedade. No entanto, não cabe indenização das áreas destinadas à constituição da reserva legal porque é uma obrigação do proprietário ou possuidor, salvo nas hipóteses de desapropriação do respectivo imóvel. Nesse sentido, ver RE 134.297 SP.

Observa-se que a localização da reserva legal dentro da propriedade vai levar em conta a função social da propriedade, plano de bacia, etc., e deve ser aprovada pelo órgão ambiental estadual competente ou mediante convênio pelo órgão ambiental municipal ou outra instituição habilitada. O estabelecimento da reserva legal trata-se de uma obrigação *propter rem*, isto é, ônus real que recai sobre o imóvel e obriga, em qualquer circunstância ao seu proprietário e a todos que o sucedem **independentemente** do momento em que foi suprimida a vegetação. Dessa forma, deve ser conservada a vegetação existente e típica e, caso não haja essa vegetação, isso não afasta a obrigação de recomposição.

Cabe ao artigo 16 do Código Florestal explicitar qual a extensão da área de reserva legal que deverá ser mantida, cuja porcentagem está definida levando-se em conta a região na qual se localiza a propriedade, ocorrendo uma variação de 80 a 20%. Importante destacar que a área a ser mantida a título de reserva legal não tem, em regra, nada a ver com a área a ser mantida a título de preservação permanente, já que o próprio artigo 16, *caput*, prevê:

"As florestas e outras formas de vegetação nativa, ressalvadas as situadas em área de preservação permanente, assim como aquelas não sujeitas ao regime de utilização limitada ou objeto de legislação específica, são suscetíveis de supressão, desde que sejam mantidas, a título de reserva legal, no mínimo..."

O referido dispositivo determina, ainda, que a vegetação da reserva legal não pode ser suprimida, podendo ser utilizada sob regime de manejo sustentável, de acordo com princípios e critérios técnicos e científicos, sem prejuízo das demais legislações específicas. O § 3º do artigo 16, ao analisar a compatibilidade entre a manutenção da área de reserva legal e a pequena propriedade rural familiar, assim dispõe:

"Para cumprimento da manutenção ou compensação da área de reserva legal em pequena propriedade ou posse rural familiar, podem ser computados os plantios de árvores frutíferas ornamentais ou industriais, compostos por espécies exóticas, cultivadas em sistema intercalar ou em consórcio com espécies nativas".

Destaca-se que, excepcionalmente, de acordo com previsão do artigo 16, § 6º do Código Florestal, abre-se a possibilidade de computar-se para a formação da reserva legal a soma das áreas da propriedade consideradas de preservação permanente.

Assim, certa porcentagem de vegetação nativa de APP pode ser computada para formação da reserva legal, desde que analisada a soma delas se tenha um valor (um percentual) de aproveitamento muito pequeno de sobra e desde que não se utilize as novas áreas liberadas para uso do solo.

Dessa forma, o § 7º deixa claro que, embora a área de APP possa ingressar no cômputo da reserva legal, o regime de uso da APP, nesse caso, **não** se altera. Isso é importante porque a reserva legal pode ser utilizada sob forma de manejo sustentável, e a APP tem um regime de uso mais restrito, e ela não deixa de ser APP por isso.

Por fim, o artigo 44, III, determina a possibilidade de compensar-se a reserva legal por outra área equivalente em importância ecológica e extensão, desde que pertença ao mesmo ecossistema e esteja localizada na mesma microbacia, conforme critérios estabelecidos em regulamento. Isso ocorrerá na hipótese de o proprietário ou possuidor ter um imóvel rural com área de floresta nativa, natural, primitiva ou regenerada ou outra forma de vegetação nativa em extensão inferior ao estabelecido nos incisos I, II, III, IV do artigo 16 do Código Florestal.

Pode-se compensá-la por área equivalente, desde que pertença ao mesmo ecossistema e esteja na mesma microbacia. Entende-se microbacia como a área dentro de outra bacia hidrográfica, que é um conjunto de terras drenadas por um rio principal e seus afluentes.

A compensação de que trata o artigo 44, inciso III, deverá ser submetida à aprovação pelo órgão ambiental estadual competente, e pode ser implementada mediante o arrendamento de área sob regime de servidão florestal ou reserva legal ou aquisição de cotas de que trata o artigo 44-B – as ditas cotas de reserva florestal.

No entanto, na impossibilidade de compensação da reserva legal dentro da mesma microbacia hidrográfica, deve o órgão ambiental estadual competente aplicar o critério de maior proximidade possível entre a propriedade desprovida de reserva legal e a área escolhida para compensação, desde que na mesma bacia hidrográfica e no mesmo Estado, atendido, quando houver, o respectivo Plano de Bacia Hidrográfica, e respeitadas as demais condicionantes estabelecidas no artigo 44, III, isto é, que a área seja equivalente em importância ecológica e extensão.

Interessante, ainda, a previsão do artigo 16, § 5º, quanto à possibilidade, nos casos que especifica, de termos redução ou ampliação das porcentagens de área de reserva legal, desde que indicado pelo Zoneamento Ecológico Econômico (ZEE) e pelo Zoneamento Agrícola, ouvidos Conama e os Ministérios do Meio Ambiente e Agricultura.

Ao analisar uma vantagem econômica em delimitar-se essa área de reserva legal, vemos que a Lei do Imposto Territorial Rural (ITR) – Lei 9.393, de 19/12/1996, considera as áreas de reserva legal, as Áreas de Preservação Permanente e as áreas declaradas de interesse para conservação ambiental pelo Poder Público como não tributárias e não aproveitáveis. Nesse sentido, o artigo 10 da lei ao prever:

"A apuração e o pagamento do ITR serão efetuados pelo contribuinte, independentemente de prévio procedimento da administração tributária, nos prazos e condições estabelecidos pela Secretaria da Receita Federal, sujeitando-se a homologação posterior.

§ 1º Para os efeitos de apuração do ITR, considerar-se-á:

(...)

II – área tributável, a área total do imóvel, menos as áreas:

a) de preservação permanente e de reserva legal, previstas na Lei 4.771, de 15 de setembro de 1965, com a redação dada pela Lei 7.803, de 18 de julho de 1989;

b) de interesse ecológico para a produção dos ecossistemas, assim declaradas mediante ato do órgão competente, federal ou estadual, e que ampliem as restrições de uso previstas na alínea anterior;

c) comprovadamente imprestáveis para qualquer exploração agrícola, pecuária, granjeira, aquícola ou florestal, declaradas de interesse ecológico mediante ato do órgão competente, federal ou estadual;

d) sob regime de servidão florestal ou ambiental;

e) cobertas por florestas nativas, primárias ou secundárias em estágio médio ou avançado de regeneração;

f) alagadas para fins de constituição de reservatório de usinas hidrelétricas autorizada pelo Poder Público.

Quanto à regularização da área de reserva legal, o artigo 16, § 8º do Código Florestal prevê que a área de reserva legal deve ser averbada à margem da inscrição de matrícula do imóvel, no Registro de Imóveis competente, sendo vedada a alteração de sua destinação, nos casos de transmissão, a qualquer título, de desmembramento ou de retificação da área, com as exceções previstas no código.

Verifica-se que a falta dessa regularização constitui infração administrativa ambiental – na modalidade de infração contra a flora, nos termos do artigo 55 do Decreto 6.514/08, com as alterações introduzidas pelo Decreto 6.686/08 e Decreto 7.029/09.

Assim, deixar de averbar a reserva legal acarretará a penalidade de advertência e multa diária de R$ 50,00 (cinquenta reais) a R$ 500,00 (quinhentos reais) por hectare ou fração da área de reserva legal.

Dessa forma, analisando o procedimento de apuração, vê-se que o autuado será advertido para que, no prazo de 180 dias, apresente termo de compromisso de regularização da reserva legal na forma das alternativas previstas na Lei 4.771, de 15 de setembro de 1965. (Artigo 55, § 1º do Decreto 6.514/08, com as alterações introduzidas pelo Decreto 7.029/09)

Igualmente, durante o período previsto para apresentação do termo de compromisso de regularização, a multa diária será suspensa, mas, caso o autuado não o apresente no prazo assinalado, deverá a autoridade ambiental cobrar a multa diária desde o dia da lavratura do auto de infração, na forma estipulada pelo decreto. No entanto, as sanções elencadas não serão aplicadas quando o prazo previsto não for cumprido por culpa imputável exclusivamente ao órgão ambiental.

Verifica-se, ainda, que o proprietário ou possuidor terá prazo de 120 dias para averbar a localização, compensação ou desoneração da reserva legal, contados da emissão dos documentos por parte do órgão ambiental competente ou instituição habilitada (artigo 55, § 5º do Decreto 6.514/08, incluído pelo Decreto 7.029, de 2009). Nesse período, as sanções previstas não serão aplicadas (artigo 55, § 6º do Decreto 6.514/08, incluído pelo Decreto 7.029, de 2009).

Destaca-se, ainda, que a averbação da reserva legal da pequena propriedade ou posse rural familiar é gratuita, devendo o Poder Público prestar apoio técnico e jurídico, quando necessário.

Por fim, poderá ser instituída reserva legal em regime de condomínio entre mais de uma propriedade, respeitado o percentual legal em relação a cada imóvel, mediante a aprovação do órgão ambiental estadual competente e as devidas averbações referentes a todos os imóveis envolvidos.

Importante ressaltar que o Decreto 7.029, de 10 de dezembro de 2009, também institui o Programa Federal de Apoio à Regularização Ambiental de Imóveis Rurais, denominado "Programa Mais Ambiente", cujo objetivo é promover e apoiar a regularização ambiental de imóveis, com prazo de até três anos para a adesão dos beneficiários, contados a partir da data da publicação deste decreto.

A regularização ambiental compreende atividades desenvolvidas e implementadas no imóvel rural que visem atender ao disposto na legislação ambiental e, de forma prioritária, à manutenção e recuperação de Áreas de Preservação Permanente e de reserva legal.

Como instrumentos do "Programa Mais Ambiente", o artigo 3º do Decreto 7.029/09 elenca:

> *I – Termo de Adesão e Compromisso: documento formal de adesão, visando à regularização ambiental por meio do compromisso de recuperar, recompor ou manter as áreas de preservação permanente, bem como de averbar a reserva legal do imóvel;*
> *II – Cadastro Ambiental Rural – CAR: sistema eletrônico de identificação georreferenciada da propriedade rural ou posse rural, contendo a delimitação das áreas de preservação permanente, da reserva legal e remanescentes de vegetação nativa localizadas no interior do imóvel, para fins de controle e monitoramento;*
> *III – instrumentos de cooperação: instrumentos a serem firmados entre a União, os Estados, os Municípios, ou quaisquer de suas fundações e autarquias, ou instituição pública ou privada devidamente habilitada, com o objetivo de implementar as ações de que trata o artigo 9º.*

Verifica-se que o ato de adesão ao "Programa Mais Ambiente" dar-se-á pela assinatura do Termo de Adesão e Compromisso, elaborado pelo órgão ambiental ou instituição habilitada.

É necessário salientar que a partir da data de adesão ao "Programa Mais Ambiente", o proprietário ou possuidor não será autuado com base nos artigos 43, 48, 51 e 55 do Decreto 6.514/08, desde que a infração tenha sido cometida até o dia anterior à data de publicação deste decreto e que cumpra as obrigações previstas no Termo de Adesão e Compromisso (artigo 6º, § 1º do Decreto 7.029/09). No entanto, não se impede a aplicação das sanções administrativas de apreensão e embargo nas hipóteses previstas na legislação. Igualmente, a adesão ao "Programa Mais Ambiente" suspenderá a cobrança das multas aplicadas em decorrência das infrações aos dispositivos acima citados, exceto nos casos de processos com julgamento definitivo na esfera administrativa.

Assim sendo, uma vez cumprido integralmente o Termo de Adesão e Compromisso nos prazos e condições estabelecidos, as multas aplicadas em decorrência das infrações dos artigos 43, 48, 51 e 55 do Decreto 6.514/08 serão consideradas como convertidas em serviços de preservação, melhoria e recuperação da qualidade do meio ambiente (artigo 6º, § 3º do Decreto 7.029/09).

Conforme disposto no artigo 8º do decreto, será de responsabilidade do beneficiário do "Programa Mais Ambiente" apresentar, conforme definido pelo órgão ambiental no Termo de Adesão e Compromisso, informações que auxiliem o acompanhamento e monitoramento dos compromissos assumidos. Destaca-se, ainda, que a assinatura do Termo de Adesão e Compromisso é gratuita.

No âmbito do "Programa Mais Ambiente", encontraremos subprogramas e uma sistemática de incentivo à regularização. Assim, o Termo de Adesão e Compromisso ao "Programa Mais Ambiente" será simplificado para o agricultor familiar, o empreendedor familiar rural e os povos e comunidades tradicionais, sendo requisitos para firmar o documento, conforme artigo 5º do decreto:

I – identificação do proprietário ou posseiro do imóvel rural;
II – croqui do imóvel rural, indicando seus limites, a área de reserva legal proposta e as áreas de preservação permanente; e
III – indicação e localização de remanescentes de vegetação nativa.

Destaca-se que o georreferenciamento das informações apresentadas no croqui será elaborado pelo órgão ambiental, instituição pública ou privada devidamente habilitada, sem dispêndio financeiro por parte dos beneficiários especiais (artigo 5º, § 1º do Decreto 7.029/09, combinado com artigo 2º, IV).

O decreto também criou, como parte integrante do Sistema Nacional de Informações sobre o Meio Ambiente, o Cadastro Ambiental Rural (CAR), no âmbito do Ministério do Meio Ambiente, tendo a finalidade de integrar as informações ambientais das propriedades e posses rurais e as informações geradas com base no "Programa Mais Ambiente".

O CAR (definido no artigo 3º, II do decreto enquanto um instrumento do programa) será disciplinado em ato conjunto dos Ministérios do Meio Ambiente, da Agricultura, Pecuária e Abastecimento e do Desenvolvimento Agrário e suas informações poderão ser disponibilizadas para utilização dos demais órgãos públicos federais e estaduais interessados.

Por fim, o Decreto 7.029/09 alterou o Decreto 6.514/08 estabelecendo regras para regularização da reserva legal (artigo 55 e seus parágrafos – conforme visto acima) e ampliando o prazo de execução (artigo 152). De acordo com a nova redação que foi atribuída ao artigo 152 do Decreto 6.514/08, o disposto pelo artigo 55 só entrará em vigor em 11 de junho de 2011.

SERVIDÃO FLORESTAL - Dentre os instrumentos da Política Nacional do Meio Ambiente elencados no artigo 9º da Lei 6.938/81, vemos que o inciso XIII, acrescentado pela Lei 11.284/2006, considera os instrumentos econômicos, como concessão florestal, servidão ambiental, seguro ambiental e outros – instrumentos dessa política.

O artigo 9-A, também acrescentado pela Lei 11.284/2006, trata da servidão ambiental prevendo que, mediante anuência do órgão ambiental competente, o proprietário rural pode instituir servidão ambiental, pela qual voluntariamente renuncia, em caráter permanente ou temporário, total ou parcialmente, a direito de uso, exploração ou supressão de recursos naturais existentes na propriedade.

Essa servidão ambiental deve ser averbada no Registro de Imóveis competente, não se aplicando às Áreas de Preservação Permanente e de reserva legal, destacando, porém, que se for servidão sobre recursos florestais, a limitação deve ser no mínimo a mesma estabelecida para a reserva legal. Verifica-se que a servidão ambiental seria gênero, do qual servidão florestal é espécie.

A servidão florestal já vinha prevista no artigo 44-A do Código Florestal, dispositivo acrescentado pela MP 2.166-67/01.

Ela nada mais é que a servidão voluntária, em caráter permanente ou temporário, pela qual o proprietário rural renuncia aos direitos de supressão ou de exploração da vegetação nativa localizada fora da reserva legal e da área com vegetação de preservação permanente.

Sobre a vegetação nativa preservada, podem ser emitidas cotas de reserva florestal, as quais são negociadas no mercado àqueles que têm passivos ambientais, como mineradoras, produtores rurais que não têm reserva legal e que precisam constituí-la para o fim estabelecido em lei, indústrias potencialmente poluidoras e que estejam em fase de licenciamento ambiental, entre outras atividades de potencial poluidor ou detentoras de passivo ambiental.

O interessante é que o proprietário rural negocia as cotas de reserva florestal (CRF) sem perder o título de sua propriedade. Ele não negocia a propriedade, mas o direito à cota de reserva florestal à pessoa física ou jurídica que tem passivo ambiental ou que tem sua atividade potencialmente poluidora, em função dos atributos ecológicos de sua área com vegetação nativa. Seu direito à propriedade rural é preservado, mesmo negociando as cotas relativas à servidão florestal. Ele não vende as áreas de vegetação nativa de sua propriedade, mas as cotas florestais da área preservada. Por outro lado, as áreas exploradas com a agricultura, a silvicultura e a pecuária são excluídas da servidão florestal, todavia, elas são mantidas em exploração, independentemente das áreas preservadas e constituídas como servidão florestal.

A servidão florestal será averbada à margem da inscrição da matrícula do imóvel, no Cartório de Registro de Imóveis competente, após anuência do órgão ambiental estadual competente, sendo vedada, durante o prazo de sua vigência, a alteração da destinação da área nos casos de transmissão a qualquer título, de desmembramento ou de retificação dos limites da propriedade.

Dentre os deveres do proprietário da área averbada como servidão florestal, verificamos que o mesmo é o responsável pela preservação e manutenção da área averbada, sendo de sua inteira responsabilidade a ocorrência de danos ou sinistros que venham a comprometer a integralidade ou a característica da servidão florestal como área protegida.

Um direito importante desse proprietário consiste na possibilidade de isenção do Imposto Territorial Rural (ITR) para a área da servidão florestal nos termos da Lei 9.393/96, artigo 10, § 1º, II, "d", ao prever como área tributável, a área total do imóvel, menos certas áreas e dentre elas as que se encontram sob regime de servidão florestal ou ambiental.

Sistema Nacional de Unidades de Conservação (Snuc) - Lei 9.985/00

A Constituição Federal, no artigo 225, § 1º, III, prevê que incumbe ao Poder Público definir, em todas as unidades da Federação, espaços territoriais e seus componentes a serem especialmente protegidos, sendo a alteração e a supressão permitidas somente através de lei, vedada qualquer utilização que comprometa a integridade dos atributos que justifiquem sua proteção.

Tem-se entendido que esses espaços territoriais especialmente protegidos são o gênero do qual as unidades de conservação – como espaços protegidos em sentido estrito e as Áreas de Preservação Permanente e reserva legal como espaços protegidos em sentido amplo são espécies.

A Lei 9.985, de 18 de julho de 2000, instituiu o Sistema Nacional de Unidades de Conservação da Natureza, disciplinando os critérios para sua criação, implantação e gestão. A referida legislação encontra-se regulamentada pelo Decreto 4.340, de 22 de agosto de 2002, alterado pelos posteriores decretos 5.566/05 e 6.848, de 14 de maio de 2009.

O artigo 2º da lei traz importantes definições e considera a unidade de conservação como o espaço territorial e seus recursos ambientais, incluindo as águas jurisdicionais, com características naturais relevantes, legalmente instituído pelo Poder Público, com objetivos de conservação e limites definidos, sob regime especial de administração, ao qual se aplicam garantias adequadas de proteção.

Outras definições também são importantes, destacando-se dentre elas os incisos:

Inciso IV – Recurso ambiental.

Inciso VI – Proteção integral.

Inciso VII – Conservação *in situ*.

Inciso IX – Uso indireto.

Inciso X – Uso direto.

Inciso XI – Uso sustentável.

Inciso XVII – Plano de manejo.

Inciso XVIII – Zona de amortecimento.

Inciso XIX – Corredores ecológicos.

Verifica-se que o Sistema Nacional de Unidades de Conservação da Natureza (Snuc) é constituído pelo conjunto das unidades de conservação federais, estaduais e municipais, de acordo com o disposto nesta lei. Dessa forma, tanto os Estados quanto os Municípios podem criar unidades de conservação, as quais estarão inseridas no Sistema Nacional.

O artigo 6º da Lei 9.985/00, ao cuidar do Snuc, determina que ele será gerido pelos seguintes órgãos, com as respectivas atribuições:

I – Órgão consultivo e deliberativo: o Conselho Nacional do Meio Ambiente (Conama), com as atribuições de acompanhar a implementação do sistema;

II – Órgão central: o Ministério do Meio Ambiente, com a finalidade de coordenar o sistema; e

III – órgãos executores: o Instituto Chico Mendes e o Ibama, em caráter supletivo, os órgãos estaduais e municipais, com a função de implementar o Snuc, subsidiar as propostas de criação e administrar as unidades de conservação federais, estaduais e municipais, nas respectivas esferas de atuação.

É necessário salientar, ainda, que excepcionalmente podem integrar o Snuc, a critério do Conama, unidades de conservação estaduais e municipais que, concebidas para atender a peculiaridades regionais ou locais, possuam objetivos de manejo que não possam ser satisfatoriamente atendidos por nenhuma categoria prevista nessa lei e cujas características permitam, em relação a estas, uma clara distinção.

As unidades de conservação integrantes do Snuc dividem-se em dois grupos com características específicas:

I – Unidades de Proteção Integral.

II – Unidades de Uso Sustentável.

As **Unidades de Proteção Integral** compõem-se de um grupo de cinco categorias de unidades de conservação, a saber: Estação Ecológica, Reserva Biológica, Parque Nacional, Monumento Natural, Refúgio de Vida Silvestre.

O que caracteriza esse grupo é a preservação da natureza, sendo admitido apenas o uso indireto dos seus recursos naturais, com exceção dos casos previstos na Lei 9.985/00.

Ressalta-se que o Parque Nacional tem este nome quando instituído pela União, mas poderemos ter Parques Estaduais e Municipais se estabelecidos pelos Estados ou Municípios. Além disso, porque se apresenta como a unidade de conservação do grupo de proteção integral que possui função recreativa permite-se que na área se desenvolvam atividades tais como turismo ecológico.

Vale frisar, ainda, que Estação Ecológica, Reserva Biológica e Parque Nacional são unidades de conservação que só podem ser criadas em terras de posse e domínio públicos e se houver alguma propriedade privada inserida no seu limite o Poder Público deverá desapropriá-la.

A Estação Ecológica tem como objetivo a preservação da natureza e a realização de pesquisas científicas.

A Reserva Biológica tem como objetivo a preservação integral da biota e demais atributos naturais existentes em seus limites, sem interferência humana direta ou modificações ambientais, excetuando-se as medidas de recuperação de seus ecossistemas alterados e as ações de manejo necessárias para recuperar e preservar o equilíbrio natural, a diversidade biológica e os processos ecológicos naturais.

O Parque Nacional tem por finalidade a preservação de ecossistemas naturais de grande relevância ecológica e beleza cênica, possibilitando a realização de pesquisas científicas e o desenvolvimento de atividades de educação e interpretação ambiental, de recreação em contato com a natureza e de turismo ecológico.

Já o Monumento Natural e o Refúgio da Vida Silvestre são unidades que podem ser criadas em áreas particulares, desde que seja possível compatibilizar os objetivos da unidade com a utilização da terra e dos recursos naturais do local pelos proprietários. No entanto, havendo incompatibilidade entre os objetivos da área e as atividades privadas ou não havendo aquiescência do proprietário às condições propostas pelo órgão responsável pela administração da unidade para a coexistência dessas unidades com o uso da propriedade, a área deve ser desapropriada, de acordo com o que dispõe a lei. A visitação pública está sujeita às condições e restrições estabelecidas no plano de manejo da unidade, às normas estabelecidas pelo órgão responsável por sua administração e àquelas previstas em regulamento.

Dessa forma, o Monumento Natural tem como objetivo básico preservar sítios naturais raros, singulares ou de grande beleza cênica e o Refúgio de Vida Silvestre tem como objetivo proteger ambientes naturais onde se asseguram condições para a existência ou reprodução de espécies ou comunidades da flora local e da fauna residente ou migratória.

As **Unidades de Uso Sustentável** compõem-se de um grupo de sete categorias de unidades de conservação, a saber: Área de Proteção Ambiental, Área de Relevante Interesse Ecológico, Floresta Nacional, Reserva Extrativista, Reserva de Fauna, Reserva de Desenvolvimento Sustentável e Reserva Particular do Patrimônio Natural.

O artigo 2º, XI, da Lei 9.985/00, caracteriza o uso sustentável como a exploração do ambiente de maneira a garantir a perenidade dos recursos ambientais renováveis e dos processos ecológicos, mantendo a biodiversidade e os demais atributos ecológicos, de forma socialmente justa e economicamente viável.

Assim, o objetivo básico das Unidades de Uso Sustentável é compatibilizar a conservação da natureza com o uso sustentável de parcela dos seus recursos naturais.

Nesse tipo de Unidade de Conservação de Uso Sustentável, em tese, não há o esvaziamento econômico da propriedade, mas, se isso ocorrer, o proprietário deve ir ao Judiciário demonstrar o prejuízo e pleitear a indenização pela desapropriação indireta.

Dentre essas unidades de conservação, a Área de Proteção Ambiental e a Área de Relevante Interesse Ecológico podem ser constituídas por terras públicas **ou** particulares. Por outro lado, a Floresta Nacional, a Reserva Extrativista, a Reserva de Fauna e a Reserva de Desenvolvimento Sustentável só podem ser constituídas em terras de posse e de domínio públicos. Assim, se houver alguma propriedade privada compreendida em seu espaço territorial, a mesma terá de ser desapropriada.

Ressalta-se, ainda, que a Reserva Particular do Patrimônio Natural é constituída exclusivamente em terras particulares.

A Área de Proteção Ambiental (APA) é uma área em geral extensa, com certo grau de ocupação humana, dotada de atributos abióticos, bióticos, estéticos ou culturais especialmente importantes para a qualidade de vida e o bem-estar das populações humanas, e tem como objetivos básicos proteger a diversidade biológica, disciplinar o processo de ocupação e assegurar a sustentabilidade do uso dos recursos naturais (art. 15 da Lei 9.985/00).

Dessa forma, respeitados os limites constitucionais, podem ser estabelecidas normas e restrições para a utilização de uma propriedade privada localizada em uma Área de Proteção Ambiental, sendo esta unidade de conservação a mais comumente criada pelo Poder Público, consistindo em uma área de uso sustentável.

Conforme nos lembra Paulo de Bessa Antunes (*op. cit.*, p. 570):

"Não há proibição de habitação, residência e atividades produtivas nas APAs, contudo, estas devem ser orientadas e supervisionadas pela entidade ambiental encarregada de assegurar o atendimento das finalidades da legislação instituidora. Portanto, a criação de uma APA, de forma alguma, impede o exercício de atividades econômicas. Ao contrário, se a APA for bem concebida, é possível que seu estabelecimento se constitua em estímulo ao desenvolvimento de atividades econômicas. A única exigência que é feita pelo Poder Público é que as atividades sejam compatíveis com o plano de manejo e que sejam executadas de maneira sustentável".

Por fim, referido autor ainda afirma:

"Nas Áreas de Proteção Ambiental, não são permitidas as seguintes atividades, que serão limitadas ou proibidas:
a) a implantação e o funcionamento de indústrias potencialmente poluidoras, capazes de afetar mananciais de água;
b) a realização de obras de terraplanagem e a abertura de canais, quando essas iniciativas importarem sensível alteração das condições ecológicas locais;
c) o exercício de atividades capazes de provocar uma acelerada erosão das terras e/ou um acentuado assoreamento das coleções hídricas;
d) o exercício de atividades que ameacem extinguir na área protegida as espécies raras da biota regional".

Devemos mencionar, ainda, que também a Resolução Conama 10/88 dispõe sobre a regulamentação das Áreas de Proteção Ambiental (APAs), estabelecendo que essas áreas são unidades de conservação destinadas a proteger e conservar a qualidade ambiental e os sistemas naturais ali existentes, visando à melhoria da qualidade de vida da população local e também objetivando a proteção dos ecossistemas locais. Independentemente de sua situação dominial, qualquer área pode integrar uma APA.

Já a Área de Relevante Interesse Ecológico é uma área em geral de pequena extensão, com pouca ou nenhuma ocupação humana, com características naturais extraordinárias ou que abriga exemplares raros da biota regional, e tem como objetivo manter os ecossistemas naturais de importância regional ou local e regular o uso admissível dessas áreas, de modo a compatibilizá-lo com os objetivos de conservação da natureza.

A Floresta Nacional é uma área com cobertura florestal de espécies predominantemente nativas e tem como objetivo básico o uso múltiplo sustentável dos recursos florestais e a pesquisa científica, com ênfase em métodos para exploração sustentável de florestas nativas. Nas Florestas Nacionais, é admitida a permanência de populações tradicionais que a habitam quando de sua criação, em conformidade com o disposto em regulamento e no plano de manejo da unidade. Destaca-se que dentre as unidades de conservação de uso sustentável é a que apresenta um regime mais restritivo, podendo sua gestão ser efetivada nos moldes da Lei 11.284/06.

A Reserva Extrativista é uma área utilizada por populações extrativistas tradicionais, cuja subsistência se baseia no extrativismo e, complementarmente, na agricultura de subsistência e na criação de animais de pequeno porte, e tem como objetivos básicos proteger os meios de vida e a cultura dessas populações, e assegurar o uso sustentável dos recursos naturais da unidade.

A Reserva de Fauna é uma área natural com populações animais de espécies nativas, terrestres ou aquáticas, residentes ou migratórias, adequadas para estudos técnico-científicos sobre o manejo econômico sustentável de recursos faunísticos.

A Reserva de Desenvolvimento Sustentável é uma área natural que abriga populações tradicionais, cuja existência se baseia em sistemas sustentáveis de exploração dos recursos naturais, desenvolvidos ao longo de gerações e adaptados às condições ecológicas locais e que desempenham um papel fundamental na proteção da natureza e na manutenção da diversidade biológica.

A Reserva Particular do Patrimônio Natural (RPPN) é uma área privada, gravada com perpetuidade, com o objetivo de conservar a diversidade biológica.

Cabe frisar que a área só será reconhecida como Reserva Particular do Patrimônio Natural por iniciativa de seu proprietário mediante a anuência do órgão ambiental competente. Sabe-se que a propriedade que contiver RPPN no seu perímetro terá preferência na análise do pedido de concessão de crédito agrícola, pelas instituições oficiais de crédito, bem como prioridade na análise da concessão de recursos ao Fundo Nacional do Meio Ambiente (FNMA), podendo ser o proprietário beneficiado, ainda, com isenção do ITR.

Com efeito, inicialmente, coube ao Decreto 98.914, de 31 de janeiro de 1990, dispor sobre a instituição, no território nacional de RPPN. Posteriormente, o referido diploma foi revogado pelo Decreto 1.922, de 5 de junho de 1996, que ao disciplinar a matéria prevê, no artigo 11, que o proprietário poderá requerer ao Instituto Nacional de Colonização e Reforma Agrária (Incra), a isenção do Imposto sobre a Propriedade Territorial Rural (ITR), para a área reconhecida como Reserva Particular do Patrimônio Natural, conforme prevê o parágrafo único do artigo 104, da Lei 8.171/91.

A Lei de Crimes Ambientais no artigo 40 considera que a ocorrência de dano afetando espécies ameaçadas de extinção no interior das Unidades de Conservação de Proteção Integral será considerada circunstância agravante para a fixação da pena. Já o artigo 40-A, refere-se também à mesma situação, qual seja, a ocorrência de dano afetando espécies ameaçadas de extinção no interior das Unidades de Conservação de Uso Sustentável, que será considerada circunstância agravante para a fixação da pena. No entanto, se o crime for culposo, a pena será reduzida à metade.

Também o Decreto 6.514/08, com as alterações do Decreto 6.686/08, que prevê as infrações administrativas ambientais do artigo 84 até o artigo 93, elenca as infrações cometidas exclusivamente em unidades de conservação prevendo suas penalidades.

CRIAÇÃO, IMPLANTAÇÃO E GESTÃO DAS UNIDADES DE CONSERVAÇÃO - De acordo com o artigo 22 da Lei 9.985/00, as unidades de conservação são criadas por ato do Poder Público.

Questão que se coloca diz respeito a saber qual a natureza jurídica do ato que cria a unidade de conservação?

Tem-se entendido que deve ser um decreto nas hipóteses em que sejam criadas em áreas públicas, de propriedade do ente federativo que as institui este ato, ao qual a lei se refere.

O problema surge quando a unidade de conservação é instituída em terrenos privados.

Pode-se ter no terreno privado uma Unidade de Conservação de Proteção Integral. Por exemplo: Monumento Natural/Refúgio da Vida Silvestre e se sabe que nessas unidades a utilização econômica dos recursos é diminuta. Assim, atingindo áreas de propriedade particular ou de domínio de outro ente federativo, faz-se necessário, diante do esvaziamento do conteúdo econômico da propriedade, que paralelamente ao ato da criação da unidade de conservação seja editado decreto declarando a área de utilidade pública para fins de desapropriação. Desse modo, a unidade de conservação só se aperfeiçoará após concluída a desapropriação e efetuado o depósito.

Se for Unidade de Conservação de Uso Sustentável, em tese não há o esvaziamento econômico da propriedade. Mas, se isso ocorrer, o proprietário deve ir ao Judiciário demonstrar o prejuízo e pleitear a indenização pela desapropriação indireta.

Como regra, a criação de uma unidade de conservação deve ser precedida de estudos técnicos e consulta pública com o intuito de identificar a localização, a dimensão e os limites mais adequados para a unidade, conforme se dispuser em regulamento (conforme art. 22, § 2º).

Observação: a não observância dos estudos técnicos e consultas previstos podem levar a nulidade do ato que instituir a unidade de conservação.

Porém, o próprio artigo 22 da Lei 9.985/00, no § 4º, dispensa a consulta para criação de Estação Ecológica e Reserva Biológica, até porque só podem ser fixadas em terras públicas.

O § 5º do artigo 22 estabelece possibilidade de Unidades do Grupo de Uso Sustentável serem transformadas total ou parcialmente em Unidades do Grupo de Proteção Integral desde que:

- por instrumento normativo do mesmo nível hierárquico do que criou a unidade;
- observados os procedimentos de consulta estabelecidos no § 2 do artigo 22.

No entanto, uma vez criada uma unidade de conservação, verifica-se a possibilidade de ampliação de seus limites e mesmo desafetação e/ou redução, nos moldes do previsto nos parágrafos 6º e 7º do artigo 22 da Lei do Sistema Nacional de Unidades de Conservação (Snuc) – Lei 9.985/00.

Assim, a ampliação dos limites de uma unidade de conservação, sem modificação dos seus limites originais, exceto pelo acréscimo proposto, ou seja, mantendo o original e acrescendo nova área, pode ser feita por instrumento normativo do mesmo nível hierárquico do que criou a unidade, desde que obedecidos os procedimentos de consulta estabelecidos conforme artigo 22, § 2º.

Outrossim, a desafetação ou redução dos limites de uma unidade de conservação só pode ser feita mediante lei específica, isto é, lei em sentido formal votada e aprovada pelo Poder Legislativo.

Considera-se, ainda, que subsolo e o espaço aéreo, sempre que influírem na estabilidade do ecossistema, integram os limites das Unidades de Conservação (art. 24 da Lei 9.985/00).

Conforme artigo 25 da Lei 9.985/00, exceto as Áreas de Proteção Ambiental (APAs) e Reservas Particulares do Patrimônio Natural (RPPN), todas as demais unidades de conservação devem possuir zona de amortecimento e corredores ecológicos (este quando conveniente), sendo que os limites de tais áreas podem ser definidos no ato de criação da unidade ou posteriormente.

Entende-se por zona de amortecimento o entorno de uma unidade de conservação, onde as atividades humanas estão sujeitas a normas e restrições específicas, com o propósito de minimizar os impactos negativos sobre a unidade.

Corredores ecológicos, por sua vez, são porções de ecossistemas naturais ou seminaturais, ligando unidades de conservação, que possibilitam entre elas o fluxo de genes e o movimento da biota, facilitando a dispersão de espécies e a recolonização de áreas degradadas, bem como a manutenção de populações que demandam para sua sobrevivência áreas com extensão maior do que aquela das unidades individuais.

Podemos encontrar também um Mosaico de Unidades de Conservação. O Mosaico é uma situação na qual existe um conjunto de unidades de conservação diferentes ou iguais, próximas/justapostas/sobrepostas/ mais outras áreas protegidas públicas ou privadas.

Dessa forma, na existência desse Mosaico de Unidades de Conservação, a gestão do conjunto deverá ser feita de forma integrada e participativa, considerando-se seus distintos objetivos de conservação, de forma a compatibilizar a presença da biodiversidade, a valorização da sociodiversidade e o desenvolvimento sustentável no contexto regional.

Os artigos 8º a 11 do Decreto Regulamentador 4.340/02 tratam do Mosaico de unidades de conservação estabelecendo, até mesmo, as atividades do Conselho de Mosaico.

O Mosaico deve ser reconhecido pelo Ministério do Meio Ambiente (MMA) – o ato geralmente é portaria –, a pedido dos órgãos gestores das unidades de conservação e, uma vez reconhecida, a gestão do conjunto deverá ser feita de forma integrada e participativa.

Quanto à gestão das unidades de conservação, ela deve ser colegiada, envolvendo a participação da sociedade, Administração Pública e população das áreas diretamente vinculadas à unidade de conservação. O Decreto 4.340/02, que regulamenta a Lei do Snuc, define critérios a serem observados quanto à participação de cada um dos diferentes setores interessados em ser representado.

Observa-se, por expressa previsão do artigo 29 da Lei 9.985/00, que cada unidade de conservação do Grupo de Proteção Integral disporá de um Conselho Consultivo, presidido pelo órgão responsável por sua administração e constituído por representantes de órgãos públicos, de organizações da sociedade civil, por proprietários de terras localizadas em Refúgio de Vida Silvestre ou Monumento Natural, quando for o caso, e, na hipótese prevista no § 2º do artigo 42, das populações tradicionais residentes, conforme se dispuser em regulamento e no ato de criação da unidade.

O artigo 30 da Lei 9.985/00 ressalta a possibilidade de participação de Organizações da Sociedade Civil de Interesse Público (Oscips) na gestão de unidades de conservação.

As Oscips são pessoas jurídicas de direito privado, sem fins lucrativos e que desenvolvem determinado tipo de atividade de interesse geral da sociedade. A qualificação em Oscip é feita pelo Ministério da Justiça e ela **não** é uma mera organização não governamental, pois está submetida a determinado grau de controle administrativo que decorre do termo de parceria firmado entre Poder Público e Oscip para execução das atividades de interesse público previstas nos artigos 3º e 14º da Lei 9.790/99 (Lei das Oscips). Observa-se, ainda, que a gestão compartilhada com Oscips se encontra regulamentada nos artigos 21 a 24 do Decreto 4.340/02.

Por fim, destacam-se que as unidades de conservação devem dispor de um plano de manejo elaborado no prazo de cinco anos a partir da data de sua criação, que deve até estar disponível para consulta pública na sede da unidade de conservação.

Dessa forma, são proibidas, nas unidades de conservação, quaisquer alterações, atividades ou modalidades de utilização em desacordo com seus objetivos, seu plano de manejo e seus regulamentos.

Nos moldes do artigo 25 do Decreto 4.340/02, verifica-se que é passível de autorização a exploração de produtos, subprodutos ou serviços inerentes às unidades de conservação, de acordo com os objetivos de cada categoria de unidade.

O referido decreto prevê também a possibilidade de uso da imagem da unidade de conservação que, se de finalidade comercial, será cobrada ou gratuita se de finalidade preponderantemente científica.

COMPENSAÇÃO AMBIENTAL - O artigo 36 da Lei 9.985, de 18 de julho de 2000, que institui o Sistema Nacional de Unidades de Conservação da Natureza (Snuc), determina que nos casos de licenciamento ambiental de empreendimentos de significativo impacto ambiental, assim considerado pelo órgão ambiental competente, com fundamento em estudo de impacto ambiental e respectivo relatório – EIA/Rima, o empreendedor é obrigado a apoiar a implantação e manutenção de unidade de conservação do Grupo de Proteção Integral, de acordo com o disposto nesse artigo e no regulamento dessa lei. A essa situação dá-se o nome de compensação ambiental.

Em linhas gerais, é uma contribuição financeira que aplica o usuário-pagador de modo que o empreendedor deve efetuar o pagamento independentemente de culpa.

De início, tratou do tema a Resolução Conama 002/96, hoje substituída pela Resolução Conama 371/06. No entanto, o decreto regulamentador da Lei 9.985/00 – Decreto 4.340/02 –, com redação do Decreto 5.566/05 e mais recentemente do Decreto 6.848, de 14 de maio de 2009, tratou especificamente da compensação ambiental nos artigos 31, 31-A, 31-B, 32 e 33.

Dentre os **pontos principais da compensação ambiental** a serem considerados, destacam-se:

1 – Situação da atividade a ser desenvolvida: Empreendimento que causa significativo impacto ambiental negativo identificado pelo órgão ambiental competente após análise do EIA.

2 – Finalidade: Como regra geral, o empreendedor é obrigado a apoiar a implantação/manutenção de Unidade de Conservação do Grupo de Proteção Integral. Pelo *caput* do artigo 36, só Unidades de Proteção Integral seriam beneficiadas.

É o órgão ambiental licenciador que define as unidades a serem beneficiadas (mediante propostas do EIA, ouvindo o empreendedor), determinando, até mesmo, criação de novas unidades.

Exceção: artigo 36, § 3º: Se o empreendimento afetar unidade específica ou sua zona de amortecimento, a unidade afetada, mesmo não pertencendo ao Grupo de Proteção Integral, deve ser uma das beneficiárias da proteção. Assim, estariam também abrangidas as Unidades de Uso Sustentável.

Ainda, sobre a amplitude do artigo 36, para Paulo Affonso Leme Machado (*Direito ambiental brasileiro*, p. 832):

> *"Os recursos arrecadados devem ir para as Unidades de Conservação existentes na área, sejam elas federais, estaduais ou municipais, independentemente do órgão licenciador ser federal, estadual ou municipal. Com relação aos empreendimentos, o artigo 36,* caput, *da Lei 9.985/00 enseja uma interpretação aberta, aplicando-se a todos os empreendimentos de significativo impacto ambiental, independentemente de o empreendimento estar situado ou não na área da Unidade de Conservação existente ou a ser instituída".*

3 – Montante dos recursos a serem destinados: A Lei do Snuc – Lei 9.985/00 mencionava, no artigo 36, § 1º, que o montante de recursos a ser destinado pelo empreendedor para essa finalidade não poderia ser inferior a 0,5% dos custos totais previstos para a implantação do empreendimento, sendo o percentual fixado pelo órgão ambiental licenciador, de acordo com o grau de impacto ambiental causado pelo empreendimento.

Com isso, a compensação embasava-se numa percentagem mínima de 0,5% a ser destinado, levando-se em conta os custos totais previstos para implantação do empreendimento. Observava-se, ainda, que o custo de implantação era mais amplo que o conceito de instalação, pois o primeiro abrange o custo do empreendimento, planejado até a fase da plena produção, ou seja, a operação.

Ao discordar dessa sistemática, em 2004, a Confederação Nacional da Indústria (CNI) ajuizou, perante o Supremo Tribunal Federal (STF), a Ação Direta de Inconstitucionalidade (ADIn) **3.378,** questionando a constitucionalidade do artigo 36 e de seus parágrafos 1º, 2º e 3º, da Lei Federal 9.985/00.

No entendimento da CNI, a compensação ambiental funcionava como um tributo que poderia ser oneroso para as empresas. Como não se tinha teto definido para a cobrança (já que era calculada **desde** 0,5%), o percentual ficava a critério dos órgãos estaduais, deixando o investidor à mercê de decisões unilaterais.

Segundo a CNI, os dispositivos citados eram inconstitucionais por violarem os princípios da legalidade, da harmonia e independência entre os poderes, da razoabilidade e da proporcionalidade. Também estariam em desacordo com a Constituição, pelo fato de criar uma indenização prévia sem mensuração e comprovação da ocorrência de dano, o que tende a ensejar o enriquecimento sem causa do Estado.

O julgamento da ADIn pelo STF deu-se em 2008. Em 9 de abril desse ano, o STF, dando continuidade ao julgamento iniciado em 14 de junho de 2006, por maioria de votos, **julgou parcialmente procedente a ADIn 3.378,** com redução de texto, declarando a inconstitucionalidade da expressão *"não pode ser inferior a meio por cento dos custos totais previstos para a implantação do empreendimento"* constante do parágrafo 1º, do artigo 36, da Lei 9.985/00.

Desse modo, para o STF, o valor da compensação deve ser fixado proporcionalmente ao impacto ambiental, após estudo em que se assegurem o contraditório e a ampla defesa.

O parágrafo 1º, do artigo 36, da Lei 9.985/00, passará, então, a contar com a seguinte redação:

> *Art. 36 – Nos casos de licenciamento ambiental de empreendimentos de significativo impacto ambiental, assim considerado pelo órgão ambiental competente, com fundamento em estudo de impacto ambiental e respectivo relatório – EIA/Rima, o empreendedor é obrigado a apoiar a implantação e manutenção de unidade de conservação do Grupo de Proteção Integral, de acordo com o disposto neste artigo e no regulamento desta lei.*
> *§ 1º – O montante de recursos a ser destinado pelo empreendedor para esta finalidade, sendo o fixado pelo órgão ambiental licenciador, de acordo com o grau de impacto ambiental causado pelo empreendimento.*

Conclusão: o STF rechaçou o uso do "custo total para a implantação do empreendimento" como referência para o cálculo do valor a ser despendido pelo empreendedor.

Por outro lado, embora a decisão tenha conferido uma redação truncada ao § 1º do artigo 36, percebe-se que o STF manteve a competência dos órgãos ambientais para a fixação de tal valor.

O Decreto 6.848/09 alterou e acrescentou dispositivos ao Decreto 4.340/02 para regulamentar a compensação ambiental, de acordo com a nova diretriz traçada pela decisão do Supremo Tribunal Federal.

Assim, de acordo com a nova redação do artigo 31 do Decreto 4.340/02, verifica-se que para os fins de fixação da compensação ambiental de que trata o artigo 36 da Lei 9.985, de 2000, o Instituto Brasileiro do Meio Ambiente e dos Recursos Naturais Renováveis (Ibama) estabelecerá o grau de impacto com base em estudo prévio de impacto ambiental e respectivo relatório – EIA/Rima, ocasião em que considerará, exclusivamente, os impactos ambientais negativos sobre o meio ambiente.

O impacto causado será levado em conta apenas uma vez no cálculo, sendo que este deverá conter os indicadores do impacto gerado pelo empreendimento e das características do ambiente a ser impactado.

No entanto, não serão incluídos no cálculo da compensação ambiental os investimentos referentes aos planos, projetos e programas exigidos no procedimento de licenciamento ambiental para mitigação de impactos, bem como os encargos e custos incidentes sobre o financiamento do empreendimento, até mesmo os relativos às garantias, e os custos com apólices e prêmios de seguros pessoais e reais.

Destaca-se que a compensação ambiental poderá incidir sobre cada trecho, naqueles empreendimentos em que for emitida a licença de instalação por trecho.

O artigo 32 determina ainda que será instituída câmara de compensação ambiental no âmbito do Ministério do Meio Ambiente, com a finalidade de:

I – estabelecer prioridades e diretrizes para aplicação da compensação ambiental;

II – avaliar e auditar, periodicamente, a metodologia e os procedimentos de cálculo da compensação ambiental, de acordo com estudos ambientais realizados e percentuais definidos;

III – propor diretrizes necessárias para agilizar a regularização fundiária das unidades de conservação; e

IV – estabelecer diretrizes para elaboração e implantação dos planos de manejo das unidades de conservação.

Os artigos 31-A e 31-B tratam especificamente dos cálculos da compensação.

Observação: diferente é a ideia de compensação por benfeitorias das populações tradicionais residentes em unidades de conservação nas quais não possam mais permanecer. Compensação aqui é **indenização** por benfeitorias.

O artigo 42 da Lei do Snuc trata dessa realocação das populações tradicionais e os artigos 35 a 39 do Decreto 4.340/02 também cuidam desse reassentamento das populações tradicionais e do processo indenizatório.

Destaca-se, finalmente, a existência de outras unidades não contempladas na Lei do Snuc: Jardins Botânicos, Hortos e Jardins Zoológicos.

Florestas públicas - Lei 11.284/06

Tratando da proteção da flora – a Lei 11.284, de 2 de março de 2006 – conhecida como Lei das Florestas Públicas –, estabeleceu, entre nós, a gestão de florestas públicas para produção sustentável, instituiu o Serviço Florestal Brasileiro (SFB), na estrutura do Ministério do Meio Ambiente, e criou o Fundo Nacional de Desenvolvimento Florestal (FNDF).

A lei no artigo 3º, I, define florestas públicas como florestas, naturais ou plantadas, localizadas nos diversos biomas brasileiros, em bens sob o domínio da União, dos Estados, dos Municípios, do Distrito Federal ou das entidades da administração indireta. Dessa forma, a lei limita-se a regular as florestas de titularidade dos entes públicos, não alcançando, portanto, as que eventualmente se localizam em propriedades privadas.

Por gestão sustentável pode-se entender a administração da floresta com o intuito de obter-se os benefícios econômicos pertinentes, mas também benefícios sociais e ambientais respeitando o ecossistema, objeto de manejo por meio do uso eficiente e racional dessas florestas.

Deve-se, salientar, ainda, a Resolução Conama 379, de 19/10/2006, que cria e regulamenta sistema de dados e informações sobre a gestão florestal no âmbito do Sisnama e o Decreto 6.063 de 20 de março de 2007, que dispõe sobre o Cadastro Nacional de Florestas Públicas e regulamenta, em âmbito federal, a destinação de florestas públicas às comunidades locais, o Plano Anual de Outorga Florestal (Paof), o licenciamento ambiental para o uso dos recursos florestais nos lotes ou unidades de manejo, a licitação e os contratos de concessão florestal, o monitoramento e as auditorias da gestão de florestas públicas, para os fins do disposto na Lei 11.284, de 2 de março de 2006.

GESTÃO DE FLORESTAS PÚBLICAS - A gestão destas florestas públicas se dará por três formas:

Diretamente pelo Poder Público - Que poderá exercer de forma direta a gestão de florestas nacionais, estaduais e municipais criadas nos termos do artigo 17 da Lei 9.985/00.

A Lei 9.985/200 define, no artigo 17, a Floresta Nacional como uma área com cobertura florestal de espécies predominantemente nativas e tem como objetivo básico o uso múltiplo sustentável dos recursos florestais e a pesquisa científica, com ênfase em métodos para exploração sustentável de florestas nativas. Importante lembrar que, dependendo de qual for a entidade federativa criadora, a floresta será nacional, estadual ou municipal, e que esta área se trata de uma unidade de conservação de uso sustentável.

Além disso, para o exercício da gestão direta o Poder Público poderá, para execução de atividades subsidiárias, firmar convênios, termos de parceria, contratos ou instrumentos similares com terceiros, observados os procedimentos licitatórios e demais exigências legais pertinentes. Nessa hipótese, a contratação não pode se referir à própria gestão, mas somente à execução de atividades de suporte, sob penas de tal contratação burlar outra forma de gestão, qual seja a concessão florestal como veremos adiante.

Pela destinação das florestas públicas às comunidades locais - Verifica-se por disposição do artigo 6º da Lei 11.284/06, que antes da realização das concessões florestais, as florestas públicas ocupadas ou utilizadas por comunidades locais serão identificadas para a destinação, pelos órgãos competentes, por meio de:

I – criação de reservas extrativistas e reservas de desenvolvimento sustentável, observados os requisitos previstos da Lei 9.985, de 18 de julho de 2000;

II – concessão de uso, por meio de projetos de assentamento florestal, de desenvolvimento sustentável, agroextrativistas ou outros similares, nos termos do artigo 189 da Constituição Federal e das diretrizes do Programa Nacional de Reforma Agrária;

III – outras formas previstas em lei.

É necessário frisar que essa destinação às comunidades locais será feita de forma não onerosa para o beneficiário e efetuada em ato administrativo próprio, conforme previsto em legislação específica. No entanto, sem prejuízo das formas de destinação acima previstas as comunidades locais, poderão participar das licitações previstas para as concessões florestais, por meio de associações comunitárias, cooperativas ou outras pessoas jurídicas admitidas em lei.

Por fim, o Poder Público poderá, com base em condicionantes socioambientais definidas em regulamento, normalizar posses de comunidades locais sobre as áreas por elas tradicionalmente ocupadas ou utilizadas, que sejam imprescindíveis à conservação dos recursos ambientais essenciais para sua reprodução física e cultural, por meio de concessão de direito real de uso ou outra forma admitida em lei, dispensada licitação.

Pela concessão florestal – A concessão florestal pode ser entendida como a delegação onerosa feita pelo poder concedente, do direito de praticar manejo florestal sustentável para exploração de produtos e serviços em uma unidade de manejo, mediante licitação, à pessoa jurídica, em consórcio ou não, que atenda às exigências do respectivo edital de licitação e demonstre capacidade para seu desempenho, por sua conta e risco e por prazo determinado (art. 3º, VII – Lei 11.284/06).

Só será objeto de concessão florestal áreas previstas no Plano Anual de Outorga Florestal (Paof) – arts. 10 e 12 da Lei 11.284/06.

A concessão florestal será autorizada em ato do poder concedente que pode ser União, Estado, Distrito Federal, Município e formalizada mediante contrato, que deverá observar os termos da Lei de Florestas Públicas, das normas pertinentes e do edital de licitação.

O objeto da concessão florestal será a exploração de produtos e serviços florestais, conforme fixado no edital (arts.14 e 15 da Lei 11.284/06).

No tocante às regras sobre o edital, verificamos que ele deve ser elaborado pelo poder concedente, observados os critérios e as normas gerais da Lei 8.666, de 21 de junho de 1993 – a Lei de Licitações –, contendo, dentre vários temas, especialmente: o objeto, com a descrição dos produtos e dos serviços a serem explorados; a delimitação da unidade de manejo, com localização e topografia, além de mapas e imagens de satélite e das informações públicas disponíveis sobre a unidade; o prazo da concessão e as condições de prorrogação; os prazos para recebimento das propostas, julgamento da licitação e assinatura do contrato; o período, com data de abertura e encerramento, o local e o horário em que serão fornecidos aos interessados os dados, estudos e projetos necessários à elaboração dos orçamentos e apresentação das propostas; os critérios e a relação dos documentos exigidos para a aferição da capacidade técnica, da idoneidade financeira e da regularidade jurídica e fiscal; os critérios, os indicadores, as fórmulas e os parâmetros a serem utilizados no julgamento da proposta; o preço mínimo da concessão e os critérios de reajuste e revisão; a descrição das garantias financeiras e dos seguros exigidos; a minuta do respectivo contrato, que conterá as cláusulas essenciais referidas no artigo 30 desta Lei; as condições de extinção do contrato de concessão (art. 20 da Lei 11.284/06).

Dentro das garantias financeiras e dos seguros exigidos, teremos a inclusão da cobertura de eventuais danos causados ao meio ambiente, ao erário e a terceiros.

O artigo 36 da Lei 11.284/06 trata do regime econômico financeiro da concessão, que compreende o pagamento de preço calculado sobre os custos de realização do edital de licitação da concessão florestal da unidade de manejo; o pagamento de preço, não inferior ao mínimo definido no edital de licitação, calculado em função da quantidade de produto ou serviço auferido do objeto da concessão ou do faturamento líquido ou bruto; a responsabilidade do concessionário de realizar outros investimentos previstos no edital e no contrato; a indisponibilidade, pelo concessionário, salvo disposição contratual, dos bens considerados reversíveis.

O artigo 39 da Lei 11.284/06 – com a redação da Lei 11.516/07, trata da aplicação dos recursos financeiros oriundos da concessão florestal de unidades localizadas em áreas de domínio da União, prevendo as porcentagens a serem repassadas e suas destinações. Lembre-se de que com a criação do Instituto Chico Mendes, a ele foram destinados 40% para utilização restrita na gestão das Unidades de Conservação de Uso Sustentável (conforme art. 39, § 1º, II, "a").

De acordo com o artigo 44 da Lei de Florestas Públicas, as causas da extinção da concessão podem ser:

- esgotamento do prazo contratual;
- rescisão;
- anulação;
- falência ou extinção do concessionário e falecimento ou incapacidade do titular, no caso de empresa individual;
- desistência e devolução, por opção do concessionário, do objeto da concessão.

Em qualquer caso de extinção da concessão, o concessionário fará, por sua conta exclusiva, a remoção dos equipamentos e bens que não sejam objetos de reversão, ficando obrigado a reparar ou indenizar os danos decorrentes de suas atividades e praticar os atos de recuperação ambiental determinados pelos órgãos competentes.

Extinta a concessão, retornam ao titular da floresta pública todos os bens reversíveis, direitos e privilégios transferidos ao concessionário, conforme previsto no edital e estabelecido em contrato.

A inexecução total ou parcial do contrato acarretará, a critério do poder concedente, a rescisão da concessão, a aplicação das sanções contratuais e a execução das garantias, sem prejuízo da responsabilidade civil por danos ambientais prevista na Lei 6.938, de 31 de agosto de 1981, e das devidas sanções nas esferas administrativa e penal.

Observa-se também que a rescisão da concessão poderá ser efetuada unilateralmente pelo poder concedente, nas hipóteses previstas no artigo 45, § 1º, da Lei 11.284/06, e deverá ser precedida da verificação de processo administrativo, assegurado o direito de ampla defesa.

Por fim, importante destacar que a Lei 11.284/06 ainda criou:

- o Fundo Nacional de Desenvolvimento Florestal (FNDF), com a finalidade de fomentar o desenvolvimento de atividades sustentáveis de base florestal no Brasil e promover a inovação tecnológica do setor – artigo 41.

- o Serviço Florestal Brasileiro (SFB) – Inserido na Estrutura Básica do Ministério do Meio Ambiente, atuará exclusivamente na gestão das florestas públicas, observando as competências delimitadas no artigo 55 da Lei 11.284/06 e estrutura organizacional e funcionamento, conforme artigo 56.

Do mesmo modo, a Lei de Florestas Públicas incluiu à Lei de Crimes Ambientais os artigos 50-A e 69-A, estabelecendo os seguintes tipos penais:

> *"Art. 50-A. Desmatar, explorar economicamente ou degradar floresta, plantada ou nativa, em terras de domínio público ou devolutas, sem autorização do órgão competente: Pena – reclusão de 2 (dois) a 4 (quatro) anos e multa. § 1º Não é crime a conduta praticada quando necessária à subsistência imediata pessoal do agente ou de sua família. § 2º Se a área explorada for superior a 1.000 ha (mil hectares), a pena será aumentada de 1 (um) ano por milhar de hectare".*

> *"Art. 69-A. Elaborar ou apresentar, no licenciamento, concessão florestal ou qualquer outro procedimento administrativo, estudo, laudo ou relatório ambiental total ou parcialmente falso ou enganoso, inclusive por omissão: Pena – reclusão, de 3 (três) a 6 (seis) anos, e multa. § 1º Se o crime é culposo: Pena – detenção, de 1 (um) a 3 (três) anos. § 2º A pena é aumentada de 1/3 (um terço) a 2/3 (dois terços), se há dano significativo ao meio ambiente, em decorrência do uso da informação falsa, incompleta ou enganosa".*

Reserva da Biosfera

A Reserva da Biosfera é reconhecida pelo Programa Intergovernamental O Homem e a Biosfera – *Man and Biosphere* (MAB), estabelecido pela Unesco, organização da qual o Brasil é membro. Entre nós, encontra previsão no artigo 41 da Lei 9.985/00.

Trata-se de um modelo, adotado internacionalmente, de gestão integrada, participativa e sustentável dos recursos naturais, com os objetivos básicos de preservação da diversidade biológica, o desenvolvimento de atividades de pesquisa, o monitoramento ambiental, a educação ambiental, o desenvolvimento sustentável e a melhoria da qualidade de vida das populações.

A Reserva da Biosfera é constituída por áreas de domínio público ou privado e pode ser integrada por unidades de conservação já criadas pelo Poder Público, respeitadas as normas legais que disciplinam o manejo de cada categoria específica. Ela é gerida por um conselho deliberativo formado por representantes de instituições públicas, de organizações da sociedade civil e da população residente, conforme se dispuser em regulamento e no ato de constituição da unidade.

Em geral, é uma área extensa constituída por uma ou várias áreas-núcleo, destinadas à proteção integral da natureza; uma ou várias zonas de amortecimento, onde só são admitidas atividades que não resultem em dano para as áreas-núcleo; e uma ou várias zonas de transição, sem limites rígidos, onde o processo de ocupação e o manejo dos recursos naturais são planejados e conduzidos de modo participativo e em bases sustentáveis.

Vale destacar que das 440 Reservas da Biosfera existentes no mundo, no Brasil encontram-se, atualmente, seis, a saber: a Mata Atlântica, o Cerrado, o Cinturão verde da cidade de São Paulo, o Pantanal Mato-grossense, a Caatinga e a Amazônia Central.

(dados colhidos in http://www.rbma.org.br/mab/unesco_02_rbrb.asp)

Em Resumo

A proteção da Flora

É importante salientar que além da CF a legislação básica de proteção das florestas e demais formas de vegetação, é a Lei 4.771, de 15 de setembro de 1965, o Código Florestal.

Assim, o Código Florestal prevê as formas de utilização da flora – direcionando sua utilização, sem contudo deixar de regular a supressão, em certos casos –, estabelece áreas consideradas de proteção permanente (as APPs), áreas que devem ser preservadas (as áreas de reserva legal – art. 16) e o regime de proteção especial como o determinado para árvores imunes ao corte. Além disso, estabelece o órgão ambiental competente que poderá aprovar a exploração de florestas (art. 19), estipula regra para as atividades e/ou empreendimentos consumidores de grandes quantidades de matéria-prima florestal (art. 21), contém regras proibitivas, como a proibição do uso do fogo (art. 27), dispõe sobre a servidão florestal (art. 44-A) e sobre a Cota de Reserva Florestal – CRF (art. 44-B).

Em relação às florestas, a Lei 11.284, de 2 de março de 2006, passou a dispor sobre a gestão de florestas públicas para a produção sustentável, admitindo a exploração econômica controlada das florestas (exploração livre **não** existe mais).

A Lei 11.428, de 22 de dezembro de 2006, regulou a utilização e proteção da vegetação nativa do Bioma Mata Atlântica.

Ressalta-se também a Lei 9.605/98 – a Lei de Crimes Ambientais – que, nos artigos 38 a 53, estabelece crimes ambientais contra a flora e, ainda, seu decreto regulamentador, o Decreto 6.514/08, o qual determina infrações administrativas contra a flora, dos artigos 43 a 60, incluindo-se ilícitos contra florestas e demais formas de vegetação, Áreas de Preservação Permanente, vegetação localizada em reserva legal, bem como a própria falta de averbação desse espaço protegido. Aliás, do artigo 84 a 93 institui infrações cometidas exclusivamente em unidades de conservação.

Apesar das Resoluções do Conama não se enquadrarem como lei propriamente dita, devemos destacar que existem algumas resoluções importantes para a proteção da flora, tais como:

- **Resolução 302/02** – Dispõe sobre parâmetros, definições e limites de Áreas de Preservação Permanente de reservatórios artificiais e o regime de usos do entorno.

- **Resolução 303/02** – Dispõe sobre parâmetros, definições e limites de Áreas de Preservação Permanente.
- **Resolução 369/06** – Trata dos casos de possibilidade de intervenção ou supressão de vegetação em APPs.
- **Resolução 378/06** – Trata dos empreendimentos causadores de impacto ambiental para fins da Lei 4.771/65.
- **Resolução 379/06** – Cria e regulamenta sistemas de dados e informações sobre a gestão florestal.
- **Resolução 406/09** – Estabelece parâmetros técnicos a serem adotados na elaboração, apresentação, avaliação técnica e execução de Plano de Manejo Florestal Sustentável (PMFS) com fins madeireiros, para florestas nativas e suas formas de sucessão no bioma Amazônia.
- **Resolução 411/09** – Dispõe sobre procedimentos para inspeção de indústrias consumidoras ou transformadoras de produtos e subprodutos florestais madeireiros de origem nativa, bem como os respectivos padrões de nomenclatura e coeficientes de rendimento volumétricos, inclusive carvão vegetal e resíduos de serraria.
- **Resolução 417/09** – Dispõe sobre parâmetros básicos para definição de vegetação primária e dos estágios sucessionais secundários da vegetação de Restinga na Mata Atlântica e dá outras providências.

A Constituição Federal, no artigo 225, § 1º, III, prevê que incumbe ao Poder Público definir, em todas as unidades da Federação, espaços territoriais e seus componentes a serem especialmente protegidos, sendo a alteração e a supressão permitidas somente através de lei, vedada qualquer utilização que comprometa a integridade dos atributos que justifiquem sua proteção.

O Sistema Nacional de Unidades de Conservação (Snuc), instituído pela Lei 9.985/00, regulamentada pelo Decreto 4.340/02, alterado pelo Decreto 5.566/05 e pelo Decreto 6.848, de 14 de maio de 2009, tem como objetivo: a criação, a implantação e a gestão das unidades de conservação. Verifica-se que as unidades de conservação nada mais são do que espaços territorialmente protegidos e podem ser criadas/instituídas legalmente pelos Poderes Públicos das três esferas da Federação. Unidades de conservação podem ser de domínio público ou privado. Dentre os órgãos que gerem o Snuc, encontramos o Conama – com a função de acompanhar a implementação do sistema; MMA – com a função de coordenar o sistema; Instituto Chico Mendes e Ibama, mais órgãos estaduais e municipais com a função de implementar o sistema.

Importante lembrarmos, ainda, da Lei 11.516, de 28 de agosto de 2007, que criou o Instituto Chico Mendes de Conservação da Biodiversidade com a finalidade de executar ações da política nacional de unidades de conservação da natureza referentes às atribuições federais relativas à proposição, implantação, gestão, proteção, fiscalização e monitoramento das unidades de conservação instituídas pela União.

Preste Atenção

Lembrar de conceitos importantes sobre flora e que não se confundem:

- Áreas de Preservação Permanente (APPs) – artigos 2º e 3º do Código Florestal.
- Reserva legal (art. 16 do Código Florestal).
- Unidades de conservação: Unidades de Proteção Integral e Unidades de Uso Sustentável (Lei do Sistema Nacional de Unidades de Conservação – Snuc) – Lei 9.985/00.
- Área de Proteção Ambiental (APA) – artigo 15 da Lei do Sistema Nacional de Unidades de Conservação (Snuc) – Lei 9.985/00.
- Espaços que constituem patrimônio nacional (art. 225, § 4º da CF/88).
- Concessão Florestal (Lei 11.284/06 – Lei de Florestas Públicas – art. 3º, VII).

No que se refere à compensação ambiental, o Supremo Tribunal Federal, na ADIn 3.378-6, apreciou a alegação de inconstitucionalidade do § 1º do artigo 36 da Lei 9.985/00 e determinou que o valor da compensação ambiental, prevista pela referida lei, deverá ser fixado proporcionalmente ao grau do impacto ambiental do empreendimento. Na sequência, o Decreto 6.848, de 14/5/2009, alterou e acrescentou dispositivos ao Decreto 4.340/02, para regulamentar a nova sistemática da compensação ambiental.

O Decreto 7.029/09 modificou o Decreto 6.514/08, estabelecendo regras para regularização da reserva legal e ampliando o prazo de execução. Conforme a nova redação que foi atribuída ao artigo 152 do Decreto 6.514/08, o disposto pelo artigo 55 só entrará em vigor em 11 de junho de 2011.

É necessário realçar que o Decreto 7.029, de 10 de dezembro de 2009, instituiu também o Programa Federal de Apoio à Regularização Ambiental de Imóveis Rurais, denominado "Programa Mais Ambiente", cujo objetivo é promover e apoiar a regularização ambiental de imóveis, com prazo de até três anos para a adesão dos beneficiários, contados a partir da data da publicação do decreto. A regularização ambiental compreende atividades desenvolvidas e implementadas no imóvel rural que visem atender ao disposto na legislação ambiental e, de forma prioritária, à manutenção e recuperação de Áreas de Preservação Permanente e de reserva legal.

Vale observar que o Decreto 6.992, de 28 de outubro de 2009, regulamenta a Lei 11.952, de 25 de junho de 2009, para dispor sobre a regularização fundiária das áreas rurais situadas em terras da União (no âmbito da Amazônia Legal, definida pela Lei Complementar 124, de 3 de janeiro de 2007), mas aplica-se subsidiariamente a outras áreas não descritas no artigo 3º da Lei 11.952, de 2009, sob domínio da União na Amazônia Legal, que serão regularizadas por meio dos instrumentos previstos na legislação patrimonial.

Ao prever o procedimento da regularização fundiária, nas áreas que determina, esse decreto releva, em vários dispositivos, a necessidade de preservação ambiental.

Assim, de acordo com o artigo 10 desse decreto, o Ministério do Desenvolvimento Agrário definirá as glebas a serem regularizadas após consulta à Secretaria do Patrimônio da União, à Fundação Nacional do Índio (Funai), ao Serviço Florestal Brasileiro, ao Instituto Chico Mendes de Conservação da Biodiversidade – Instituto Chico Mendes e aos órgãos ambientais estaduais. Além disso, conforme previsão do artigo 15, o título de domínio ou o termo de concessão de direito real de uso deverá conter cláusulas sob condição resolutiva pelo prazo de dez anos, que determinem, dentre outros pontos, a saber: a averbação da reserva legal, incluída a possibilidade de compensação na forma da legislação ambiental; a identificação das áreas de preservação permanente e, quando couber, o compromisso para sua recuperação na forma da legislação vigente; a recuperação ambiental de áreas degradadas, localizadas na reserva legal e nas áreas de preservação permanente, observadas as normas técnicas definidas pelo Ministério do Meio Ambiente.

Por fim, quando se tratar da hipótese prevista no § 6º do artigo 16 da Lei 4.771, de 15 de setembro de 1965, a averbação de reserva legal deverá informar o percentual relativo ao cômputo de Áreas de Preservação Permanente no cálculo da reserva legal, sendo que as Áreas de Preservação Permanente e de reserva legal deverão ser indicadas pelo beneficiário junto a sistema eletrônico de identificação georreferenciada da propriedade rural, para fins de controle e monitoramento.

10

A Proteção da Fauna

Noções introdutórias e legislação aplicável

Fauna pode ser entendida como o conjunto de animais que vivem em certo ambiente em uma região ou época.

Dessa forma, o conceito de fauna apresenta-se amplo. Nesse sentido, até mesmo o Ibama na Portaria 93-N, de 7 de julho de 1998, ao cuidar da importação e exportação de espécimes vivos, produtos e subprodutos da fauna silvestre brasileira e da fauna silvestre exótica, traz, no artigo 2º, uma definição do que se entende por fauna silvestre brasileira; fauna silvestre exótica e fauna doméstica:

> *"Art. 2º – Para efeito desta Portaria, considera-se:*
> *I – Fauna Silvestre Brasileira: são todos aqueles animais pertencentes às espécies nativas, migratórias e quaisquer outras, aquáticas ou terrestres, que tenham seu ciclo de vida ocorrendo dentro dos limites do território brasileiro ou águas jurisdicionais brasileiras.*
> *II – Fauna Silvestre Exótica: são todos aqueles animais pertencentes às espécies ou subespécies cuja distribuição geográfica não inclui o território brasileiro e as espécies ou subespécies introduzidas pelo homem, inclusive domésticas em estado asselvajado ou alçado. Também são consideradas exóticas as espécies ou subespécies que tenham sido introduzidas fora das fronteiras brasileiras e suas águas jurisdicionais e que tenham entrado em território brasileiro.*
> *III – Fauna Doméstica: todos aqueles animais que através de processos tradicionais e sistematizados de manejo e/ou melhoramento zootécnico tornaram-se domésticos, apresentando características biológicas e comportamentais em estreita dependência do homem, podendo apresentar fenótipo variável, diferente da espécie silvestre que os originou".*

A Lei da Política Nacional do Meio Ambiente, ao tratar dos recursos ambientais no artigo 3º, V, inclui os elementos da fauna e flora dentre estes.

A Constituição Federal de 1988, seja de modo específico, em artigos próprios ou no artigo 225, prevê normas sobre a fauna.

Assim, a CF/88 determina no artigo 24, VI, que é competência concorrente da União, dos Estados e do Distrito Federal legislar sobre fauna/caça e pesca. Observa-se que os Municípios mantêm a competência legislativa suplementar no assunto, conforme regra geral do artigo 30, I e II, da CF/88.

No tocante à competência material, esta é comum da União, dos Estados, do DF e dos Municípios – artigo 23, VII, da CF/88, cabendo a estes entes preservar, entre outros bens, a fauna.

O artigo 225, VII, prevê que dentre as obrigações do Poder Público para assegurar a efetividade do direito ao meio ambiente ecologicamente equilibrado se encontra a necessidade de proteger a fauna e a flora, vedadas, na forma da lei, as práticas que coloquem em risco sua função ecológica, provoquem a extinção de espécies ou submetam os animais à crueldade.

Com o intuito de regulamentar esse dispositivo constitucional, foi elaborada a Lei 11.794, de 8 de outubro de 2008, estabelecendo procedimentos para o uso científico de animais com a revogação da Lei 6.638/79. Essa lei estabelecia normas para a prática didático-científica da vivissecção de animais, tema que atualmente vem tratado pela nova lei. Entende-se por vivissecção a operação feita em animal vivo para estudo ou experimentação.

A Lei 5.197/67 – conhecida como Código de Caça – tratou especificamente da fauna silvestre, mantendo-se em vigor com a devida adequação aos ditames do texto constitucional e da legislação ambiental que lhe é posterior.

Essa legislação preocupa-se prioritariamente com o perecimento desse bem ambiental – fauna silvestre, devido à sua importância para o equilíbrio do ecossistema.

Além das leis específicas sobre o assunto, também a Lei de Crimes Ambientais – Lei 9.605/98 – protege a fauna descrevendo no Capítulo V – Dos crimes contra o meio ambiente – na Seção I, as condutas consideradas crimes contra esse bem. O Decreto 6.514/08, na Seção III – Das infrações administrativas cometidas contra o meio ambiente – na subseção I, também elenca um rol de ações e/ou omissões consideradas infrações administrativas contra a fauna.

> ***Observação:*** No tocante à competência para analisar os crimes contra a fauna, devemos lembrar que a Súmula 91 do STJ previa:
> "Compete à Justiça Federal processar e julgar os crimes praticados contra a fauna" encontra-se cancelada. Assim, será com base na análise de cada caso concreto que se vai verificar a Justiça competente para julgar o crime.

Os animais, dentre os quais poderíamos incluir os domésticos, seriam protegidos, ainda, pelo artigo 64 do Decreto-lei 3.688, de 3 de outubro de 1941 – conhecido como Lei de Contravenções Penais.

O Ibama, além da atuação na proteção das espécies ameaçadas de extinção – por exemplo, em consequência da elaboração de listas oficiais das espécies ameaçadas de extinção, também expediu várias portarias dispondo sobre o regime de proteção da fauna silvestre, exótica e/ou doméstica, tratando de estabelecer regras para implantação e funcionamento de criadouros (conforme portarias 139/93-N, de 29 de dezembro de 1993 –, que dispõe sobre a implantação e o funcionamento de criadouros de animais silvestres para fins conservacionistas; 118/97, de 15 de outubro de 1997, que dispõe sobre o funcionamento de criadouros de animais da fauna silvestre brasileira com fins econômicos e industriais, bem como disposição sobre licenciamento ambiental envolvendo áreas com presença de fauna silvestre – nesse sentido, a Instrução Normativa 146, de 11 de janeiro de 2007, que estabelece critérios e padroniza os procedimentos relativos à fauna no âmbito do licenciamento ambiental de empreendimentos e atividades que causam impactos sobre a fauna silvestre).

Em relação à fauna silvestre, a legislação básica é a Lei 5.197/67, que no artigo 1º prevê:

> *"Os animais de quaisquer espécies, em qualquer fase do seu desenvolvimento e que vivem naturalmente fora do cativeiro, constituindo a fauna silvestre, bem como seus ninhos, abrigos e criadouros naturais são propriedades do Estado, sendo proibida a sua utilização, perseguição, destruição, caça ou apanha".*

Igualmente, a Lei 9.605/98, no artigo 29, § 3º, também dispôs sobre o assunto, prevendo:

> *"São espécimes da fauna silvestre todos aqueles pertencentes às espécies nativas, migratórias e quaisquer outras, aquáticas ou terrestres, que tenham todo ou parte de seu ciclo de vida ocorrendo dentro dos limites do território brasileiro, ou águas jurisdicionais brasileiras".*

Portanto, dentro dessa linha de proteção, é proibido o comércio das espécies da fauna silvestre bem como os produtos e objetos dela provenientes, conforme artigo 3º, *caput* da Lei 5.197/67. No entanto, permite-se comercialização de espécies e dos produtos e objetos provenientes se forem de criadouros artificiais (art. 3º, § 1º, Lei 5.197/67).

Ainda, como tema correlato a essa proteção, encontramos as regras pertinentes à caça, bem como legislação e decisões jurisprudenciais que vedam os maus-tratos aos animais.

Assim, certas manifestações culturais passaram a sofrer a incidência das regulamentações e proibições de práticas que submetam os animais a crueldade. Podemos citar, por exemplo, a farra do boi, o rodeio, a rinha de galo.

No que se refere à farra do boi, temos decisão do STF no sentido de proibir a prática de tal manifestação. (RE 153.531-8/SC – 2ª Turma STF-j. 3/6/1997– redator para acórdão min. Marco Aurélio – DJU, 13/3/1998.)

Quanto à atividade de rodeio, esta passou a ser disciplinada pela Lei 10.519/02, a qual dispõe sobre a promoção e a fiscalização da defesa sanitária animal quando da realização de rodeio e dá outras providências.

Consideram-se rodeios de animais as atividades de montaria ou de cronometragem e as provas de laço, nas quais são avaliados a habilidade do atleta em dominar o animal com perícia e o desempenho do próprio animal (art. 1º, parágrafo único da referida lei).

A Lei 10.519/02 determina, ainda, na realização da atividade de montaria a vedação da utilização de apetrechos técnicos que causem injúrias ou ferimentos aos animais, inclusive o uso de esporas com rosetas pontiagudas ou qualquer outro instrumento que submeta os animais à crueldade, incluindo aparelhos que provoquem choques elétricos (art. 4º, § 2º da referida lei).

Quanto à rinha ou briga de galo, a Lei 9.605/98, no artigo 32, prevê que é crime praticar ato de abuso, maus-tratos, ferir ou mutilar animais silvestres, domésticos ou domesticados, nativos ou exóticos. O § 1º do citado artigo, ainda determina que incorre nas mesmas penas quem realiza experiência dolorosa ou cruel em animal vivo, ainda que para fins didáticos ou científicos, quando existirem recursos alternativos, determinando que a pena será aumentada de um sexto a um terço se ocorrer morte do animal.

Como complemento a essa previsão e com o intuito de regulamentar procedimentos para o uso científico de animais, é que foi elaborada a Lei 11.794/08.

Ao considerar a necessidade de padronizar a regulamentação da utilização da fauna silvestre nativa e exótica *ex situ* em território brasileiro, visando atender às finalidades de conservação, manutenção, criação e comercialização, com a intenção de diminuir a pressão de caça na natureza sobre espécies silvestres nativas com potencial econômico, evitar a introdução de espécies exóticas, a Resolução Conama 394/07 estabelece os critérios a serem considerados na determinação das espécies da fauna silvestre, cuja criação e comercialização poderá ser permitida como animais de estimação.

Por fim, ainda no contexto de proteção da fauna, temos de analisar as atividades de caça e pesca.

Caça

Entende-se caça como a atividade de perseguição e apreensão dos animais. Verificamos que em certas hipóteses a caça é permitida pela lei, mas de maneira controlada. Assim, a Lei 5.197/67 proíbe o exercício da caça profissional (art. 2º), e no artigo 3º diz que é proibido o comércio de espécimes da fauna silvestre e de produtos e objetos que impliquem sua caça, perseguição, destruição ou apanha, excetuando-se os espécimes provenientes de criadouros legalizados.

Ademais, a caça é proibida com a utilização de determinados instrumentos que maltratem o animal e em determinados locais – artigo 10, "e", "f", "g", "h", "i"; "j", "k" e "l" da Lei 5.197/67.

Além da Lei de Caça, também a Lei 9.605/98, artigo 29, espelha a exigência de controle da caça no país, ao determinar que constitui crime matar, perseguir, caçar, apanhar, utilizar espécimes da fauna silvestre, nativos ou em rota migratória, sem a devida permissão, licença ou autorização da autoridade competente ou em desacordo com a obtida.

Dessa forma, havendo o ato que permita a caça, a conduta não será típica, mas, na sua falta ou no desenvolvimento de uma atividade contrária ao estabelecido pelo órgão ambiental competente, aí poderemos ter um crime ambiental ou mesmo uma infração administrativa contra a fauna.

Para entendermos a dinâmica da atividade de caça e sua regulamentação no tocante às proibições e permissões, devemos lembrar do modo como a atividade pode desenvolver-se. Paulo Affonso Leme Machado (*op. cit.*, p. 792-796) lembra-nos que a caça pode ser:

1. Predatória – que é a praticada para fins comerciais ou de mero deleite. Pode apresentar-se sob a modalidade de caça predatória profissional ou sanguinária.

- Profissional – é a usada para fins comerciais com finalidade de lucro desde a venda do produto ou subproduto extraído do animal silvestre.
  Por exemplo: comércio de carne, de couro, etc. Foi vedada pela Lei 5.197/67.
- Sanguinária – é a praticada por puro prazer sem utilização do animal morto no local.

2. Não predatória – é a caça praticada com uma finalidade específica. Podendo apresentar-se sob diversas modalidades, a saber:

- Caça de controle – existe para proteção da agricultura e da saúde pública nos casos em que os animais estão destruindo plantação/rebanho ou colocando em risco a saúde humana.
  Permite-se mediante licença da autoridade competente, especificando o animal/o perigo (art. 3º, § 2º , Lei 5.197/67).
- Caça esportiva ou amadorista – é praticada geralmente por associados em clube ou sociedade amadorista de caça ou tiro ao voo (art. 6º, "a" , Lei 5.197/67).

Todavia, modernamente, já temos tido decisões considerando mesmo a caça amadora como algo que não deve existir. Nesse sentido, decisão da Vara Federal Ambiental, Agrária e Residual de Porto Alegre – em Ação Civil Pública 2004.71.00.021481-2. No caso, trata-se de ação civil pública ajuizada pela Associação Civil União pela Vida contra Instituto Brasileiro do Meio Ambiente e dos Recursos Naturais Renováveis (Ibama), discutindo sobre a proibição da caça amadorista no Estado do Rio Grande do Sul. (Conferir íntegra da decisão *in Revista de Direito Ambiental* – 40 – Sentenças, p. 325-343.)

Em decisão, o meritíssimo juiz assim determinou no dispositivo:

> *"Pelas razões expostas, rejeito as preliminares suscitadas e, no mérito, julgo parcialmente procedente a ação civil pública para: (a) reconhecer que a caça amadorista, a caça recreativa e a caça esportiva não podem ser liberadas nem licenciadas pelo réu Ibama no Estado do Rio Grande do Sul, porque não têm finalidade socialmente relevante (art. 5º , XXIII, art. 170, III e VI, e art. 225, § 1º da CF/88), porque não condizem com a dignidade humana (art. 1º, III da CF/88), porque não contribuem para*

construção de uma sociedade livre, justa e solidária (art. 3º, I da CF/88) e porque submetem os animais silvestres a crueldade (art. 225, § 1º, VII da CF/88); (b) determinar que o réu Ibama desde já se abstenha de liberar ou permitir essas modalidades de caça amadorista, adotando todas as providências necessárias para sua vedação no âmbito do Estado do Rio Grande do Sul, inclusive através de fiscalização e exercício de seu poder de polícia ambiental; (c) determinar que o réu Ibama somente autorize, permita ou libere a caça científica e a caça de controle, na forma da legislação vigente, sendo que essa última somente poderá ser liberada se existirem estudos prévios, conclusivos e inequívocos a respeito de sua necessidade, com demonstração explícita da observância dos princípios do artigo 37, caput *da CF/88 e da adequação ao princípio da precaução; (d) fixar multa de R$ 11.009,17, por dia de descumprimento ou por licença ou autorização concedidas em desatenção à presente sentença para o caso de descumprimento, tudo nos termos da fundamentação..."*

- Caça de subsistência – é a praticada com o intuito de manter a subsistência do caçador e de sua família (indígenas/caiçaras/caboclos). Não constitui crime (art. 37, I, Lei 9.605/98).
- Caça científica – é a praticada pelos cientistas para coleta de material, utilização e constatação da eficácia de novos remédios (art. 14, Lei 5.197/67).

Importante lembrar das regras introduzidas pela Lei 11.794/08, que dispõe sobre procedimentos para o uso científico de animais, e dá outras providências, conforme veremos.

Pesca e a Política Nacional de Desenvolvimento Sustentável da Aquicultura e da Pesca (Lei 11.959/09)

A Lei 11.959 /09 – Lei da Política Nacional de Desenvolvimento Sustentável da Aquicultura e da Pesca – define pesca como toda operação, ação ou ato tendente a extrair, colher, apanhar, apreender ou capturar recursos pesqueiros entendendo-se estes como os animais e os vegetais hidróbios, passíveis de exploração, estudo ou pesquisa pela pesca amadora, de subsistência, científica, comercial e pela aquicultura (art. 2º).

A Lei 9.605/98 já trazia definição semelhante no artigo 36, ao considerar pesca todo ato tendente a retirar, extrair, coletar, apanhar, apreender ou capturar espécimes dos grupos dos peixes, crustáceos, moluscos e vegetais hidróbios, suscetíveis ou não de aproveitamento econômico, ressalvadas as espécies ameaçadas de extinção, constantes nas listas oficiais da fauna e da flora.

Assim, a pesca é uma atividade permitida desde que o interessado observe os períodos permitidos, tamanhos e lugares proibidos previamente estabelecidos pelo Poder Público.

Em virtude da extensão de nossa costa e por representar importante atividade econômica, desde há muito tempo possuímos uma legislação específica para o setor abrangendo diversos pontos da atividade pesqueira.

Dentre a legislação específica, encontraremos:

- Decreto-lei 221/67 – Proteção e estímulo à pesca – Esse diploma legal, embora se encontre em vigor, teve alguns de seus artigos revogados pela nova Lei de Pesca – a Lei 11.959, de 29 de junho de 2009.
- Lei 7.643/87 – Proibição da pesca de cetáceos nas águas jurisdicionais brasileiras.
- Lei 7.679/88 – Proibição da pesca em períodos de reprodução – essa legislação encontra-se **total** e **expressamente revogada** pela nova Lei de Pesca.
- Lei 11.380/06 – Regulamenta embarcações de pesca estrangeiras arrendadas ou afretadas por empresas ou cooperativas brasileiras.
- Lei 11.959, de 29 de junho de 2009, que dispõe sobre a Política Nacional de Desenvolvimento Sustentável da Aquicultura e da Pesca, regula as atividades pesqueiras, revoga a Lei 7.679, de 23 de novembro de 1988, e dispositivos do Decreto-lei 221, de 28 de fevereiro de 1967, e dá outras providências.

Em relação à matéria, encontramos também a Resolução Conama 413/09, que simplifica o licenciamento ambiental para a aquicultura, uniformizando os procedimentos para concessão de licenças, eliminando as divergências entre Estados e minimizando os efeitos poluidores da pesca em grande escala.

No tocante à nova Lei de Pesca – nome que tem sido dado à Lei 11.959/09 –, esta tem como objetivo promover o desenvolvimento sustentável da pesca e da aquicultura como fonte de alimentação, emprego, renda e lazer, além de garantir o uso sustentável dos recursos pesqueiros e melhores resultados econômicos e sociais, com a preservação e a conservação do meio ambiente e da biodiversidade.

A aquicultura pode ser entendida como a atividade de cultivo de organismos, cujo ciclo de vida em condições naturais se dá total ou parcialmente em meio aquático, implicando propriedade do estoque sob cultivo, equiparada à atividade agropecuária e classificada nos termos do artigo 20 da referida Lei de Pesca.

De acordo com os ditames da Política Nacional de Desenvolvimento Sustentável da Aquicultura e da Pesca, a Lei 11.959/09 estabelece regras quanto ao ordenamento, ao fomento e à fiscalização da atividade pesqueira; à preservação, à conservação e à recuperação dos recursos pesqueiros e dos ecossistemas aquáticos, ao desenvolvimento socioeconômico, cultural e profissional dos que exercem a atividade pesqueira, bem como de suas comunidades.

Assim, o desenvolvimento sustentável da pesca deverá ocorrer com a observância de requisitos como gestão do acesso e uso dos recursos pesqueiros, determinação de áreas especialmente protegidas, participação social, capacitação da mão de obra, educação ambiental e controle e fiscalização.

A lei traz, ainda, uma classificação de pesca estabelecendo que esta poderá ser:

1. Comercial

a) **Artesanal:** quando praticada diretamente por pescador profissional, de forma autônoma ou em regime de economia familiar, com meios de produção próprios ou mediante contrato de parceria, desembarcado, podendo utilizar embarcações de pequeno porte.

b) **Industrial:** quando praticada por pessoa física ou jurídica e envolver pescadores profissionais, empregados ou em regime de parceria por cotas-partes, utilizando embarcações de pequeno, médio ou grande porte, com finalidade comercial.

2. Não comercial

a) **Científica:** quando praticada por pessoa física ou jurídica, com a finalidade de pesquisa científica.

b) **Amadora:** quando praticada por brasileiro ou estrangeiro, com equipamentos ou petrechos previstos em legislação específica, tendo por finalidade o lazer ou o desporto.

c) **De subsistência:** quando praticada com fins de consumo doméstico ou escambo sem fins de lucro e utilizando petrechos previstos em legislação específica.

Vemos, portanto, que a lei procura tratar a atividade pesqueira como um todo, protegendo os recursos não só em face da pesca comercial, mas também nas hipóteses nas quais a pesca é uma atividade amadora ou de subsistência.

Considera-se pescador amador a pessoa física, brasileira ou estrangeira que, licenciada pela autoridade competente, pratica a pesca sem fins econômicos. Por outro lado, é pescador profissional a pessoa física, brasileira ou estrangeira residente no país que, licenciada pelo órgão público competente, exerce a pesca com fins comerciais, atendidos os critérios estabelecidos em legislação específica.

Observa-se, ainda, que o ordenamento pesqueiro – o conjunto de normas e ações que permitem administrar a atividade pesqueira, com base no conhecimento atualizado dos seus componentes biológico-pesqueiros, ecossistêmico, econômicos e sociais – deve considerar as peculiaridades e as necessidades dos pescadores artesanais, de subsistência e da aquicultura familiar, visando a garantir sua permanência e sua continuidade.

Dessa forma, a lei prevê que o exercício da atividade pesqueira que compreende todos os processos de pesca, explotação e exploração, cultivo, conservação, processamento, transporte, comercialização e pesquisa dos recursos pesqueiros somente poderá ser realizado mediante prévio ato autorizativo emitido pela autoridade competente, asseguradas:

> *"I – a proteção dos ecossistemas e a manutenção do equilíbrio ecológico, observados os princípios de preservação da biodiversidade e o uso sustentável dos recursos naturais; II – a busca de mecanismos para a garantia da proteção e da seguridade do trabalhador e das populações com saberes tradicionais; III – a busca da segurança alimentar e a sanidade dos alimentos produzidos".*

As proibições, definitivas ou transitórias, relativas à atividade pesqueira, continuam a ser definidas pelo Poder Público com o objetivo de proteger espécies, áreas ou ecossistemas ameaçados, o processo reprodutivo das espécies e a saúde pública ou o trabalhador.

Nesse sentido, compete ao Poder Público a regulamentação da Política Nacional de Desenvolvimento Sustentável da Atividade Pesqueira, calcular, autorizar ou estabelecer, em cada caso, os regimes de acesso, os períodos de defeso, as temporadas de pesca, as artes, os aparelhos, os métodos e os sistemas de pesca e cultivo. Por "defeso" entenda-se a paralisação temporária da pesca para a preservação da espécie, tendo como motivação a reprodução e/ou recrutamento, bem como paralisações causadas por fenômenos naturais ou acidentes.

A Lei de Pesca elenca como áreas de exercício da atividade pesqueira: as águas continentais, interiores, o mar territorial, a plataforma continental, a zona econômica exclusiva brasileira, o alto-mar e outras áreas de pesca, conforme acordos e tratados internacionais firmados pelo Brasil, excetuando-se as áreas demarcadas como unidades de conservação da natureza de proteção integral ou como patrimônio histórico e aquelas definidas como áreas de exclusão para a segurança nacional e para o tráfego aquaviário.

Verifica-se também que a nova lei determina que a pesquisa pesqueira será destinada a obter e proporcionar, de forma permanente, informações e bases científicas que permitam o desenvolvimento sustentável da atividade pesqueira.

Não se aplicam à pesquisa científica as proibições estabelecidas para a atividade pesqueira comercial, devendo a coleta e o cultivo de recursos pesqueiros com finalidade científica serem autorizados pelo órgão ambiental competente. Por fim, o resultado das pesquisas deve ser difundido para todo o setor pesqueiro.

De acordo com a Lei 11.959/09, as pessoas que desenvolvem atividade pesqueira de captura e criação serão consideradas produtores rurais e beneficiários da política agrícola, como o crédito rural de comercialização para os agentes que desenvolvam atividades de transformação, processamento e industrialização de pescado.

Os pescadores e aquicultores são equiparados aos produtores rurais, de modo que podem ser beneficiários do crédito rural de comercialização os agentes que desenvolvem atividades de transformação, processamento e industrialização de pescado, desde que atendido o disposto no § 1º, do artigo 49, da Lei 8.171, de 17 de janeiro de 1991 (conforme expressa previsão do art. 27, § 1º, da Lei de Pesca).

É importante assinalar que a Lei 8.171/91 dispõe sobre a política agrícola e fixa os fundamentos, define os objetivos e as competências institucionais, além de prever os recursos e estabelecer as ações e os instrumentos dessa política, relativamente às atividades agropecuárias, agroindustriais e de planejamento das atividades pesqueira e florestal. Para os efeitos dessa lei, entende-se por atividade agrícola a produção, o processamento e a comercialização dos produtos, subprodutos e derivados, serviços e insumos agrícolas, pecuários, pesqueiros e florestais.

A fiscalização da atividade pesqueira é de competência do Poder Público Federal, observadas as competências estadual, distrital e municipal pertinentes. A referida fiscalização abrangerá as fases de pesca, cultivo, desembarque, conservação, transporte, processamento, armazenamento e comercialização dos recursos pesqueiros, bem como o monitoramento ambiental dos ecossistemas aquáticos (conforme previsão do art. 31 da Lei de Pesca).

É fundamental lembrar que compete aos Estados e ao Distrito Federal o ordenamento da pesca nas águas continentais de suas respectivas jurisdições, observada a legislação aplicável, podendo o exercício da atividade ser restrita a determinada bacia hidrográfica.

Com o intuito de efetivar a fiscalização, toda pessoa, física ou jurídica, que exerça atividade pesqueira, bem como a embarcação de pesca, deve ser previamente inscrita no Registro Geral da Atividade Pesqueira (RGP), bem como no Cadastro Técnico Federal (CTF), na forma da legislação específica. Caberá ao regulamento da Lei de Pesca estabelecer os critérios para a efetivação desse registro, lembrando que a inscrição nele continua a ser obrigatória para a obtenção de concessão, permissão, autorização e licença para os atos a serem exercidos na atividade, como construção de embarcação pesqueira e uso de espaços físicos em rios e mar.

Verifica-se que também a atividade de processamento do produto resultante da pesca e da aquicultura será exercida de acordo com as normas de sanidade, higiene e segurança, qualidade e preservação do meio ambiente e estará sujeita à observância da legislação específica e à fiscalização dos órgãos competentes.

Por fim, a Lei de Pesca ainda estabelece, no artigo 33, que as condutas e atividades lesivas aos recursos pesqueiros e ao meio ambiente serão punidas na forma da Lei 9.605, de 12 de fevereiro de 1998, e de seu regulamento.

Assim, perfeitamente aplicável a Lei de Crimes Ambientais e também os dispositivos pertinentes às infrações administrativas e suas respectivas sanções em relação ao tema pesca.

Como questão correlata à nova Lei de Pesca, vemos o surgimento do Ministério da Pesca e Aquicultura. Com efeito, a Lei 10.683, de 28 de maio de 2003, foi alterada pela Lei 11.958, de 26 de junho de 2009, a qual, dentre outros assuntos, transformou a Secretaria Especial de Aquicultura e Pesca da Presidência da República em Ministério da Pesca e Aquicultura.

Assim, hoje, cabe aos Ministérios da Pesca e Aquicultura e do Meio Ambiente, em conjunto e sob a coordenação do primeiro, nos aspectos relacionados ao uso sustentável dos recursos pesqueiros, entre outros:

"I – fixar as normas, critérios, padrões e medidas de ordenamento do uso sustentável dos recursos pesqueiros, com base nos melhores dados científicos e existentes, na forma de regulamento; e

II – subsidiar, assessorar e participar, em interação com o Ministério das Relações Exteriores, de negociações e eventos que envolvam o comprometimento de direitos e a interferência em interesses nacionais sobre a pesca e aquicultura".

Ainda, compete ao Ministério da Pesca e Aquicultura fiscalizar as atividades de aquicultura e pesca no âmbito de suas atribuições e competências, não excluindo o exercício do poder de polícia ambiental do Instituto Brasileiro do Meio Ambiente e dos Recursos Naturais Renováveis (Ibama), ao qual até cabe 50% das receitas das taxas arrecadadas, destinadas ao custeio das atividades de fiscalização da pesca e da aquicultura, valor este que será repassado ao Ibama pelo Ministério da Pesca e Aquicultura. No que se refere à atuação conjunta do Ministério do Meio Ambiente e do Ministério da Pesca e Aquicultura, foi editado o Decreto 6.981, de 13 de outubro de 2009, o qual regulamenta o artigo 27, § 6º, I, da Lei 10.683/03.

O Decreto 7.024, de 7 de dezembro de 2009, por sua vez, regulamenta a alínea "e" do inciso XXIV do artigo 27 da Lei 10.683, de 28 de maio de 2003 e, no tocante à sanidade pesqueira e aquícola, prevê ações do Ministério da Pesca e Aquicultura que objetivem a saúde de organismos aquáticos sob cultivo, o controle de organismos aquáticos para fins ornamentais e a qualidade do pescado a ser utilizado como matéria-prima para fins de manipulação, processamento nos estabelecimentos industriais e venda direta ao consumidor.

Lei do uso científico de animais (Lei 11.794/08)

Relevante instrumento de complementação da proteção da fauna, a Lei 11.794, de 8 de outubro de 2008, tem por finalidade regulamentar o artigo 225, § 1º, VII, da CF/88, estabelecendo procedimentos para o uso científico de animais. Destaca-se que a nova lei revogou a anterior – a Lei 6.638/79.

Assim, depois dessa lei, a criação e a utilização de animais em atividades de ensino e pesquisa científica, em todo o território nacional, deve seguir as regras por ela instituídas, restringindo tais atividades exclusivamente às instituições credenciadas no Conselho Nacional de Controle de Experimentação Animal (Concea).

A lei cria o Concea, competindo a este, dentre várias atribuições elencadas no artigo 4º da lei, formular e zelar pelo cumprimento das normas relativas à utilização humanitária de animais, com finalidade de ensino e pesquisa científica e credenciar instituições para criação ou utilização de animais em ensino e pesquisa científica. Esse conselho será presidido pelo ministro de Estado da Ciência e Tecnologia e integrado conforme artigo 7º, a saber: um representante de cada órgão e entidade a seguir indicados: a) Ministério da Ciência e Tecnologia; b) Conselho Nacional de Desenvolvimento Científico e Tecnológico (CNPq); c) Ministério da Educação; d) Ministério do Meio Ambiente; e) Ministério da Saúde; f) Ministério da Agricultura, Pecuária e Abastecimento; g) Conselho de Reitores das Universidades do Brasil (Crub); h) Academia Brasileira de Ciências; i) Sociedade Brasileira para o Progresso da Ciência; j) Federação das Sociedades de Biologia Experimental; l) Colégio Brasileiro de Experimentação Animal; m) Federação Nacional da Indústria Farmacêutica; e dois representantes das sociedades protetoras de animais legalmente estabelecidas no país.

Verifica-se que os membros do Concea não serão remunerados, sendo os serviços por eles prestados considerados, para todos os efeitos, de relevante serviço público.

As instituições com atividades de ensino ou pesquisa com animais, por sua vez, devem credenciar-se no Concea, mas, para tanto, devem constituir previamente Comissões de Ética no Uso de Animais (Ceuas), integradas por médicos veterinários e biólogos, docentes e pesquisadores na área específica e um representante de sociedades protetoras de animais legalmente estabelecidas no país, na forma do regulamento da lei.

Essas Ceuas devem cumprir e fazer cumprir, no âmbito de suas atribuições, o disposto na Lei 11.794/08 e nas demais normas aplicáveis à utilização de animais para ensino e pesquisa, em especial nas resoluções do Concea, além de examinar previamente os procedimentos de ensino e pesquisa a serem realizados na instituição à qual esteja vinculada, para determinar sua compatibilidade com a legislação aplicável; manter cadastro atualizado dos procedimentos de ensino e pesquisa realizados, ou em andamento, na instituição, enviando cópia ao Concea; manter cadastro dos pesquisadores que realizem procedimentos de ensino e pesquisa, enviando cópia ao Concea; expedir, no âmbito de suas atribuições, certificados que se fizerem necessários perante órgãos de financiamento de pesquisa, periódicos científicos ou outros; notificar imediatamente ao Concea e às autoridades sanitárias a ocorrência de qualquer acidente com os animais nas instituições credenciadas, fornecendo informações que permitam ações saneadoras.

É preciso lembrar, ainda, que os membros das Ceuas responderão pelos prejuízos que, por dolo, causarem às pesquisas em andamento, além de estarem obrigados a resguardar o segredo industrial, sob pena de responsabilidade.

Por fim, das decisões proferidas pelas Ceuas cabe recurso, sem efeito suspensivo, ao Concea.

De acordo com o artigo 11 da Lei 11.794/08, compete ao Ministério da Ciência e Tecnologia licenciar as atividades destinadas à criação de animais, ao ensino e à pesquisa científica e o Concea, levando em conta a relação entre o nível de sofrimento para o animal e os resultados práticos que se esperam obter, poderá restringir ou proibir experimentos que importem em elevado grau de agressão.

A lei prevê também certas penalidades administrativas às instituições em caso de transgressão das normas por ela previstas e seu regulamento, mas também penaliza qualquer pessoa que execute de forma indevida atividades reguladas por essa lei ou participe de procedimentos não autorizados pelo Concea. As sanções serão aplicadas pelo Conselho, sem prejuízo de correspondente responsabilidade penal.

Isso é importante, uma vez que a Lei de Crimes Ambientais – Lei 9.605/98 – trata dos crimes contra a fauna e suas responsabilidades em toda uma seção dedicada à fauna dos artigos 29 até 37.

Quanto à fiscalização, a Lei 11.794/08 determina que esta deverá ficar a cargo dos órgãos dos Ministérios da Agricultura, Pecuária e Abastecimento; da Saúde; da Educação; da Ciência e Tecnologia; e do Meio Ambiente; nas respectivas áreas de competência.

Com a publicação do Decreto 6.899, de 15 de julho de 2009, a Lei 11.794/08 foi regulamentada. Referido decreto tratou da composição do Concea, estabeleceu as normas para seu funcionamento e de sua secretaria-executiva, criando, ainda, o Cadastro das Instituições de Uso Científico de Animais (Ciuca).

Em Resumo

A proteção da Fauna

Fauna pode ser entendida como o conjunto de animais que vivem em certo ambiente em uma região ou época.

O artigo 225, VII, da CF/88, prevê que dentre as obrigações do Poder Público para assegurar a efetividade do direito ao meio ambiente ecologicamente equilibrado encontra-se a necessidade de proteger a fauna e a flora, vedadas, na forma da lei, as práticas que coloquem em risco sua função ecológica, provoquem a extinção de espécies ou submetam os animais à crueldade.

A Lei 5.197/67 – conhecida como Código de Caça – tratou especificamente da fauna silvestre, mantendo-se em vigor com a devida adequação aos ditames do texto constitucional e da legislação ambiental que lhe é posterior.

Entende-se caça como a atividade de perseguição e apreensão dos animais. Verificamos que em certas hipóteses a caça é permitida pela lei, mas de maneira controlada. Portanto, dentro dessa linha de proteção, é proibido o comércio das espécies da fauna silvestre, bem como os produtos e objetos dela provenientes (conforme artigo 3º, *caput* da Lei 5.197/67). No entanto, permite-se comercialização de espécies e dos produtos e objetos provenientes se forem de criadouros artificiais (art. 3º, § 1º da Lei 5.197/67).

Ainda, como tema correlato a essa proteção, encontramos as regras pertinentes à caça, bem como legislação e decisões jurisprudenciais que vedam os maus-tratos aos animais. Consideram-se maus-tratos a realização ou promoção de lutas entre animais da mesma espécie ou de espécies diferentes.

A Lei 11.959 /09 – a Lei da Política Nacional de Desenvolvimento Sustentável da Aquicultura e da Pesca – define pesca como toda operação, ação ou ato tendente a extrair, colher, apanhar, apreender ou capturar recursos pesqueiros, entendendo-se esses como os animais e os vegetais hidróbios passíveis de exploração, estudo ou pesquisa pela pesca amadora, de subsistência, científica, comercial e pela aquicultura (art. 2º).

Desse modo, a pesca é uma atividade permitida desde que o interessado observe os períodos consentidos, tamanhos e lugares proibidos previamente estabelecidos pelo Poder Público.

Em relação à matéria, encontramos também a Resolução Conama 413/09, que simplifica o licenciamento ambiental para a aquicultura, uniformizando os procedimentos para concessão de licenças, eliminando as divergências entre Estados e minimizando os efeitos poluidores da pesca em grande escala.

Como questão correlata à nova Lei de Pesca, vemos o surgimento do Ministério da Pesca e Aquicultura. Com efeito, a Lei 10.683, de 28 de maio de 2003, foi alterada pela Lei 11.958, de 26 de junho de 2009, a qual dentre outros assuntos, transformou a Secretaria Especial de Aquicultura e Pesca da Presidência da República em Ministério da Pesca e Aquicultura.

Quanto à atuação conjunta do Ministério do Meio Ambiente e do Ministério da Pesca e Aquicultura, foi editado o Decreto 6.981, de 13 de outubro de 2009, o qual regulamenta o artigo 27, § 6º, I da Lei 10.683/03.

O Decreto 7.024, de 7 de dezembro de 2009, por sua vez, regulamenta a alínea "e" do inciso XXIV do artigo 27 da Lei 10.683, de 28 de maio de 2003 e, no tocante à sanidade pesqueira e aquícola, prevê ações do Ministério da Pesca e Aquicultura que objetivem a saúde de organismos aquáticos sob cultivo, o controle de organismos aquáticos para fins ornamentais e a qualidade do pescado a ser utilizado como matéria-prima para fins de manipulação, processamento nos estabelecimentos industriais e venda direta ao consumidor.

Importante instrumento de complementação da proteção da fauna, a Lei 11.794, de 8 de outubro de 2008, regulamentada pelo Decreto 6.899, de 15 de julho de 2009, tem por finalidade regular o artigo 225, § 1º, VII, da CF/88, estabelecendo procedimentos para o uso científico de animais. Ressalta-se que a nova lei revogou a anterior – a Lei 6.638/79.

Preste Atenção

A nova Lei de Pesca – Lei 11. 959/09 – favorece todo o setor de pescados no país, ao melhorar o acesso e a negociação com os agentes de crédito, o que deve promover o crescimento desse ramo de atividade tão essencial para o progresso nacional, visto o potencial hídrico em todo o território brasileiro.

O objetivo é promover o desenvolvimento sustentável da pesca e da aquicultura como fonte de alimentação, emprego, renda e lazer, além de garantir o uso sustentável dos recursos pesqueiros e melhores resultados econômicos e sociais, com a preservação e a conservação do meio ambiente.

Com a publicação do Decreto 6.899, de 15 de julho de 2009, a Lei 11.794/08, a Lei do Uso Científico de Animais, foi regulamentada. O referido decreto tratou da composição do Conselho Nacional de Controle de Experimentação Animal (Concea), estabeleceu as normas para seu funcionamento e de sua secretaria-executiva, criando, ainda, o Cadastro das Instituições de Uso Científico de Animais (Ciuca).

11

A Proteção da Água – Lei 9.433/97

(Lei da Política Nacional de Recursos Hídricos – Lei 9.433/97)

Abrangência da proteção

Em primeiro lugar, cumpre destacar que utilizaremos as expressões "água" ou "recursos hídricos" como expressões juridicamente equivalentes. O texto constitucional ora refere-se à água (por exemplo, no art. 22, IV) e em outros momentos usa a nomenclatura recursos hídricos, por exemplo, artigo 20, § 1º.

Igualmente, concentraremos nossa análise no regime jurídico das águas doces.

Encontramos uma série de classificações e nomenclaturas importantes para entendermos o regime jurídico de proteção dos recursos hídricos. Assim, destacamos algumas delas para facilitar nosso entendimento posterior. Costuma-se identificar alguns conceitos básicos:

- Águas superficiais são as encontradas na superfície da Terra (fluentes / emergentes / em depósito). Podem ser: internas – rios / lagos / lagoas / baías; externas – mar territorial => faixa marítima de 12 milhas de largura do litoral brasileiro.
- Águas subterrâneas são as originadas no interior do solo (lençol freático).
- Estuários são as baías formadas pela junção do mar com os rios, localizados nas proximidades dos oceanos onde se misturam águas fluviais e marítimas. É a foz de um rio.
- Outorga é a aprovação do direito de uso – não implica alienação.
- Efluente pode ser entendido como qualquer tipo de líquido que flui de um sistema de coleta, de transporte, como tubulações, canais, reservatórios, elevatórias, ou de um sistema de tratamento ou disposição final, com estação de tratamento e corpos d'água.
- Água residuária pode ser entendida como qualquer despejo ou resíduo líquido com potencialidade de causar poluição. Decorre particularmente de processos industriais, atividades que demandem água em seu processo.
- Aquífero é a formação porosa (camada ou estrato) de rocha permeável, areia ou cascalho, capaz de armazenar e fornecer quantidades significativas de água.

- Bacia hidrográfica não veio definida na Lei 9.433/97, mas sim por glossários científicos como a área de drenagem de um curso de água ou lago.

Algumas questões devem ser levadas em conta ao analisarmos as regras de proteção das águas. Primeiro, destaca-se o problema da escassez e má qualidade tanto da água doce, quanto da salina e, na sequência, a questão da disparidade no consumo dos países industrializados e ditos ricos e/ou emergentes em face dos países em desenvolvimento e dos pobres.

Destaca-se, ainda, o tratamento internacional do tema. Na Agenda 21, encontramos o capítulo 17, voltado à proteção dos oceanos e mares/áreas costeiras e desenvolvimento e uso racional de recursos vivos. O capítulo 18 volta-se à proteção da qualidade e do suprimento das fontes de água potável.

Verificamos que o Brasil é signatário de inúmeros documentos internacionais, estabelecidos com a finalidade de proteção dos recursos marítimos.

Regime jurídico dos recursos hídricos na CF/88

Em relação ao regime jurídico dos recursos hídricos, na Constituição Federal de 1988 observamos que sua principal característica é considerar a água como um recurso econômico de modo claro.

Além da proteção constitucional da matéria, encontramos a disciplina do regime jurídico de uso e proteção dos recursos hídricos em legislação infraconstitucional, dentre as quais enfatizamos; Lei da Política Nacional de Recursos Hídricos – Lei 9.433/97; Lei da Agência Nacional de Águas – Lei 9.984/00; Lei de Saneamento Básico – Lei 11.445/07; e o próprio Decreto 2.464/34 – o Código de Águas na parte que permanece em vigor – bem como as Resoluções do Conama, como: Resolução 05/88 – *Licenciamento ambiental de obras de saneamento*; Resolução 357/05 – *Classificação dos corpos d'água e padrões de lançamento de efluentes;* Resolução 396/08 – *Dispõe sobre a classificação e diretrizes ambientais para o enquadramento das águas subterrâneas e dá outras providências;* Resolução 397/08 – alterou a 357/05; Resolução 393/08 – *Complementa a Resolução Conama 357/05 (art. 43, § 4º) – Dispõe sobre o descarte contínuo de água de processo ou de produção em plataformas marítimas de petróleo e gás natural, e dá outras providências.*

A partir da CF/88, verificamos, no tocante às atribuições e ao domínio de cada entidade da Federação em relação às águas, que o texto constitucional determina no artigo 20, III e IV; V; VI; VII e VIII o que é de domínio da União.

No artigo 26, I; II; e III, encontramos o que é de domínio do Estado. No entanto, ressalta-se que a disposição constitucional **não** torna o ente federado proprietário do bem, cabendo-lhe, na verdade, a gestão do bem ambiental, que será administrado no interesse de toda a coletividade. Isso porque, pelo artigo 225, o meio ambiente é bem de uso comum do povo.

Assim, o artigo 1º, I da Lei 9.433/97, o qual determina: "a água é um bem de domínio público", deve ser interpretado à luz do dispositivo constitucional específico, qual seja: o artigo 225 da CF/88, quando considera meio ambiente "bem de uso comum do povo".

Dessa forma, pela abrangência da interpretação, verificamos que a água, enquanto recurso ambiental, não é de propriedade do Poder Público Federal ou Estadual.

Diz-se que o ente público é proprietário, mas utiliza-se a expressão no sentido puramente formal, significando que o ente tem o poder de autotutela do bem, já que, na prática, atua como um gestor do bem de uso coletivo.

Essa posição vem reforçada por Paulo Affonso Leme Machado (*Recursos Hídricos – Direito brasileiro e internacional*, p. 25) quando afirma:

> *"Salientemos as consequências da conceituação da água como 'bem de uso comum do povo': o uso da água não pode ser apropriado por uma só pessoa, física ou jurídica, com exclusão absoluta dos outros usuários em potencial; o uso da água não pode significar a poluição ou a agressão desse bem; o uso da água não pode esgotar o próprio bem utilizado; e a concessão ou a autorização (ou qualquer tipo de outorga) do uso da água deve ser motivada ou fundamentada pelo gestor público".*

Ainda Paulo Affonso Leme Machado, na mesma obra acima citada, coloca que na Itália a água também passou a ser conceituada como bem público, através da Lei 36/94, constituindo um recurso para salvaguardar e utilizar conforme critérios de solidariedade.

Com base nesse entendimento, temos algumas consequências importantes a saber sobre o regime jurídico da água:

- O uso da água não pode ser apropriado por uma só pessoa, física ou jurídica com exclusão absoluta dos outros usuários em potencial.
- O uso da água não pode significar a poluição ou a agressão deste bem.
- O uso da água não pode esgotar o próprio bem utilizado.
- A concessão ou autorização (ou qualquer tipo de outorga) do uso da água deve ser motivada/fundamentada pelo gestor público. (Nesse sentido, art. 11 da Lei 9.433/97.)

Por fim, a confirmação da ideia de que a água, enquanto recurso ambiental, não é de propriedade do Poder Público Federal ou Estadual encontra-se no artigo 18 da Lei 9.433/97, o qual prevê a **inalienabilidade das águas**. Logo água não é bem dominical, isto é, aquele que integra o patrimônio privado do Poder Público com possibilidade de "alienabilidade".

Também o próprio Código Civil brasileiro, ao tratar dos bens no artigo 99, I, determina que os bens públicos são: I – os de uso comum do povo, tais como os rios, mares, estradas, ruas e praças.

Assim, pode-se afirmar que o artigo 1º do Decreto 24.643/34 – o Código de Águas que fixava: "as águas públicas podem ser de uso comum ou dominicais" encontra-se revogado pela CF/88 e pelos artigos 1º e 18 da Lei 9.433/97.

Também o artigo 8º do Decreto 24.643/34, ao cuidar de águas particulares, entende-se revogado com a entrada em vigor da Lei 9.433/97, pois tal disposição contraria a nova lei e, portanto, estaria revogada nos termos do artigo 57 da 9.433/97.

O antigo dispositivo previa:

"São particulares as nascentes e todas as águas situadas em terrenos que também o sejam, quando as mesmas não estiverem classificadas entre águas comuns de todos, as águas públicas ou as águas comuns".

Nessa análise das legislações em foco, alguns itens devem ser levados em consideração. Como ficam, por exemplo, as nascentes situadas em terrenos privados? Qual a titularidade das mesmas?

Tem-se entendido que, mesmo passando a ser públicas, poderão ser utilizadas pelos proprietários privados com a finalidade de consumo humano e dessedentação de animais, artigo 1º, III, da Lei 9.433/97. Desnecessária, ainda, a prévia outorga do Poder Público se se tratar de uma captação/derivação insignificante.

Paulo Affonso Leme Machado (*Recursos Hídricos – Direito brasileiro e internacional*, p. 30) afirma que:

"Há razoabilidade em sustentar que o 'direito adquirido' (art. 5º, XXXVI, da CF/88) socorre esses proprietários particulares no sentido de obterem indenizações dos Estados quando estes pretenderem o domínio das águas referidas no artigo 8º do Código das Águas. Não se pode simplesmente tentar introduzir no regime jurídico das nascentes privadas o sistema de outorga e da cobrança do uso desse recurso específico pelo viés da 'função social' da propriedade (art. 5º, XXIII, da CF/88). Houve um inegável esvaziamento do direito de propriedade (art. 5º, XXII, da CF/88), que acarreta, nesse caso, a obrigação de indenizar ou de não cobrar a água utilizada".

E quanto às águas subterrâneas?

Estas integram os bens dos Estados, mas também fazem parte do "domínio público" e sua utilização está sujeita à outorga pelo Poder Público – artigo 12, II, da Lei 9.433/97, sendo, até, infração das normas de utilização dos recursos hídricos conduta diversa (art. 49 – *caput* e inciso V da Lei 9.433/97).

Nesse aspecto, tem-se entendido que ocorreu, no caso, a revogação do artigo 96 do Código de Águas, que previa a apropriação da água pelo dono do terreno. O antigo dispositivo assim determinava no *caput*:

"O dono de qualquer terreno poderá apropriar-se por meio de poços, galerias, etc.; das águas que existam debaixo da superfície de seu prédio contanto que não prejudique aproveitamentos existentes nem derive ou desvie de seu curso natural águas públicas dominicais, públicas de uso comum ou particulares".

Hoje, tal fato não pode mais prosperar.

Na prática, caso queira utilizar a água subterrânea, o dono do terreno terá de adequar-se ao regime de outorga, estando sujeito a ele ou liberado, nos casos de uso isento de outorga, conforme artigo 12, § 1º, da Lei 9.433/97.

Por fim, quanto às águas pluviais, a Lei 9.433/97 não tratou explicitamente das águas pluviais, como tratou das subterrâneas, assim estão mantidas as regras do Código de Águas, notadamente artigos 102 e 103, 104, 106, 107 e 108.

Dessa forma, destaca-se, ainda, a possibilidade de captação de águas pluviais, já que a Lei 9.433/97 não modificou as regras do artigo 108 do Decreto 24.643/34 – Código de Águas. Assim, a todos é lícito apanhar águas pluviais.

No tocante às competências legislativas e materiais referentes aos recursos hídricos, a Constituição Federal de 1988 trata o assunto de maneira ampla e, além da divisão de competências, no artigo 21, XIX, determinou a instituição do Sistema Nacional de Gerenciamento de Recursos Hídricos (SNGRH), com a definição de critérios de outorga de direitos de uso. A elaboração da Lei 9.433/97 veio dar concretude ao dispositivo.

Em primeiro lugar, vale lembrar que legislar sobre águas significa instituir normas sobre a qualidade e a quantidade das águas, estabelecer regras de como as águas serão tratadas, partilhadas e utilizadas.

Assim, quanto à competência legislativa, verifica-se que ela é privativa da União, conforme artigo 22, IV, mas destaca-se a possibilidade de os Estados legislarem por delegação (art. 22, parágrafo único) e os Municípios, levando em conta o interesse local, também podem legislar a respeito (art. 30, I). Por exemplo: regulamentar efluentes domésticos e industriais é matéria de interesse local. Desse modo, o Município pode suplementar de forma mais restritiva as normas de emissão federais e estaduais, como também ter norma autônoma, desde que comprove o interesse local, e União e Estado estejam inertes.

Todavia, tem-se entendido que não pode o Município legislar sobre o volume dos recursos hídricos e/ou classificação das águas, pois, nesse caso, invadiria a competência privativa da União.

Ressalta-se, ainda, que os Municípios podem e devem atuar nos Comitês de Bacia Hidrográfica.

Além da competência privativa, também encontramos, pela previsão do artigo 24, VI, da CF/88, a possibilidade de competência legislativa concorrente da União, dos Estados e do Distrito Federal para legislarem sobre florestas, caça, pesca, fauna, conservação da natureza, defesa do solo e dos **recursos naturais**, proteção do meio ambiente e controle da poluição. Ao considerar a água um recurso natural, podemos afirmar que existe uma competência concorrente para legislar sobre esse tema também.

Nesse sentido, para Paulo Affonso Leme Machado (*Recursos Hídricos no Direito brasileiro*, p. 20), em matéria de águas, a competência privativa e a concorrente (art. 24, VI) cruzam-se e permanecem entrelaçadas, de modo que:

> *"Os Estados podem estabelecer, de forma suplementar à competência da União, as normas de emissão dos efluentes lançados nos cursos de água, visando a controlar a poluição e a defender o recurso natural (art. 24, VI, da CF), mas dependem do que dispuser a lei federal, à qual cabe definir os padrões de qualidade das águas e os critérios de classificação das águas de rios, lagos e lagoas".*

A respeito da competência material ou administrativa (art. 23, VI e XI), esta é comum da União, dos Estados, do Distrito Federal e dos Municípios, podendo, portanto, essas entidades expedirem normas e regulamentos e acompanhar e fiscalizar as outorgas de uso.

O atual Código Civil regula a matéria nos artigos 1.288 até 1.296 e complementa as normas do Código de Águas.

No campo do direito privado, os direitos e obrigações recíprocos que são estabelecidos pelo Código Civil dizem respeito à garantia do livre fluxo das águas do prédio superior para o inferior; da obrigação de receber as águas que fluem normalmente, enfim, um complexo de normas que regulam relações de vizinhança no tocante às águas de nascente e pluviais.

Política Nacional de Recursos Hídricos (PNRH)

Ao regulamentar o artigo 21, XIX, da Constituição Federal, a Lei 9.433/97 instituiu a Política Nacional de Recursos Hídricos e criou o sistema nacional de gerenciamento desses recursos. Ao tratar dos fundamentos dessa Política Nacional de Recursos Hídricos, a lei traz importantes considerações sobre o uso da água, a forma de proteção desse recurso, reforça a ideia do valor econômico, contém regras sobre a forma de cobrança, a outorga de uso, explicita os órgãos que integram o Sistema Nacional de Gerenciamento de Recursos Hídricos, tratando da composição e atribuições dos mesmos e, por fim, ainda prevê infrações e penalidades às normas de utilização de recursos hídricos superficiais ou subterrâneos.

Como grande objetivo do estabelecimento da Política Nacional dos Recursos Hídricos, vamos encontrar a necessidade de assegurar às presentes e futuras gerações a disponibilidade de água em padrões de qualidade adequados aos respectivos usos. Essa política também se volta ao estabelecimento de regras para utilização racional dos recursos hídricos, incluindo-se nestes o transporte aquaviário voltado ao desenvolvimento sustentável e também a prevenção e defesa contra eventos hidrológicos críticos, decorrentes do uso inadequado dos recursos naturais.

O artigo 1º da Lei 9.433/97 traz os fundamentos da Política Nacional de Recursos Hídricos e, como princípio geral, verifica-se que a gestão dos recursos hídricos deve sempre proporcionar o uso múltiplo das águas (art. 1º, IV), mas, em situações de escassez, deve-se observar o uso prioritário para consumo humano e dessedentação de animais (art.1º, III).

Dentre os usos múltiplos, distinguem-se: consumo humano/dessedentação de animais/abastecimento público/lançamento de esgotos e demais resíduos líquidos ou gasosos com o fim de sua diluição, transporte ou disposição final, aproveitamento para potencial hidrelétrico, transporte aquaviário/irrigação/esportes ou lazer/piscicultura e outros. No entanto, numa situação de escassez, entende-se que o uso voltado ao consumo humano engloba somente a utilização da água para saciar a sede, para preparar alimentos e para higiene, além da hipótese de dessedentação de animais e só isso. Em referida situação, o artigo 15, V, da Lei 9.433/97, prevê, dentre vários casos, que **poderá** ser suspensa, pelo órgão público (federal/estadual – responsável), a outorga de uso que prejudique esse uso prioritário.

Verifica-se que a bacia hidrográfica é a unidade territorial para implementação da Política Nacional de Recursos Hídricos e atuação do sistema nacional de gerenciamento desses recursos, cuja gestão deve ser descentralizada contando com a participação do Poder Público, dos usuários e das comunidades.

O traço característico da descentralização é a possibilidade da cobrança do uso da água e a consequente aplicação do recurso financeiro ser feita pelo próprio organismo de cada bacia ou sub-bacia hidrográfica.

A gestão dos recursos hídricos, como prevista pela Lei 9.433/97, é focada na sustentabilidade de tais recursos e assenta-se em três aspectos básicos:

1) Disponibilidade da água, isto é, água de boa qualidade com possibilidade de acesso equitativo.
2) Utilização racional, ou seja, cuidado nos atos de outorga.
3) Utilização integrada, isto é, observância da correta gestão.

O SISTEMA NACIONAL DE GERENCIAMENTO DE RECURSOS HÍDRICOS - O artigo 33 da Lei 9.433/97 traz o rol dos órgãos que integram o sistema nacional, a saber:

I – Conselho Nacional de Recursos Hídricos (CNRH);
I-A – a Agência Nacional de Águas;
II – os Conselhos de Recursos Hídricos dos Estados e do Distrito Federal;
III – os Comitês de Bacia Hidrográfica;
IV– os órgãos dos Poderes Públicos federal, estaduais, do Distrito Federal e municipais, cujas competências se relacionem com a gestão de recursos hídricos;
V– as Agências de Água.

I — Conselho Nacional de Recursos Hídricos (CNRH)

O Conselho Nacional de Recursos Hídricos (CNRH) é o órgão que ocupa a instância mais alta dentro da hierarquia do Sistema Nacional de Gerenciamento de Recursos Hídricos, instituído pela Lei 9.433/97.

O conselho é um colegiado composto por representantes de ministérios e secretarias da Presidência da República com atuação no gerenciamento ou no uso de recursos hídricos; representantes indicados pelos Conselhos Estaduais de Recursos Hídricos; representantes dos usuários dos recursos hídricos e, representantes das organizações civis de recursos hídricos.

É um órgão de caráter normativo e deliberativo, com as seguintes atribuições: promover a articulação do planejamento de recursos hídricos com os planejamentos nacional, regional, estadual e dos setores usuários; deliberar sobre os projetos de aproveitamento de recursos hídricos; acompanhar a execução e aprovar o Plano Nacional de Recursos Hídricos; estabelecer critérios gerais para a outorga de direito de uso dos recursos hídricos e para a cobrança pelo seu uso além de analisar propostas de alteração da legislação pertinente a recursos hídricos e estabelecer diretrizes complementares para implementação da Política Nacional de Recursos Hídricos.

Compete, ainda, ao Conselho Nacional de Recursos Hídricos decidir sobre as grandes questões do setor, além de dirimir as contendas de maior vulto.

Caberá também ao CNRH decidir sobre a criação de Comitês de Bacias Hidrográficas em rios de domínio da União, baseado em uma análise detalhada da bacia e de suas sub-bacias, de tal forma que haja uma otimização no estabelecimento dessas entidades.

I-A – a Agência Nacional de Águas (ANA)

A Agência Nacional de Águas (ANA), entidade federal de implementação da Política Nacional de Recursos Hídricos e de coordenação do Sistema Nacional de Gerenciamento de Recursos Hídricos, foi criada pela Lei 9.984/00.

O artigo 3º dessa lei trata da natureza jurídica da ANA, determinando que se trata de uma autarquia sob regime especial, com autonomia administrativa e financeira, vinculada ao Ministério do Meio Ambiente, com a finalidade de implementar, em sua esfera de atribuições, a Política Nacional de Recursos Hídricos, integrando o Sistema Nacional de Gerenciamento de Recursos Hídricos, tendo sede e foro no Distrito Federal, podendo instalar unidades administrativas regionais.

Temos de tomar certo cuidado com a nomenclatura, pois embora se trate de uma agência **nacional** de águas, a articulação dos planejamentos nacional, regionais, estaduais e dos setores usuários das águas é da competência do Conselho Nacional de Recursos Hídricos (conforme prevê a própria Lei 9.984/00, no art. 2º).

Com base na análise do artigo 4º da Lei 9.984/00, conclui-se, no entanto, que a ANA possui dupla competência: uma atribuição geral voltada à implementação da Política Nacional de Recursos Hídricos e uma específica referente à fiscalização dos usos das águas de domínio da União.

No exercício da sua atribuição geral, cabe à ANA, por exemplo, supervisionar, controlar e avaliar as ações e atividades decorrentes do cumprimento da legislação federal pertinente aos recursos hídricos. Além disso, a ANA vai disciplinar, em caráter normativo, o controle e a avaliação dos instrumentos da Política Nacional de Recursos Hídricos (art. 4º, I, II, da Lei 9.984/00).

Quanto às atribuições específicas, a ANA vai cuidar das águas da União. Dessas águas fazem parte: rios e quaisquer correntes de água que banhem mais de um Estado, sirvam de limites com outros países ou se estendam a território estrangeiro ou dele provenham (arts. 20, III, da CF/88).

Assim, quanto à competência sobre as águas federais, caberá à ANA:

– Outorgar, por intermédio de autorização, o direito de uso de recursos hídricos em corpos de água de domínio da União, lembrando que também é a ANA que suspende a outorga nos corpos de água que estão sob gestão da União.

– Arrecadar/distribuir e aplicar as receitas da cobrança pelo uso de recursos hídricos de domínio da União, na forma do disposto no artigo 22 da Lei 9.433/97.

– Fiscalizar o uso desses recursos.

II – os Conselhos de Recursos Hídricos dos Estados e do Distrito Federal

Esses conselhos devem subsidiar a formulação da Política de Recursos Hídricos e dirimir conflitos, notadamente na sua área de atuação que é a estadual.

Assim, de acordo com o artigo 35, IV, da Lei 9.433/97, poderão encaminhar questões para deliberação do Conselho Nacional de Recursos Hídricos, além de terem competência para deliberar sobre as acumulações, derivações, captações e lançamentos de pouca expressão, para efeito de isenção da obrigatoriedade de outorga de direitos de uso de recursos hídricos, quando esses recursos forem de domínio estadual.

Os Conselhos Estaduais de Recursos Hídricos exercem a função de instância recursal com referência às decisões tomadas pelos Comitês de Bacias Hidrográficas de rios de domínio estadual, conforme artigo 38, parágrafo único, da Lei 9.433/97. Por fim, a autorização para a criação de Agências de Água em bacias de rios de domínio estadual é competência dos Conselhos Estaduais de Recursos Hídricos (art. 42, parágrafo único da Lei 9.433/97).

III – os Comitês de Bacia Hidrográfica

Os comitês são órgãos colegiados com atribuições normativas, deliberativas e consultivas a serem exercidas, na sua área de atuação, na bacia hidrográfica de sua jurisdição. Nesse sentido, Resolução 05/00 do CNRH.

> ***Observação:*** Pela Lei 9.433/97, a área de atuação pode ser também outra que não somente a bacia. Desse modo, o artigo 37 prevê que os comitês terão como áreas de atuação a totalidade de uma bacia hidrográfica; sub-bacia hidrográfica de tributário do curso de água principal da bacia, ou de tributário desse tributário; ou grupo de bacias ou sub-bacias hidrográficas contíguas.

Quanto à composição dos Comitês de Bacia, verificamos, de acordo com o artigo 39 da Lei 9.433/97, que se compõem de representantes: da União; dos Estados e do Distrito Federal cujos territórios se situem, ainda que parcialmente, em suas respectivas áreas de atuação; dos Municípios situados, no todo ou em parte, em sua área de atuação; dos usuários das águas de sua área de atuação; das entidades civis de recursos hídricos com atuação comprovada na bacia. De acordo com os §§ 2º e 3º, verificamos, ainda, que nos Comitês de Bacia Hidrográfica de bacias de rios fronteiriços e transfronteiriços de gestão compartilhada, a representação da União deverá incluir um representante do Ministério das Relações Exteriores e, nos Comitês de Bacia Hidrográfica de bacias cujos territórios abranjam terras indígenas, devem ser incluídos representantes: da Fundação Nacional do Índio (Funai), como parte da representação da União; das comunidades indígenas ali residentes ou com interesses na bacia. Quanto à direção, os Comitês de Bacia Hidrográfica, serão dirigidos por um presidente e um secretário, eleitos dentre seus membros.

A competência dos comitês vem elencada no artigo 38 da Lei 9.433/97, cabendo a esses órgãos, no âmbito de sua área de atuação, promover o debate das questões relacionadas a recursos hídricos e articular a atuação das entidades intervenientes; arbitrar, em primeira instância administrativa, os conflitos relacionados aos recursos hídricos; aprovar o Plano de Recursos Hídricos da bacia; acompanhar a execução do Plano de Recursos Hídricos da bacia e sugerir as providências necessárias ao cumprimento de suas metas; propor ao Conselho Nacional e aos

Conselhos Estaduais de Recursos Hídricos as acumulações, derivações, captações e lançamentos de pouca expressão, para efeito de isenção da obrigatoriedade de outorga de direitos de uso de recursos hídricos, de acordo com os domínios desses; estabelecer os mecanismos de cobrança pelo uso de recursos hídricos e sugerir os valores a serem cobrados; estabelecer critérios e promover o rateio de custo das obras de uso múltiplo, de interesse comum ou coletivo.

> ***Observação:*** o artigo 38, parágrafo único, prevê que das decisões dos Comitês de Bacia caberá recurso ao Conselho Nacional de Recursos Hídricos (se for um comitê de bacia federal para gerir rios de domínio da União) e ao Conselho Estadual de Recursos Hídricos (se o Comitê de Bacia for estadual, isto é, para gestão de rios de domínio do Estado).

Quanto à bacia hidrográfica, a Lei 9.433/97 não a definiu embora a aplicação do quadro normativo hídrico tenha como unidade territorial a bacia hidrográfica, conforme previsão do artigo 1º, V, da Lei 9.433/97. A bacia abrange cursos de água catalogados como "principal" e/ou "tributário" (e não abrange necessariamente os "aquíferos").

A gestão por bacias apresenta certa dificuldade, na medida em que União e Estados podem ser gestores de recursos hídricos que se encontram em uma mesma bacia hidrográfica. Nesse caso, a solução vem prevista no artigo 4º da Lei 9.433/97, ao estabelecer que a União articular-se-á com os Estados, tendo em vista o gerenciamento dos recursos hídricos de interesse comum. Aí poderemos ter comitês federais, estaduais e mistos.

Se o curso de água principal for federal e os de água tributários estaduais, pergunta-se: Quem administrará a bacia?

Teremos de buscar a solução com a implementação da gestão descentralizada, participativa e compartilhada, até mesmo para a outorga.

IV– os órgãos dos poderes públicos federal, estaduais, do Distrito Federal e municipais, cujas competências se relacionem com a gestão de recursos hídricos

Esses órgãos devem outorgar e fiscalizar o uso dos recursos hídricos.

V– as Agências de Água

As Agências de Água integram o Sistema Nacional de Gerenciamento de Recursos Hídricos exercendo a função de secretaria executiva do respectivo Comitê de Bacia Hidrográfica (artigo 41 combinado com artigo 44 da Lei 9.433/97).

O artigo 42, parágrafo único, prevê, ainda, que a criação dessas agências será autorizada pelo Conselho Nacional de Recursos Hídricos ou pelos Conselhos Estaduais.

INSTRUMENTOS DA POLÍTICA NACIONAL DE RECURSOS HÍDRICOS - Dentre os vários instrumentos para tornar a PNRH exequível vamos destacar, por exemplo, os Planos de Recursos Hídricos; a outorga dos direitos de uso (está ligada ao que prevê o plano); a cobrança pelo uso (está ligada ao que prevê o plano) e o enquadramento dos corpos d'água em classes, segundo os usos preponderantes da água. O artigo 5º da Lei 9.433/97 ainda trata do sistema de informações sobre recursos hídricos e da compensação a Municípios.

OS PLANOS DE RECURSOS HÍDRICOS - Previstos no artigo 6º da Lei 9.433/97, esses Planos de Recursos Hídricos são verdadeiros planos diretores, com o intuito de fundamentarem e orientarem a implementação da Política Nacional de Recursos Hídricos e o gerenciamento dos recursos hídricos. São planos de longo prazo, elaborados pelas Agências de Águas, no âmbito de sua área de atuação, tendo como conteúdo mínimo o elencado no artigo 7º da Lei 9.433/97, dentre os quais podemos destacar: o diagnóstico da situação atual dos recursos hídricos, a análise de alternativas de crescimento demográfico, de evolução de atividades produtivas e de modificações dos padrões de ocupação do solo, além de determinar prioridades para outorga de direitos de uso de recursos hídricos e diretrizes e critérios para a cobrança pelo uso dos recursos hídricos.

Como os planos de recursos hídricos serão elaborados por bacia hidrográfica, por Estado e para o país, temos o plano nacional e os planos estaduais lembrando que são instrumentos importantíssimos e devem ser observados pelo órgão ambiental de licenciamento de atividades.

Dessa forma, concluimos que o plano é proposto pela Agência de Águas (art. 44, X, da Lei 9.433/97) e antes de ser apreciado e votado pelo Comitê de Bacia Hidrográfica é conveniente a informação, a publicidade do plano.

Nesse sentido, a Resolução 17, de 29 de maio de 2001, do Conselho Nacional de Recursos Hídricos (CNRH), estabelece diretrizes para elaboração dos Planos de Recursos Hídricos de Bacias Hidrográficas.

Assim, o artigo 6º da Resolução 17, de 29/5/2001, do CNRH, determina que os diversos estudos elaborados referentes ao Plano de Recursos Hídricos serão amplamente divulgados e apresentados na forma de consultas públicas, convocadas com essa finalidade pelo Comitê de Bacia Hidrográfica ou, na inexistência deste, pela competente entidade ou órgão gestor de recursos hídricos. Por fim, o artigo 8º da referida resolução determina que os Planos de Recursos Hídricos, no seu conteúdo mínimo, deverão ser constituídos por diagnósticos e prognósticos, alternativas de compatibilização, metas, estratégias, programas e projetos, contemplando os recursos hídricos superficiais e subterrâneos, de acordo com o artigo 7º da Lei 9.433, de 1997.

Também a Resolução 5, de 10 de abril de 2000 do CNRH, estabelece diretrizes para a formação e o funcionamento de Comitês de Bacia Hidrográfica.

O artigo 7º, V, da Resolução 5/00 do CNRH prevê que cabe aos Comitês de Bacias Hidrográficas, além do disposto no artigo 38 da Lei 9.433, de 1997, no âmbito de sua área de atuação, observadas as deliberações emanadas de acordo com as respectivas competências do Conselho Nacional de Recursos Hídricos ou dos Conselhos Estaduais, ou do Distrito Federal: submeter, obrigatoriamente, os planos de recursos hídricos da bacia hidrográfica à audiência pública.

Na verdade, são reuniões presenciais e os termos "audiência pública" da Resolução 5/00 e "consulta pública" da Resolução 17/01 são equivalentes.

São reuniões convocadas pelo Comitê de Bacia ou, na inexistência dele, pela competente entidade ou órgão gestor dos recursos hídricos.

Completam esse quadro de publicidade que deve ser dada ao plano as previsões do Sistema de Informações sobre os Recursos Hídricos prevista na Lei 9.433/97, artigos 25-27.

OUTORGA DE DIREITO DE USO DE RECURSOS HÍDRICOS - Entende-se que a outorga é um importante instrumento da política de recursos hídricos, já que, por meio dela, o Estado passa a ter controle sobre a captação e o lançamento de efluentes nos corpos de água, de modo que ela serve para definir as condições pelas quais o usuário dos recursos hídricos poderá captá-lo ou nele lançar efluentes, dentro de critérios técnicos que assegurem a sustentabilidade do recurso.

A Lei 9.433/97, no artigo 12, elenca os direitos de usos de recursos hídricos que estão sujeitos a outorga pelo Poder Público, destacando-se: I – a derivação ou captação de parcela da água existente em um corpo de água para consumo final, inclusive abastecimento público, ou insumo de processo produtivo; II – extração de água de aquífero subterrâneo para consumo final ou insumo de processo produtivo; III – lançamento em corpo de água de esgotos e demais resíduos líquidos ou gasosos, tratados ou não, com o fim de sua diluição, transporte ou disposição final; IV – aproveitamento dos potenciais hidrelétricos; V – outros usos que alterem o regime, a quantidade ou a qualidade da água existente em um corpo de água.

Mas, enfim, o que é a outorga?

De acordo com a Instrução Normativa 4, de 21/6/2000, expedida pelo Ministério do Meio Ambiente, a outorga do direito de uso de recursos hídricos é o ato administrativo de autorização, mediante o qual o Poder Público outorgante faculta ao outorgado o direito de uso do recurso hídrico, por prazo determinado nos termos e condições expressas no respectivo ato.

A outorga deve ser solicitada à entidade de direito público que tenha titularidade do corpo hídrico (União ou Estado membro), ou a quem lhe faça as vezes, como uma Agência de Água.

Desse modo, como ato inerente ao poder de polícia administrativa, a União outorga o direito de uso de recurso hídrico de seu domínio através da ANA. Nas águas de domínio estadual ou do Distrito Federal, tal atribuição compete aos órgãos indicados em suas respectivas leis.

Natureza jurídica da outorga

Assim, quanto à natureza jurídica da outorga, entende-se tratar-se de uma autorização, já que a lei da Política Nacional de Recursos Hídricos, no artigo 15, trata das hipóteses legais de suspensão da outorga, que pode ser total ou parcial; definitiva ou por tempo limitado. Além disso, o Poder Público pode modificar motivadamente o regime de outorga, levando em conta o interesse público.

Verifica-se, ainda, que não só a Instrução Normativa 4, de 21/6/2000, expedida pelo Ministério do Meio Ambiente, mas também a Lei 9.984/00 – a Lei da ANA (Agência Nacional de Águas), no artigo 4º, IV, ao tratar especificamente do direito de uso de recursos hídricos em corpos de água de domínio da União, prevê que a outorga se dará por intermédio de autorização.

É claro que, mesmo sendo um ato expedido por meio de “autorização”, isso não significa que o outorgante tem uma margem absoluta de discricionariedade na repartição das águas. Os atos devem ser motivados, além de observarem os princípios que norteiam a atuação da Administração Pública. Nesse sentido, por exemplo, a Lei 9.784, de 29/1/1999, fala dos princípios a serem observados pela Administração Pública, destacando-se a razoabilidade.

A expedição da outorga não terá caráter definitivo, uma vez que existem prazos a serem respeitados. De acordo com a Lei 9.433/97, artigo 16, existe um prazo a ser cumprido na concessão da outorga, que terá validade máxima de 35 anos, com possibilidade de renovação. Já a Lei 9.984/00, artigo 5º, III, tratou de hipótese de prorrogação de prazo. Cabe também lembrar que poderá ser suspensa nas hipóteses do artigo 15 da Lei 9.433/97.

Podemos concluir: o Poder Público, como gestor das águas, **não** pode reter as águas disponíveis para quem legalmente queira utilizá-las. No entanto, deve atentar sempre para a sustentabilidade hídrica, conforme artigos 11 e 13 da Lei 9.433/97, os quais ressaltam que a outorga deverá sempre preservar o uso múltiplo dos recursos hídricos assegurando o efetivo direito de acesso ao recurso, por meio do controle quantitativo e qualitativo do uso.

Verifica-se que a autorização não garante a perpetuidade da outorga, mas nem por isso ela é totalmente precária.

Cumpre lembrar, ainda, que a Lei 9.984/00 – Lei da ANA – criou duas outorgas ditas **preventivas** ou **preliminares** nos artigos 6º e 7º.

No artigo 6º da Lei 9.984/00, encontramos a outorga preventiva para declaração de disponibilidade de água. O dispositivo prevê:

“A ANA poderá emitir outorgas preventivas de uso de recursos hídricos, com a finalidade de declarar a disponibilidade de água para os usos requeridos, observado o disposto no artigo 13 da Lei 9.433, de 1997. § 1º A outorga preventiva não confere direito de uso de recursos hídricos e se destina a reservar a vazão passível de outorga, possibilitando, aos investidores, o planejamento de empreendimentos que necessitem desses recursos...”

O indivíduo obtém a outorga, mas não usa imediatamente o recurso, e, nesse caso, a ANA estabelece um prazo máximo de até três anos para utilização.

A vantagem da outorga preventiva é estabelecer uma preferência em relação a quem não a obteve.

Deve ser dada publicidade ao pedido e à autorização para que todos tomem conhecimento do planejamento hídrico de determinada bacia hidrográfica (art. 8º da Lei 9.984/00).

Porém, Paulo Affonso Leme Machado (*Recursos Hídricos – Direito brasileiro e internacional,* p. 62) ressalta:

> *"A ANA não está obrigada a conceder a outorga de uso do recurso hídrico só pelo fato de o requerente ter obtido a outorga preventiva de 'declaração de disponibilidade de água'. O contrário seria impedir ou dificultar a adoção de um Plano de Recursos Hídricos, que, pelo próprio artigo 6º da Lei 9.984/00, combinado com o artigo 13 da Lei 9.433/97, através de suas prioridades de uso, deve ser estritamente obedecido. A vantagem da outorga preventiva aqui tratada é a de estabelecer uma preferência em relação a quem não a obteve".*

No artigo 7º da Lei 9.984/00, encontra-se prevista a Declaração de Reserva de Disponibilidade Hídrica para uso do potencial de energia hidráulica.

Nesse caso, quem deve pedir a outorga é a Agência Nacional de Energia Elétrica (Aneel), antes de licitar e, quem vencer a licitação, recebe a outorga, isto é, é o destinatário dela. A Aneel é uma autarquia sob regime especial, vinculada ao Ministério de Minas e Energia, com sede e foro no Distrito Federal e prazo de duração indeterminado. Instituída pela Lei 9.427/96, a Aneel tem por finalidade regular e fiscalizar a produção, transmissão, distribuição e comercialização de energia elétrica, em conformidade com as políticas e diretrizes do governo federal.

Dentre as várias atribuições dessa agência, podemos destacar, de acordo com o artigo 3º da Lei 9.427/96, que a Aneel possui competência para implementar as políticas e diretrizes do governo federal para a exploração da energia elétrica e o aproveitamento dos potenciais hidráulicos, expedindo os atos regulamentares necessários ao cumprimento das normas estabelecidas pela Lei 9.074, de 7 de julho de 1995, mas, além disso, pode promover, mediante delegação, com base no plano de outorgas e diretrizes aprovadas pelo poder concedente, os procedimentos licitatórios para a contratação de concessionárias e permissionárias de serviço público para produção, transmissão e distribuição de energia elétrica e para a outorga de concessão para aproveitamento de potenciais hidráulicos.

Assim, ressalta-se a atuação da Aneel por meio do instrumento das outorgas preventivas, notadamente a Declaração de Reserva de Disponibilidade Hídrica, como vimos acima.

Sistema integrado de outorgas

Como a gestão de recursos hídricos deve ser descentralizada e por bacia hidrográfica, preconiza-se por um sistema integrado de outorgas, quando numa mesma bacia hidrográfica for diverso o domínio das águas a montante ou a jusante. Assim, por expressa disposição legal do artigo 4º da Lei 9.433/97 a União e os Estados deverão articular-se, tendo em vista o gerenciamento dos recursos hídricos de interesse comum.

Outorga e licenciamento ambiental

O artigo 30, IV, da Lei 9.433/97, prevê que na implementação da Política Nacional de Recursos Hídricos, cabe aos Poderes Executivos Estaduais e do Distrito Federal, na sua esfera de competência, promover a integração da gestão de recursos hídricos com a gestão ambiental.

Questão interessante que se coloca, portanto, é saber na análise da outorga e do licenciamento ambiental qual instituto deve ser requerido primeiro.

É importante saber, pois várias atividades que se utilizam das águas são, por sua vez, também sujeitas ao licenciamento ambiental, por exemplo: obras de saneamento, barragens para fins hidrelétricos acima de 10 MW e outras obras hidráulicas (art. 2º, VII, da Resolução Conama 001/86).

A resposta pode ser encontrada na Resolução Conama 237/97, artigo 10, § 1º, que condicionou o licenciamento ambiental à prévia outorga do direito de uso das águas. Assim sendo, a outorga é preventiva, não permitindo o uso da água antes da concessão da licença ambiental, mas apenas reservando a quantidade necessária para uso futuro.

A outorga será sempre necessária?

Essa é outra questão importante a ser considerada, em virtude do regime jurídico das águas.

A resposta é **não**!

Com isso, temos situações de não exigibilidade da outorga dos direitos de uso das águas ou, segundo Edis Milaré (*op. cit.*, p. 482), o denominado **uso isento de outorga.**

A Lei 9.433/97 apresenta três situações em que há um direito subjetivo do usuário de usar a água sem intervenção prévia do Poder Público.

O artigo 12, § 1º, da Lei 9.433/97 elenca as hipóteses de uso isento de outorga, determinando que independem de outorga o uso de recursos hídricos para a satisfação das necessidades de pequenos núcleos populacionais, distribuídos no meio rural; as derivações, captações e os lançamentos considerados insignificantes; as acumulações de volumes de água consideradas insignificantes.

No entanto, a não obrigatoriedade da expedição da outorga não desobriga o Poder Público de inspecionar e também poder exigir dos não outorgados que se cadastrem.

Embora a lei fale em regulamento, Edis Milaré (*op. cit.*, p. 482) enfatiza que as definições e os limites dessas isenções serão estabelecidos nos planos de bacia hidrográfica e não em regulamento.

COBRANÇA PELO USO DOS RECURSOS HÍDRICOS – Em relação à cobrança pelo uso dos recursos hídricos, o Código de Águas (Decreto 24.643/34) no artigo 36, § 2º, já previa tal possibilidade determinando:

"O uso comum das águas pode ser gratuito ou retribuído, conforme as leis e regulamentos da circunscrição administrativa a que pertencem".

Verifica-se que a cobrança materializa o princípio do usuário-pagador, já inscrito no artigo 4º, VII, 2ª parte da Lei 6.938/81, a qual impôs ao usuário a obrigação de contribuir pela utilização do recurso ambiental com fins econômicos. Dessa forma, a cobrança pelo uso do recurso hídrico efetiva a internalização dos custos por aquele que se aproveita do recurso.

Com base na instituição desse sistema de cobrança, procura-se evitar que esses custos sejam externalizados, isto é, pagos pela sociedade como um todo, até mesmo por quem não se aproveita do recurso.

A ideia é a de que aquele que lucra com a utilização do recurso deve pagar por isso, até para se evitar um enriquecimento ilícito em detrimento da sociedade porque, muitas vezes o "pagamento" suportado pela população é a degradação da qualidade e quantidade do recurso usado.

Assim sendo, há a cobrança tanto pela captação do recurso hídrico como insumo do processo produtivo, como também pelo lançamento dos efluentes em um corpo d'água para fins de dispersão.

A cobrança pelo uso dos recursos hídricos tem por finalidade, portanto, conforme previsto pelo artigo 19 da Lei 9.433/97, I – reconhecer a água como bem econômico e dar ao usuário uma indicação de seu real valor; II – incentivar a racionalização do uso da água; III – obter recursos financeiros para o financiamento dos programas e intervenções contemplados nos planos de recursos hídricos. Essas previsões são consideradas como os objetivos da cobrança.

Com efeito, muitas vezes o produto da cobrança será insuficiente para financiar todos os programas previstos nos planos de recursos hídricos e, assim, outra finalidade, além de arrecadar, é utilizar a cobrança para induzir comportamento. Nesse sentido, ao verificar que terá de pagar pelo recurso, o usuário pode desenvolver mecanismos de uso racional da água, evitando, com isso, o desperdício no desenvolvimento de sua atividade. Da maneira como o sistema foi instituído, a cobrança está diretamente ligada à outorga, de modo que por expressa previsão legal do artigo 20, da Lei 9.433/97, serão cobrados os usos de recursos hídricos sujeitos à outorga.

Dessa forma, as hipóteses de outorga previstas no artigo 12 são as que ensejarão a cobrança pelo uso dos recursos hídricos. Assim, a cobrança fica sujeita à outorga, pois não poderá haver cobrança de atividades e obras clandestinas ou cujos usos não tenham sido outorgados. No entanto, não há cobrança nos casos em que não é exigível a outorga (art. 12, § 1º – Lei 9.433/97). Tem-se entendido que se trata de caso de inexigibilidade mesmo, e não de isenção de recolhimento como se poderia interpretar do artigo 38, V, da Lei 9.433/97.

Fixação do valor da cobrança

Na fixação dos valores a serem cobrados nas derivações, captações e extrações de água, levaremos em conta o volume retirado e seu regime de variação. No tocante aos lançamentos de esgotos e demais resíduos líquidos ou gasosos, devem ser considerados para instituir a cobrança o volume lançado e seu regime de variação, e as características físico-químicas, biológicas e de toxicidade do afluente (art. 21 da Lei 9.433/97).

Observação: haverá pagamento para os lançamentos que observarem as normas de emissão, mas também pagarão os lançamentos acima das normas de emissão. Mesmo a chamada "poluição autorizada" (lançamento no padrão) deve pagar. Isso porque se paga pelo uso da água como veículo de dispersão do efluente.

Em relação ao uso de recursos hídricos de domínio da União, temos duas instâncias para estudar os valores da cobrança e uma para definir o valor: os Comitês de Bacia e a Agência Nacional de Águas (ANA) e temos o Conselho Nacional de Recursos Hídricos (CNRH) para definir os valores (art. 4º, VI, Lei 9.984/00).

Observação: nada impede que o CNRH fixe um valor para captação e outro para lançamento de esgotos e matérias poluentes.

Esses valores diferentes até mesmo são uma prática comum nas Agências de l'Eau na França, conforme nos informa Paulo Affonso Leme Machado (*Recursos Hídricos. Direito brasileiro e internacional,* p. 83).

Assim, a ANA implementa a cobrança com base nos valores propostos pelo Comitê e aprovados pelo CNRH. (No caso do Paraíba do Sul, a Deliberação Ceivap 15/02 dispõe sobre valores.)

A natureza jurídica da cobrança

Quanto à natureza jurídica da cobrança, entendemos que o valor cobrado não teria natureza tributária, já que não é imposto, porque este é pago genericamente, sem vinculação a um fim determinado (no caso em questão o produto da cobrança deve ser aplicado na bacia, havendo, portanto, vinculação de aplicação). Ressalta-se, também, que não se trata de contribuição de melhoria, pois a cobrança não decorre de realização de obra com acréscimo de valor, mas envolve uso de bem.

Entende-se, ainda, que **não** é taxa porque não se relaciona com a prestação de serviço público, de fato, trata-se de apropriação de um recurso no sentido de uso individualizado em detrimento de outras pessoas.

Na verdade, pode-se afirmar que é preço público pago pelo uso de um bem público, no interesse particular. É o que ocorre quando alguém é autorizado a usar um bem público mediante retribuição, como o estacionamento em vias públicas de intenso tráfego.

No mesmo sentido, Paulo Affonso Leme Machado (*Recursos Hídricos. Direito brasileiro e internacional,* p. 88) é categórico ao afirmar que o sistema de cobrança instituído pela Lei 9.433/97 não tem natureza tributária. Com isso, ao instituir a cobrança pelo uso da água, a lei não criou imposto, taxa ou contribuição de melhoria.

Paulo de Bessa Antunes (*op. cit.,* p. 722) diz também que a cobrança não tem natureza de tributo e ainda conclui: a cobrança não é um fim em si mesmo, mas um instrumento utilizado para o alcance de finalidades precisas.

Maria Luiza Machado Granziera (*Direito de Águas – Disciplina Jurídica das Águas Doces,* p. 224) sustenta que a natureza do produto da cobrança é a de preço público. Paga-se pelo uso privativo da água em detrimento dos demais e finaliza:

"Dessa forma, entendo que a natureza do produto da cobrança é a de preço público, pois se trata de fonte de exploração de bem de domínio público. Sua natureza é negocial, cabendo ao detentor do domínio estabelecer o respectivo valor. Em sede de recursos hídricos, há uma sistemática de proposições e aprovações, no âmbito de Sistema de Gerenciamento de Recursos Hídricos".

Edis Milaré (*op. cit.*, p. 485) conclui:

"O preço do uso dos recursos hídricos não tem a natureza de imposto, pois este é pago genericamente, sem vinculação a um fim determinado. Não é taxa, porque não se relaciona com a prestação de serviço público. É um preço público, pago pelo uso de um bem público, no interesse particular".

Local de aplicação dos recursos arrecadados

O artigo 22 da Lei 9.433/97 preceitua que os valores arrecadados com a cobrança pelo uso da água devem ser aplicados prioritariamente na bacia hidrográfica que foram gerados, devendo, ademais, serem utilizados com a finalidade específica de financiamento de estudos, programas, projetos e obras incluídos dos Planos de Recursos Hídricos, bem como no pagamento de despesas de implantação e custeio administrativo dos órgãos e entidades integrantes do Sistema Nacional de Gerenciamento de Recursos Hídricos, sendo porém essa aplicação limitada a 7,5% do total arrecadado (art. 22, § 1º).

Sobre esse ponto, Paulo de Bessa Antunes (*op. cit.,* p. 722) esclarece que a aplicação dos recursos na mesma bacia hidrográfica é prioritária, mas não é exclusiva. Nesse aspecto, entende que é possível a aplicação dos recursos em outra bacia, mas isso deve ser decidido pelo Comitê de Bacia Hidrográfica e o percentual aplicado deve ser modesto. Por fim, o referido autor ainda conclui que os valores arrecadados poderão ser aplicados a fundo perdido em projetos e obras que alterem, de modo considerado benéfico à coletividade, a qualidade, a quantidade e o regime de vazão de um corpo de água.

Dessa forma, como regra, confirmamos que deve haver aplicação prioritária na bacia onde foram gerados os recursos. Aplicação em outra bacia é possível, mas deverá ser decidida pelo Comitê da Bacia Hidrográfica, tendo em vista o interesse da própria bacia ou o interesse geral.

Suspensão da outorga

Como ato com natureza jurídica de autorização, verifica-se que a outorga de uso dos recursos hídricos poderá ser suspensa parcial ou totalmente, em definitivo ou por prazo determinado, nas hipóteses previstas no artigo 15 da Lei 9.433/97. Importante mencionar que as circunstâncias que ensejam a suspensão não existiam no momento da atribuição da outorga ao usuário, sendo motivadas pelo interesse público, não gerando, portanto, direito à indenização para o outorgado.

A decisão deve ser motivada e norteada pela proporcionalidade.

Sabe-se que o cumprimento das condições da outorga é fator indispensável para sua vigência. Assim, vamos encontrar no artigo 15, I, da Lei 9.433/97, a possibilidade de ser suspensa a outorga pelo não cumprimento, pelo outorgado, dos termos da outorga. Além desse caso, também será suspensa nas hipóteses de: ausência de uso por três anos consecutivos; necessidade premente de água para atender a situações de calamidade, inclusive as decorrentes de condições climáticas adversas; necessidade de prevenir-se ou reverter grave degradação ambiental; necessidade de atender-se a usos prioritários, de interesse coletivo, para os quais não se disponha de fontes alternativas; necessidade de serem mantidas as características de navegabilidade do corpo de água.

Devido à correlação entre outorga e cobrança, devemos observar que nos casos em que se suspende a outorga poderemos ter uma suspensão da cobrança no mesmo período.

Por outro lado, poderemos ter o fim dessa cobrança diante da hipótese de revogação da outorga, como uma penalidade quando aplicada a pena de embargo definitivo, artigo 50, IV, da Lei 9.433/97, em virtude de infrações das normas de utilização dos recursos hídricos, como veremos no próximo item.

Vale lembrar, por fim, que na hipótese de embargo provisório (art. 50, III, da Lei 9.433/97), este se dará por um prazo determinado, para execução de serviços e obras necessários ao efetivo cumprimento das condições de outorga ou para o cumprimento de normas referentes ao uso, controle, conservação e proteção dos recursos hídricos. Pode-se pensar, nesse caso, que o embargo provisório impedirá o uso do recurso hídrico no prazo de sua vigência, mas como não suspende nem revoga a outorga, a cobrança estaria mantida, pois a outorga encontra-se vigente.

Infrações das normas de utilização de recursos hídricos superficiais ou subterrâneos

No artigo 49, a Lei 9.433/97 elenca as condutas consideradas infrações das normas de utilização de recursos hídricos superficiais ou subterrâneos, as quais, em geral, ligam-se à prática de alguma conduta sem a devida outorga, notadamente itens I a V. Também encontraremos como infração, a prática de obstar ou dificultar a ação fiscalizadora das autoridades competentes no exercício de suas funções; fraudar as medições dos volumes de água utilizados ou declarar valores diferentes dos medidos e infringir normas estabelecidas no regulamento dessa lei e nos regulamentos administrativos, compreendendo instruções e procedimentos fixados pelos órgãos ou entidades competentes.

O artigo 50 trata das penalidades que podem ser aplicadas ao infrator, a critério da autoridade competente e elas são: advertência, multa simples ou diária, embargo provisório, embargo definitivo. Da aplicação dessas sanções caberá recurso à autoridade administrativa competente e, em caso de reincidência, a multa será aplicada em dobro.

Também, verifica-se que a Administração Pública, na consecução da obrigação de reconstituição do ambiente hídrico, poderá, ainda, utilizar a ação civil pública.

O enquadramento dos corpos de água

De acordo com o artigo 9º da Lei 9.433/97, o enquadramento dos corpos de água em classes, segundo os usos preponderantes da água, visa a: assegurar às águas qualidade compatível com os usos mais exigentes a que forem destinadas; diminuir os custos de combate à poluição das águas, mediante ações preventivas permanentes.

Assim, a classificação das águas é importante instrumento para o reconhecimento da diferença e multiplicidade de usos desse recurso. Merece destaque, nesse ponto, a Resolução Conama 357/05, que determina essa classificação dos corpos d'água e estabelece os padrões de lançamento de efluentes.

Resoluções Conama

Dentre a normatização do tema pelo Conama, podemos ressaltar as seguintes resoluções:

- **Resolução Conama 357/05** – Classificação dos corpos d'água e padrões de lançamento de efluentes. Destacam-se, nessa resolução, alguns artigos importantes: artigos 24 a 26, 34, 43 e 44.
- **Resolução Conama 370/06** – Prorroga o prazo para complementação das condições e padrões de lançamento de efluentes, previsto no artigo 44 da Resolução 357, de 17 de março de 2005.
- **Resolução Conama 396/08** – Dispõe sobre a classificação e diretrizes ambientais para o enquadramento das águas subterrâneas e dá outras providências.
- **Resolução Conama 397/08** – Alterou a 357/05.
- **Resolução Conama 393/07** – Complementa a Resolução Conama 357/05 (art. 43, § 4º) – Dispõe sobre o descarte contínuo de água de processo ou de produção em plataformas marítimas de petróleo e gás natural e dá outras providências.
- **Resolução Conama 410/09** – Prorroga o prazo para complementação das condições e padrões de lançamento de efluentes, previsto no artigo 44 da Resolução 357, de 17 de março de 2005, e no artigo 3º da Resolução 397, de 3 de abril de 2008.

Em resumo

A proteção da Água

Em relação ao regime jurídico dos recursos hídricos, na Constituição Federal de 1988, observamos que sua principal característica é considerar a água como um recurso econômico de modo claro.

Ao regulamentar o artigo 21, XIX, da Constituição Federal, a Lei 9.433/97 instituiu a Política Nacional de Recursos Hídricos e criou o sistema nacional de gerenciamento desses recursos. São integrantes desse sistema: o Conselho Nacional dos Recursos Hídricos (CNRH); a Agência Nacional de Águas; os Conselhos de Recursos Hídricos dos Estados e do Distrito Federal; os Comitês de Bacia Hidrográfica; os órgãos dos Poderes Públicos federal, estaduais, do Distrito Federal e municipais, cujas competências se relacionem com a gestão de recursos hídricos; as Agências de Água.

Dentre os vários instrumentos para tornar a Política Nacional de Recursos Hídricos (PNRH) exequível, vamos destacar, por exemplo, os Planos de Recursos Hídricos; a outorga dos direitos de uso (está ligada ao que prevê o plano); a cobrança pelo uso (está ligada ao que prevê o plano) e o enquadramento dos corpos d'água em classes, segundo os usos preponderantes da água.

Os Planos de Recursos Hídricos são verdadeiros planos diretores, com o intuito de fundamentarem e orientarem a implementação da Política Nacional de Recursos Hídricos e o gerenciamento dos recursos hídricos.

A outorga é um importante instrumento da política de recursos hídricos, já que por meio dela o Estado passa a ter controle sobre a captação e o lançamento de efluentes nos corpos de água, de modo que ela serve para definir as condições pelas quais o usuário dos recursos hídricos poderá captá-lo ou nele lançar efluentes, dentro de critérios técnicos que assegurem a sustentabilidade do recurso.

Verifica-se que a cobrança materializa o princípio do usuário-pagador já inscrito no artigo 4º, VII, 2ª parte da Lei 6.938/81, a qual impôs ao usuário a obrigação de contribuir pela utilização do recurso ambiental com fins econômicos. Devido à correlação entre outorga e cobrança, devemos observar que, nos casos em que se suspende a outorga, poderemos ter uma suspensão da cobrança no mesmo período.

Por outro lado, poderemos ter o fim dessa cobrança diante da hipótese de revogação da outorga, como uma penalidade quando aplicada a pena de embargo definitivo.

O enquadramento dos corpos de água em classes, segundo os usos preponderantes da água, visa a: assegurar às águas qualidade compatível com os usos mais exigentes a que forem destinadas; diminuir os custos de combate à poluição das águas, mediante ações preventivas permanentes.

Merece destaque, nesse ponto, a Resolução Conama 357/05, que determina essa classificação dos corpos d'água e estabelece os padrões de lançamento de efluentes.

No artigo 49, a Lei 9.433/97 elenca as condutas consideradas infrações das normas de utilização de recursos hídricos superficiais ou subterrâneos e, no artigo 50, encontramos as penalidades que podem ser aplicadas ao infrator, a critério da autoridade competente.

PRESTE ATENÇÃO

Quanto à natureza jurídica da cobrança, entendemos que o valor cobrado não teria natureza tributária, já que não é imposto, porque este é pago genericamente, sem vinculação a um fim determinado (no caso em questão, o produto da cobrança deve ser aplicado na bacia, havendo, portanto, vinculação de aplicação). Destaca-se, também, que não se trata de contribuição de melhoria, pois a cobrança não decorre de realização de obra com acréscimo de valor, mas envolve uso de bem.

Entende-se, ainda, que **não** é taxa porque não se relaciona com a prestação de serviço público, na verdade, trata-se de apropriação de um recurso no sentido de uso individualizado em detrimento de outras pessoas.

Por isso, pode-se afirmar que é preço público pago pelo uso de um bem público, no interesse particular.

12

MINERAÇÃO

Conceito

Mineração é o ato de extração de minérios do subsolo, tais como; carvão, petróleo, pedras preciosas, ouro, prata, areia, sílica, mica, quartzo, feldspato, apatita, dolomita, calcita, ferro, manganês, cassiterita, níquel, cobre, zinco, potássio, etc.

Devido ao alto grau de modificação no meio ambiente, devemos observar alguns princípios ambientais básicos no desenvolvimento da atividade, destacando-se os princípios da prevenção/precaução e o do desenvolvimento sustentável. Para José Afonso da Silva (*op. cit.,* p.189), deve-se seguir o princípio da exploração sustentável:

> *"...pois, se há recursos não renováveis, os minerais são os típicos, de sorte que devem ser utilizados de forma a evitar o perigo de seu esgotamento futuro".*

Sabe-se que a atividade de mineração é algo complexo, envolvendo eventual contaminação do solo (pode ocorrer por aplicação de produtos tóxicos para a extração do minério), subsolo, lençol freático, cursos d'água, ar, poluição sonora, etc. Além disso, usando técnicas de extração ainda consideradas rudimentares, podemos ter diversos impactos negativos, tais como: desmatamento da área explorada, impedimento da regeneração da vegetação ou poluição e assoreamento do curso d'água. Nesse sentido, é muito importante aplicar-se os princípios de precaução e prevenção.

Deve-se levar em conta, ainda, que a atividade de mineração normalmente se desenvolve segundo um roteiro que engloba:

1º) Pesquisa da área => nessa fase, pode-se realizar o corte de árvores, escavação da área até certo ponto.

2º) Extração propriamente dita.

3º) Recuperação da área.

Nesse contexto é que se fala em aplicação do princípio do desenvolvimento sustentável, já que se a atividade é necessária que seja desenvolvida da melhor forma possível, levando-se em conta as técnicas de extração e recuperação atuais.

Legislação básica*

Ao lado da CF/88 o Código de Minas – o Decreto-lei 227/67 – é o principal diploma legal brasileiro, no nível infraconstitucional, que regulamenta a atividade de extração mineral em nosso país. O referido decreto foi alterado fortemente pela Lei 9.314/96, mas ainda contém muitos dispositivos que não foram revogados com o advento da legislação ambiental, mas, pelo contrário, devem ser interpretados de acordo com o sistema por ela instituído. Embora de 1967, verifica-se que diversos de seus dispositivos permanecem em vigor, sendo recepcionados pela Constituição Federal de 1988.

Ao analisar de início o texto constitucional de 1988, verificamos que tanto a proteção dos recursos minerais, quanto as atividades de exploração lavra e pesquisa mineral foram tratadas pela CF/88.

Em diversos dispositivos do texto constitucional, encontramos previsão de atividade minerária e, em alguns dispositivos específicos, a proteção ambiental referente à atividade. Podemos destacar os seguintes artigos do texto constitucional referentes à matéria: art. 20, IX e § 1º; art. 21, XXV; art. 22, XII; art. 23, XI; art. 91, § 1º, III; art. 174, §§ 3º e 4º; art. 176, §§ 1º, 2º e 3º; art. 225, § 2º; art. 231, § 3º; ADCT – arts. 43 e 44.

No tocante à Constituição Federal, devemos lembrar que compete à União legislar (privativamente) sobre jazidas, minas, outros recursos minerais e metalurgia (art. 22, XII).

Compete à União, aos Estados, ao Distrito Federal e aos Municípios registrar, **acompanhar e fiscalizar** as concessões de direitos de pesquisa e exploração de recursos hídricos e minerais em seus territórios (art. 23, XI, da CF).

São bens da União: os recursos minerais, inclusive os do subsolo (art. 20, IX).

Verifica-se que a atividade minerária pode causar poluição do solo, do subsolo, do lençol freático, poluição dos cursos d'água, poluição do ar e poluição sonora. No entanto, a exploração de minérios causa danos mais intensos ao solo.

Assim, a Constituição Federal no artigo 225, § 2º, prevê que:

> *"Aquele que explorar recursos minerais fica obrigado a recuperar o meio ambiente degradado, de acordo com solução técnica exigida pelo órgão público competente, na forma da lei".*

Esse dispositivo traz uma regra específica sobre a proteção ambiental em face da atividade minerária, o que pode ser considerado um *"plus"*, já que a previsão do artigo 225, § 3º, que trata das responsabilidades por danos, é aplicável também à atividade minerária.

O Decreto 97.632/89, especificamente, dispõe sobre a apresentação do Plano de Recuperação de Áreas Degradadas (Prad), pertinente ao empreendimento que se destine à exploração de recursos minerais.

* Até o fechamento desta edição, as alterações do novo marco regulatório da mineração ainda não tinham sido aprovadas. Desse modo, a análise do tema será feita de acordo com a legislação em vigor.

Ainda como diplomas legais e normativos sobre a atividade minerária, podemos enfatizar:

- Lei 6.938/81 – art. 2º, VIII – referindo-se à recuperação de áreas degradadas.
- Lei 9.055/95 e seu Decreto Regulamentador 2.350/97.
- A Lei 9.605/98 – Lei de Crimes Ambientais – no artigo 54 define o crime de poluição de modo genérico (no qual incluímos o crime de contaminação e degradação do solo). Já o artigo 55 trata especificamente de condutas que podem configurar crimes ambientais referentes à exploração dos recursos minerais.
- O Decreto 6.514/08, alterado pelo Decreto 6.686/08, prevê infração administrativa ligada à atividade minerária.
- Lei 8.876/94 – Autoriza o Poder Executivo a instituir como autarquia o Departamento Nacional de Produção Mineral (DNPM), e dá outras providências.
- Resolução Conama 009/90 – Dispõe sobre normas específicas para o licenciamento ambiental de extração mineral, classes I, III a IX.
- Resolução Conama 010/90 – Dispõe sobre normas específicas para o licenciamento ambiental de extração mineral, classe II.
- Resolução Conama 23/94 – Institui procedimentos específicos para o licenciamento de atividades relacionadas à exploração e lavra de jazidas de combustíveis líquidos e gás natural.

O Código de Mineração, Decreto-lei 227/67, com as alterações introduzidas basicamente pelas leis 7.805/89 e 9.314/96, regula basicamente o regime de aproveitamento das substâncias minerais e como se dará a fiscalização, pelo governo federal, da pesquisa/lavra e outros aspectos da indústria mineral.

Uma vez que a propriedade dos recursos minerais independe da propriedade do solo, o código tem por função básica, o regramento da atividade do Poder Público como administrador dos recursos minerais.

Destacam-se no código alguns artigos:

- Art. 4º – conceito legal de jazida e mina.
- Art. 36 – conceito de lavra.
- Art. 14 – pesquisa mineral.
- Art. 47 – obrigações do titular da concessão relativas à preservação da área explorada e reparação do ambiente degradado.

É no Código de Minas que estão os padrões básicos para o licenciamento das atividades utilizadoras de recursos ambientais minerários. Os conceitos básicos que devem ser apreendidos por aqueles que buscam compreender as repercussões da atividade minerária no meio ambiente são os de:

a) ***Jazida*** – que do ponto de vista técnico-científico tem sua melhor definição como "ocorrência anormal de minerais, constituindo um depósito natural que existe concentrado em certos pontos da superfície do globo terrestre. Consideram-se, assim, todas as substâncias minerais de origem natural, mesmo as de origem orgânica, como: carvão, petróleo e calcário, etc.".

O artigo 4º do Código de Minas dispõe que:

"Considera-se jazida toda massa individualizada de substância mineral ou fóssil, aflorando à superfície ou existente no interior da terra, que tenha valor econômico; e mina, a jazida em lavra, ainda que suspensa".

b) ***Mina*** – é o depósito mineral (jazida) em exploração pelo homem. Um pegmatito decomposto e inexplorado é uma jazida; o mesmo em estado de exploração, com galerias, escavadeiras, etc. é uma mina. Do ponto de vista jurídico, as minas foram definidas pelo artigo 4º do Código de Minas, conforme foi visto na letra precedente.

c) ***Lavra*** – é tecnicamente definida como lugar onde se realiza a exploração de mina, no geral de ouro ou diamante. Lavra significa, por conseguinte, exploração econômica da jazida. Normativamente, o conceito foi fixado pelo artigo 36 do Código de Minas, cujo teor é o seguinte:

"Entende-se por lavra, o conjunto de operações coordenadas, objetivando o aproveitamento industrial da jazida, desde a extração das substâncias minerais úteis que contiver, até o beneficiamento das mesmas".

Vale notar que, por força da inclusão do § 1º no artigo 3º do Código de Minas (acréscimo feito pela Lei 9.314/96), estão afastadas da incidência das normas do código os trabalhos de movimentação de terras e de desmonte de materiais *in natura* necessários para a abertura de vias de transporte, obras de terraplenagem e de edificações, desde que não haja comercialização das terras e dos materiais resultantes dos trabalhos, ficando seu aproveitamento restrito à utilização na própria obra.

O DNPM

O Departamento Nacional de Produção Mineral (DNPM) é uma autarquia federal, criada pela Lei 8.876/94 (regulamentada pelo Decreto 4.640/03), com personalidade jurídica de direito público vinculada ao Ministério de Minas e Energia, com sede no Distrito Federal e unidades regionais, cuja finalidade é controlar e fiscalizar o exercício da atividade de mineração em todo o território nacional, de acordo com a legislação em vigor.

O controle da atividade de mineração é feito pelo DNPM por meio de três tipos de procedimento:

1) Autorização de pesquisa

O Decreto-lei 227/67, no artigo 14, define pesquisa mineral como a execução dos trabalhos necessários à definição da jazida, sua avaliação e a determinação da exequibilidade do seu aproveitamento econômico. Para o desenvolvimento desses trabalhos iniciais o artigo 15 prevê que essa fase depende de uma autorização de pesquisa que será outorgada pelo DNPM, sendo que o titular dessa autorização responderá pelos danos causados ao meio ambiente, conforme previsão do artigo 19 da Lei 7.805/89.

Ressalta-se, ainda, conforme disposição do artigo 17 da Lei 7.805/89, que a realização de trabalhos de pesquisa e lavra em áreas de conservação dependerá de prévia autorização do órgão ambiental que as administre. Desse modo, tem-se entendido que nas unidades de conservação nas quais pode haver atividade econômica pode ter atividade de mineração.

2) Concessão de lavra

De acordo com o artigo 16 da Lei 7.805/89, a concessão de lavra é ato complexo do DNPM porque depende de prévio licenciamento do órgão ambiental competente.

A concessão de lavra terá por título uma portaria assinada pelo ministro das Minas e Energia e o artigo 47 do Decreto-lei 227/67 também prevê responsabilidade ambiental do concessionário.

3) Permissão de lavra garimpeira

O regime de permissão de lavra garimpeira significa o aproveitamento imediato de jazimento mineral que, por sua natureza, dimensão, localização e utilização econômica, possa ser lavrado, independentemente de prévios trabalhos de pesquisa, segundo critérios fixados pelo DNPM, conforme explicita o artigo 1º da Lei 7.805/89.

O artigo 3º da referida lei determina que a outorga da permissão de lavra garimpeira depende de prévio licenciamento ambiental concedido pelo órgão ambiental competente.

A Lei 7.805/89, no artigo 9º, também prevê os deveres do permissionário de lavra garimpeira.

Licenciamento ambiental e atividade minerária

O licenciamento da atividade minerária vem previsto em lei própria, que é a Lei 7.805/89, responsável pelo regime jurídico do licenciamento das atividades de mineração. No entanto, essa lei refere-se não só à atuação do DNPM, bem como à atuação do órgão ambiental competente, de modo que na área de mineração se pode falar em dois tipos de licenciamento:

– o licenciamento exclusivamente minerário;

– o licenciamento ambiental.

Dessa forma, com o objetivo de disciplinar o licenciamento e as exigências de EIA para as atividades de mineração, o Conama editou duas resoluções específicas: a Resolução Conama 009/90 e a Resolução Conama 010/90.

Assim, será necessária a atuação do Departamento Nacional de Produção Mineral (DNPM) citado tanto na Resolução Conama 09/90, quanto na Resolução Conama 010/90, mas não basta a permissão concedida pelo DNPM, sendo considerada necessária a licença concedida pelo órgão ambiental competente, sob pena de nulidade. Isso porque, a Resolução Conama 237/97 – a resolução geral sobre licenciamento ambiental – no Anexo I prevê, dentre as atividades ou os empreendimentos sujeitos ao licenciamento ambiental, a atividade de extração e tratamento de minerais.

Nesse caso, o licenciamento será feito pelo órgão ambiental competente, que será o órgão estadual (em regra). Caso o empreendimento necessite ser licenciado por mais de um Estado, dada sua localização ou abrangência de sua área de influência, os órgãos estaduais deverão manter entendimento prévio no sentido de, na medida do possível, uniformizar as exigências. O Ibama será coordenador entre os entendimentos.

Assim sendo, o DNPM deverá exigir que o requerente da permissão da lavra ou de concessão apresente o licenciamento do órgão ambiental. Em relação à atividade de pesquisa, a Resolução Conama 237/97 também exige o licenciamento ambiental.

Dessa forma, se no procedimento do licenciamento ambiental o órgão competente concluir que o exercício da atividade minerária é inviável, deve comunicar isso ao DNPM, para que este negue a autorização de pesquisa ou a concessão de lavra. Nesse sentido, o próprio artigo 42 do Código de Minas, ao prever que a autorização para a exploração será:

> *"recusada se a lavra for considerada prejudicial ao bem público ou comprometer interesses que superem a utilidade da exploração industrial, a juízo do governo".*

E no tocante ao EIA/Rima? O EIA deve ser exigido para toda atividade de mineração? A resposta não é pacífica e, em alguns casos, tem-se entendido que não é necessário o EIA para determinada atividade de mineração.

Nesse caso, temos de analisar o porquê.

Em primeiro lugar, a Resolução Conama 001/86, no artigo 2º, traz um rol exemplificativo das atividades que deverão realizar EIA/Rima, incluindo, entre elas, no inciso IX, a extração de minério, inclusive os da classe II, definidas no Código de Mineração.

No entanto, verificamos que o artigo 3º da Resolução Conama 10/90 prevê hipótese de dispensa do EIA/Rima a critério do órgão ambiental competente, tendo em vista a natureza do empreendimento, sua localização, seu porte e demais peculiaridades, mas determina que nesses casos de dispensa o empreendedor deverá apresentar um Relatório de Controle Ambiental (RCA).

Assim, Paulo de Bessa Antunes (*op. cit.*, p. 752) coloca-nos que a Resolução Conama 10/90 teria derrogado à 001/86 naquilo que diz respeito às atividades minerárias referentes aos minerais compreendidos na classe II.

Todavia, em 1996, com a Lei 9.314/96, verificamos que a classificação das jazidas minerais determinada pelo artigo 5º do Código de Minas foi extinta pelo artigo 3º da Lei 9.314/96.

Dessa forma, pode-se dizer que, hoje, a necessidade de apresentação de EIA/Rima no licenciamento ambiental dessas atividades fica sob análise do órgão ambiental competente.

Em conclusão, Paulo de Bessa Antunes (*op. cit.*, p. 753) alerta:

"Ora, inexistentes as classes, como se deve aplicar a exigência dos estudos de impacto ambiental? Em minha opinião, enquanto não for editada uma nova resolução Conama, o assunto deve ser examinado casuisticamente. Isto é, em cada caso o órgão ambiental deverá verificar, concretamente, as possibilidades de impacto ambiental negativo e justificar o requerimento de que sejam realizados os estudos de impacto ambiental".

A obrigação de recuperação ambiental da área degradada

Encontramos na Constituição Federal, artigo 225, § 3º, uma regra geral de recuperação para toda atividade que causar um dano ao meio ambiente, isto é, uma alteração adversa de suas qualidades. Na verdade, como vimos, a atividade de mineração causa alterações na vegetação da área, no solo, na própria paisagem, e podemos ter também eventual poluição de águas subterrâneas. Nesse aspecto, o texto constitucional preocupou-se em destacar uma norma específica para a mineração, por meio da previsão contida no artigo 225, § 2º, o qual determina que:

"Aquele que explorar recursos minerais fica obrigado a recuperar o meio ambiente degradado, de acordo com solução técnica exigida pelo órgão público competente, na forma da lei".

Além da Constituição Federal, verifica-se que a Lei 6.938/81, artigo 2º, VIII, já estabelecia como um princípio da Política Nacional de Meio Ambiente a recuperação das áreas degradadas e o artigo 3º, II, da mesma lei, definiu degradação como alteração adversa das características do meio ambiente.

O Decreto 97.632/89 (referente à regulamentação do art. 2º, VIII, da Lei 6938/81) limitou-se a tratar de recuperação de áreas degradadas por atividades minerárias e dispõe sobre a apresentação do Plano de Recuperação de Áreas Degradadas (Prad), pertinente ao empreendimento que se destine à exploração de recursos minerais.

O artigo 2º do decreto traz uma definição para degradação, entendendo-se que são considerados como degradação os processos resultantes dos danos ao meio ambiente, pelos quais se perdem ou se reduzem algumas de suas propriedades, tais como, a qualidade ou capacidade produtiva dos recursos ambientais.

É importante mencionar que os recursos minerais não são renováveis e, para sua extração, geralmente se desenvolvem atividades que criam modificações ambientais irreversíveis. Por exemplo: pode-se desmontar um morro para extração de determinado minério – o morro dificilmente poderá ser reconstituído e, no seu lugar, surgirá uma cratera. Com base nessas constatações, conclui-se, acatando posicionamento de Paulo de Bessa Antunes (*op. cit.,* p. 755), que

"a recuperação dos danos ambientais causados pela mineração é precipuamente uma atividade de compensação, pois raramente é possível o retorno ao statu quo ante *de um local que tenha sido submetido à atividade de mineração".*

Compensação, aqui, deve ser entendida no seu sentido amplo, conforme a própria previsão do artigo 3º do Decreto 97.632/89, que determina:

> *"A recuperação deverá ter por objetivo o retorno do sítio degradado a uma forma de utilização, de acordo com um plano preestabelecido para o uso do solo, visando a obtenção de uma estabilidade do meio ambiente".*

Mineração em terras indígenas

A mineração no interior das terras indígenas, entenda-se, é uma atividade lícita e não está proibida no Brasil.

O que é preciso, então?

Devem ser observados alguns requisitos constitucionalmente determinados pelo artigo 231, § 3º, a saber:

– o Congresso tem de autorizar a atividade;

– a comunidade indígena afetada tem de ser ouvida;

– tem de se assegurar à comunidade indígena a participação no produto da lavra (semelhante ao previsto no art. 176, § 2º).

Ainda sobre mineração em terras indígenas, outro ponto a salientar é a atividade com repercussão ambiental nessas áreas.

Nessa hipótese, para analisar projetos que possam acarretar impactos diretos ou indiretos ao meio ambiente das terras indígenas, ainda que a atividade seja realizada fora da área indígena, Paulo Affonso Leme Machado (*Direito Ambiental,* p. 753-754) lembra-nos que existe o Serviço do Meio Ambiente das Terras Indígenas (Semati), instituído pela Portaria 422, de 25/4/89, da presidência da Funai, e vinculado à Coordenadoria de Patrimônio Indígena da Fundação Nacional do Índio (Funai).

O Semati terá como funções básicas:

1. elaborar/acompanhar projetos de recuperação de áreas indígenas que tenham sofrido degradação ambiental;
2. acompanhar a execução de projetos que provoquem alteração do meio ambiente das terras indígenas.

Infrações administrativas e penais

Considera-se infração administrativa, conforme artigo 63 do Decreto 6.514/08 alterado pelo Decreto 6.686/08, a conduta de "executar pesquisa, lavra ou extração de minerais sem a competente autorização, permissão, concessão ou licença da autoridade ambiental competente ou em desacordo com a obtida". A penalidade prevista é de multa de R$ 1.500,00 (mil e quinhentos reais) a R$ 3.000,00 (três mil reais) por hectare ou fração. Ressalta-se que incorre nas mesmas multas quem deixa de recuperar a área pesquisada ou explorada, nos termos da autorização, permissão, licença, concessão ou determinação do órgão ambiental competente.

Dessa forma, não só executar a atividade em si sem a devida manifestação do órgão competente ou em desacordo com o que foi permitido é infração administrativa, como também deixar de realizar a recuperação da área degradada nos termos do que foi apresentado.

Conforme o artigo 55 da Lei 9.605/98, a conduta de executar pesquisa, lavra ou extração de recursos minerais sem a competente autorização, permissão, concessão ou licença, ou em desacordo com a obtida enseja uma pena de detenção de 6 (seis) meses a 1 (um) ano e multa. Além disso, nas mesmas penas incorre quem deixa de recuperar a área pesquisada ou explorada, nos termos da autorização, permissão, licença, concessão ou determinação do órgão competente.

Observa-se que se a extração de minérios também causar poluição ao meio ambiente, poderá haver concurso formal entre o delito do artigo 55 (que é específico) e os delitos dos artigos 33, 38, 40, 44 e 54 da Lei 9.605/98, combinados com o artigo 163 do Código Penal, que trata do crime de dano entendido como: "destruir, inutilizar ou deteriorar coisa alheia".

EM RESUMO

MINERAÇÃO

Mineração é o ato de extração de minérios do subsolo, tais como carvão, petróleo, pedras preciosas, ouro, prata, areia, sílica, mica, quartzo, feldspato, apatita, dolomita, calcita, ferro, manganês, cassiterita, níquel, cobre, zinco, potássio, etc.

Devido ao alto grau de modificação no meio ambiente, devemos observar alguns princípios ambientais básicos no desenvolvimento da atividade, destacando-se os princípios da prevenção/precaução e o do desenvolvimento sustentável.

Ao lado da CF/88, o Código de Minas – o Decreto-lei 227/67 – é o principal diploma legal brasileiro, no nível infraconstitucional, que regulamenta a atividade de extração mineral em nosso país.

Ainda como diplomas legais e normativos sobre a atividade minerária, podemos destacar: o Decreto 97.632/89, que especificamente dispõe sobre a apresentação do Plano de Recuperação de Áreas Degradadas (Prad), pertinente ao empreendimento que se destine à exploração de recursos minerais; a Lei 6.938/81 – artigo 2º, VIII –, referindo-se à recuperação de áreas degradadas; Lei 9.055/95 e seu Decreto Regulamentador 2.350/97; a Lei 9.605/98 – Lei de Crimes Ambientais – no artigo 54 define o crime de poluição de modo genérico (no qual incluímos o crime de contaminação e degradação do solo) e no artigo 55 trata especificamente de condutas que podem configurar crimes ambientais referentes à exploração dos recursos minerais; a Lei 8.876/94, que autoriza o

Poder Executivo a instituir como autarquia o Departamento Nacional de Produção Mineral (DNPM), e dá outras providências. Verifica-se, ainda, que o Decreto 6.514/08 considera que não só executar a atividade em si, sem a devida manifestação do órgão competente ou em desacordo com o que foi permitido é infração administrativa, como também deixar de realizar a recuperação da área degradada nos termos do que foi apresentado será infração.

Além disso, temos também a Resolução Conama 009/90, que dispõe sobre normas específicas para o licenciamento ambiental de extração mineral, classes I, III a IX e a Resolução Conama 010/90, tratando de normas específicas para o licenciamento ambiental de extração mineral, classe II.

O Departamento Nacional de Produção Mineral (DNPM) tem por finalidade controlar e fiscalizar o exercício da atividade de mineração em todo o território nacional, de acordo com a legislação em vigor. Controla a atividade por meio dos procedimentos de autorização de pesquisa, concessão de lavra e permissão de lavra garimpeira.

A Lei 7.805/89, responsável pelo regime jurídico do licenciamento das atividades de mineração, refere-se não só à atuação do DNPM, bem como à atuação do órgão ambiental competente, de modo que na área de mineração pode-se falar em dois tipos de licenciamento: o licenciamento exclusivamente minerário e o licenciamento ambiental.

PRESTE ATENÇÃO

A mineração no interior das terras indígenas é uma atividade lícita e não está proibida no Brasil.

O que é preciso, então?

Devem ser observados alguns requisitos constitucionalmente determinados pelo artigo 231, § 3º, a saber:

- O Congresso tem de autorizar a atividade.
- A comunidade indígena afetada tem de ser ouvida.
- Tem de assegurar-se à comunidade indígena a participação no produto da lavra (semelhante ao previsto no art. 176, § 2º).

É importante lembrar também que a propriedade do solo independe da propriedade dos recursos minerais.

13

A PROTEÇÃO DO MEIO AMBIENTE EM JUÍZO

Noções introdutórias

No tocante à tutela jurisdicional do meio ambiente, vale lembrar que inicialmente foi a Lei 6.938/81 que conferiu legitimidade ao Ministério Público para atuar propondo ação de responsabilidade civil e criminal por danos causados ao meio ambiente.

Assim previu o artigo 14, § 1º da citada lei:

"Sem obstar a aplicação das penalidades previstas neste artigo, é o poluidor obrigado, independentemente da existência de culpa, a indenizar ou reparar os danos causados ao meio ambiente e a terceiros, afetados por sua atividade. O Ministério Público da União e dos Estados terá legitimidade para propor ação de responsabilidade civil e criminal, por danos causados ao meio ambiente".

Posteriormente, a Lei da Ação Civil Pública, Lei 7.347/85, reforçou e ampliou a proteção ambiental e o papel do Ministério Público. A Constituição Federal de 1988 recepcionou as duas leis anteriores, conferiu ao Ministério Público a defesa de outros interesses difusos e coletivos (art.129, III), dedicou todo um capítulo ao meio ambiente, ampliando, ainda, a proteção ambiental, conferindo a qualquer cidadão legitimidade para propor ação popular que vise a anular ato lesivo ao meio ambiente, dentre outras hipóteses (art. 5º, LXXIII).

O Código de Defesa do Consumidor, Lei 8.078/90, além das disposições específicas sobre os consumidores, definiu os interesses metaindividuais e estabeleceu uma aplicação conjunta, em matéria processual, com a Lei da Ação Civil Pública.

Por fim, com a Lei 9.605/98, conhecida como Lei dos Crimes Ambientais, completamos o ciclo de proteção integral do meio ambiente nas esferas administrativa, civil e penal.

Ação civil pública (ACP) em matéria ambiental

HISTÓRICO - Verificamos que o processo civil clássico sempre concebeu o direito de ação como um direito subjetivo, posto à disposição dos indivíduos, para fazer valer direitos próprios e individuais, sendo excepcionalmente admitida a defesa em nome próprio de direito alheio, conforme previsão excepcional do artigo 6º do Código de Processo Civil (CPC).

Assim, atrelada à concepção individualista, os efeitos da sentença e a autoridade da coisa julgada ficavam limitados às partes do processo, não podendo beneficiar nem prejudicar terceiros estranhos à relação jurídica processual, exceto em situações excepcionais (art. 472, CPC).

Além disso, a utilização da ação popular apresentava certas peculiaridades negativas, por exemplo: restrição da legitimação ao cidadão – excluída possibilidade de propositura por pessoa jurídica (Súmula 365 do STF – *Pessoa jurídica não tem legitimidade para propor ação popular*) e, pelo MP, lembrando também da limitação da abrangência da ação para impugnação de atos praticados pelo Poder Público, sendo inadmissível utilização da ação para prevenção ou correção de lesões decorrentes de atividades de particulares.

Por tudo isso, os estudiosos da matéria chegaram à conclusão que era imperiosa a intervenção legislativa para regulamentar e disciplinar a questão processual por meio de um instrumento específico, sendo editada em 1985 a Lei 7.347, de 24 de julho, que veio regulamentar o acesso à Justiça para a proteção do meio ambiente e de outros interesses difusos nela especificados, pela via da denominada ação civil pública.

CONCEITO - A ação civil pública pode ser entendida como a ação ajuizada pelo Ministério Público e demais colegitimados para a defesa de interesses difusos, coletivos e individuais homogêneos em juízo.

Encontra previsão legal na CF/88, artigo 129, III, Lei 7.347/85, Lei Orgânica Nacional do Ministério Público, Lei 8.625/93 – artigo 25, Lei Paulista do Ministério Público – Lei Complementar 734/93, artigo 103, VIII.

Trata-se de uma ação de responsabilidade por danos morais e patrimoniais causados a diversas categorias jurídicas, citadas no artigo 1º da referida Lei 7.347/85, como: meio ambiente, consumidor, ordem urbanística e quaisquer outros interesses difusos ou coletivos.

Para nós, na área ambiental, o que nos interessa é que, segundo o artigo 1º da Lei 7.347/85, a ação civil pública é adequada para a proteção dos direitos ou interesses difusos ou coletivos referentes, dentre outros, ao meio ambiente.

É necessário salientar que a lei, no artigo 1º, IV, abre a possibilidade, de maneira genérica, de utilizar-se o instrumento para a responsabilização por dano causado a qualquer outro interesse difuso ou coletivo. Já o parágrafo único do referido dispositivo, no entanto, veda por completo sua utilização para veicular determinadas pretensões, em especial aquelas nas quais o beneficiário possa ser individualmente determinado.

NOMENCLATURA - O "civil" vem historicamente do direito conferido ao Ministério Público de fazer atuar, na esfera civil a função jurisdicional (seria uma forma de diferenciar-se da ação **penal** pública).

Denomina-se "pública" porque por seu intermédio se persegue a satisfação de um interesse público, no sentido amplo, ou seja, não individual, abrangendo o interesse difuso, pouco importando se quem a exerce é órgão ou entidade estatal ou ente privado.

Nessa ação, não há exclusividade ou prioridade na atuação do Ministério Público ou de qualquer outro ente estatal, que podem ser antecedidos na propositura da ação por uma associação civil ou terem-na ao seu lado, na qualidade de litisconsorte ativo, na ação por eles proposta (art. 5º, § 2º, Lei 7.347/85).

Quanto ao *nomen juris,* verificamos que vale tanto ação civil pública (art. 129, III da CF/88) quanto ação civil coletiva (conforme art. 91 do Código de Defesa do Consumidor).

Ressalta-se, por fim, que é no Código de Defesa do Consumidor – de aplicação subsidiária (conforme expressa previsão do art. 21 da Lei 7.347/85 – conhecida como Lei da Ação Civil Pública – ACP), que encontraremos a definição dos interesses difusos e coletivos.

Interesses difusos – titularidade: pessoas indeterminadas (art. 81, I, do Código de Defesa do Consumidor). O interesse na proteção do meio ambiente enquadra-se perfeitamente nessa categoria nova dos denominados interesses difusos com todas as suas peculiaridades, a saber:

1. Caracteriza-se como um interesse supraindividual/transindividual ou metaindividual, já que pertencem a um número indeterminado e indeterminável de pessoas – toda a coletividade.
2. Caracteriza-se como um interesse indivisível, já que sua lesão prejudica a todos indiscriminadamente e sua reparação deve aproveitar a todos também.
3. Caracteriza-se como um interesse de natureza indisponível.

Interesses coletivos – titularidade: pessoas integrantes de grupo, categoria ou classe (art. 81, II, do Código de Defesa do Consumidor). A diferença principal entre interesses difusos e coletivos está na titularidade.

LEGITIMAÇÃO ATIVA - A legitimação é uma autorização legal para figurar em um dos polos da relação processual. Pode ser ordinária ou extraordinária. Será legitimação ordinária quando as partes forem titulares do direito material discutido na lide e estiverem pedindo em nome próprio, direito próprio.

A legitimidade será extraordinária quando a lei autorizar que se peça em nome próprio um direito alheio (como Ministério Público movendo ação de investigação de paternidade). É a chamada substituição processual o exemplo típico do MP pleiteando interesses difusos e coletivos.

Por fim, a legitimação pode estender-se a terceiros nos casos expressamente autorizados para a intervenção destes. Os legitimados para propor ação civil pública encontram-se previstos no artigo 5º da Lei 7.347/85, com os acréscimos da Lei 11.448/07, sendo:

I – Ministério Público;
II – Defensoria Pública;
III – a União, os Estados, o Distrito Federal e os Municípios;
IV – a autarquia, empresa pública, fundação ou sociedade de economia mista;
V – a associação que, concomitantemente:
a) esteja constituída há pelo menos 1 (um) ano nos termos da lei civil;
b) inclua, entre suas finalidades institucionais, a proteção ao meio ambiente, ao consumidor, à ordem econômica, à livre concorrência ou ao patrimônio artístico, estético, histórico, turístico e paisagístico.

É preciso destacar que a legitimação ativa na ação civil pública é concorrente e extraordinária. Assim, os legitimados ativos não se excluem e existe a possibilidade de terceira pessoa pleitear em juízo direito ou interesses alheios.

Desse modo, nessa ação não há exclusividade ou prioridade na atuação do Ministério Público ou de qualquer outro ente estatal. Por exemplo, uma associação civil pode propor a ação ou ainda funcionar na qualidade de litisconsorte ativo, em uma ação civil pública proposta por outro legitimado (art. 5º, § 2º, Lei 7.347/85).

No entanto, é importante salientar o papel do Ministério Público e toda a sua atuação nessa matéria, já que possui a possibilidade de ser o autor da ação civil pública, mas se não for autor da ACP, ainda assim atuará como fiscal da lei (art. 5º, § 1º, Lei 7.347/85). Em caso de desistência infundada ou abandono da ação, o Ministério Público ou outro legitimado poderá assumir a titularidade ativa (art. 5º, § 3º, Lei 7.347/85), preservando a continuidade da ação civil pública.

Por fim, cumpre destacar, conforme artigo 15 da Lei 7.347/85, que:

"Decorridos 60 (sessenta) dias do trânsito em julgado da sentença condenatória, sem que a associação autora lhe promova a execução, deverá fazê-lo o Ministério Público, facultada igual iniciativa aos demais legitimados".

Em relação às associações, vemos que não há necessidade de prévia autorização dos membros da associação, para que, em cada hipótese, a entidade promova a ação civil pública. Isso porque a defesa do meio ambiente é o próprio fim institucional dessas organizações. Ressalta-se que, de qualquer maneira, por força do artigo 21 da Lei 7.347/85, combinado com o artigo 82, IV, do Código de Defesa do Consumidor, de aplicação subsidiária, pode haver a dispensa da prévia autorização assemblear para a propositura de ações civis públicas.

LEGITIMAÇÃO PASSIVA - Como a lei não trouxe nenhuma regra sobre a legitimação passiva na ação civil pública, esta pode ser proposta contra pessoa física ou jurídica de direito público ou privado.

Dessa forma, deve ser proposta contra quem se entenda ser responsável direta ou indiretamente por atividade causadora de degradação ambiental. A efetiva responsabilidade será analisada quando do julgamento da ação.

Havendo mais de um suposto degradador, que concorreu para a mesma degradação, e não sendo possível separar ou individualizar a(s) causa(s) de tal degradação, a demanda pode ser ajuizada contra um, alguns ou todos, conforme orientação do STJ. (STJ – 2ª Turma – Resp 37.354-9/SP – j. em 30/8/1995 – v.u. – rel. min. Antonio de Pádua Ribeiro)

Quanto à problemática do Poder Público figurar no polo passivo de uma ação civil pública, devemos lembrar que, quando ele é o agente poluidor dito "direto", isso não causa maiores problemas. Porém, nos casos em que se configura uma omissão do Poder Público, a doutrina tece maiores considerações, pois colocaremos o Poder Público no polo passivo de uma ACP, ainda que não seja o responsável direto pelo dano ao meio ambiente.

Para alguns, como Édis Milaré (*op. cit.,* p. 909), o Poder Público poderá sempre figurar no polo passivo de qualquer demanda para reparação do dano, seja como agente poluidor (por exemplo, construção de estradas e aterros sem elaboração de EIA/Rima) ou quando se omite no dever constitucional de proteção do meio ambiente (por exemplo: falta de fiscalização ou inércia na instalação de sistemas de disposição de lixo).

Se não for responsável pelo dano diretamente, por intermédio de algum de seus agentes, o será, ao menos, por omissão no dever de fiscalizar e impedir que tais danos aconteçam.

No entanto, acionar indiscriminadamente o Estado pela sua omissão em fiscalizar e impedir a ocorrência do dano significa transferir à população – que já é vítima do dano – a obrigação de repará-lo.

Assim, temos de analisar bem o caso da omissão, que poderá ensejar a presença do Poder Público no polo passivo da ACP.

1. Se for a omissão do Poder Público, a causa direta do dano ambiental, por exemplo: o Poder Público omite-se ao não estabelecer medidas de tratamento de efluentes e esgoto urbano, não atua adequadamente no depósito e destinação do lixo urbano, aí indiscutível a possibilidade do Poder Público figurar no polo passivo de uma ação civil pública.
2. Por outro lado, tem-se admitido a participação do Poder Público no polo passivo de ação civil pública por omissão na adoção de medidas de polícia administrativa necessárias a impedir a implantação de loteamento irregular ou em outros casos, ao permitir que construções fossem levantadas ilegalmente em áreas proibidas, o que vai gerar para ele a obrigação de providenciar a demolição das edificações impugnadas. Nesse caso, a omissão acaba sendo a causa indireta da ocorrência do dano, no entanto, mesmo assim, em alguns casos, tem-se admitido a punição do Poder Público.

   Em contrapartida, como assevera Edis Milaré (*op. cit.,* p. 909):

"Na prática, para não penalizar a própria sociedade, que é quem paga as contas públicas, e que teria, em última análise, de indenizar os prejuízos decorrentes do dano ambiental, convém, diante das regras da solidariedade entre os responsáveis, só acionar o Estado quando puder ser incre-

pada a ele a causação direta do dano. Na verdade, se é possível escolher um dos responsáveis, segundo as regras da solidariedade, por que não se valer da opção mais conveniente aos interesses da comunidade, chamando-se, primeira e prioritariamente, aquele que lucra com a atividade?!"

Por fim, como fica a posição do Poder Público no caso de danos causados por atividades incentivadas por ele ou por particulares que obtiveram licença ou autorização da administração para atuar?

A pergunta tem respaldo em situações nas quais, por exemplo, o Poder Público concede incentivos seja na forma de benefícios fiscais, doações de terrenos ou outros, para que empresas se instalem no Município, com o fim de aumentar os postos de trabalho ou a arrecadação municipal.

Tem-se verificado, como regra, que o mero incentivo ou estímulo para desenvolvimento de atividades que, na prática, se revelaram degradadoras pelo modo de exercício do particular, não viabiliza a presença do Poder Público no polo passivo da demanda. Todavia, se o particular exerce a atividade fora dos parâmetros da licença, isso poderia levar o Poder Público a ser responsabilizado, pelo menos em tese, pela não fiscalização do cumprimento, dos condicionantes da licença e, nesse caso, a questão se enquadraria na hipótese de omissão na fiscalização.

Igualmente, se foi um ato fraudulento do agente da administração que causou o dano, teremos a responsabilização objetiva, com possibilidade de regresso contra ele. O caso configura, por exemplo, uma licença expedida de modo fraudulento, uma situação na qual houve análise tendenciosa de documentos dispensando-se, por exemplo, a realização de um EIA/Rima e qualquer outro estudo, quando se fazia necessário, enfim, uma ação fraudulenta do funcionário. Nessa hipótese, entende-se cabível a previsão do artigo 37, § 6º da CF/88.

PLURALIDADE DE PARTES - É perfeitamente possível na ação civil pública a presença simultânea de mais de uma pessoa ou entre no polo ativo e/ou no polo passivo da demanda.

COMPETÊNCIA - Questão de extrema importância para a análise da ação civil pública diz respeito a se saber, inicialmente, qual a Justiça competente para apreciá-la. Justiça Federal ou Estadual?

Verificamos que a matéria não se encontra pacificada, exceto algumas exceções e muitas vezes dúvidas podem levar, na prática, ao estabelecimento de um conflito de competência a ser solucionado pelos tribunais.

Nesse ponto, como regra a competência será da Justiça Estadual, mas será porém competente a Justiça Federal nas hipóteses em que:

- **a União ou alguma entidade autárquica ou empresa pública federal figurar na relação processual como autora, ré, assistente ou oponente**, isto é, quando configurado o artigo 109, I, da CF/88.

  Em tal situação, tem-se entendido que o interesse da União deve traduzir-se numa posição processual definida, e não apenas na simples alegação de interesse.

Verifica-se também que nessa hipótese não estão incluídas as sociedades de economia mista com capital federal. Confirmando essa ideia, encontramos as seguintes súmulas:

Súmula 556 do STF: "É competente a Justiça comum para julgar as causas em que é parte sociedade de economia mista".
Súmula 42 do STJ: "Compete à Justiça Comum Estadual processar e julgar as causas cíveis em que é parte sociedade de economia mista e os crimes praticados em seu detrimento".

Como exemplo, o STJ também já reconheceu a competência da Justiça Federal no caso de pesca predatória em rio interestadual no conflito de competência 38.036-SP, ministro Gilson Dipp, *DJU* 22/4/2003 – nesse caso, vale lembrar que rio interestadual é bem da União, nos termos do artigo 20, III, da CF/88. Por outro lado, o Supremo Tribunal Federal já se manifestou no sentido de não reconhecer como competente a Justiça Federal nas hipóteses de danos que atinjam ecossistemas considerados pela Constituição Federal como patrimônio nacional. Entendeu aquela corte que não se deve confundir a expressão patrimônio nacional com patrimônio da União. Nesse aspecto, o STF manifestou entendimento no sentido de que essas áreas não se transformaram em bens da União, por serem chamadas de "patrimônio nacional". Além disso, tal qualificação "não impede a utilização, pelos próprios particulares, dos recursos naturais existentes naquelas áreas que estejam sujeitas ao domínio privado, desde que observadas as prescrições legais e respeitadas as condições necessárias à preservação ambiental". (conferir: STF, RE 300.244-9-SC, 1ª Turma, rel. min. Moreira Alves, j. 20/11/2001, v.u., *DJU* 19/12/2001)

- **Se a ação estiver fundada em tratado ou convenção internacional dos quais o Brasil seja signatário**, artigo 109, V da CF/88.
  O STJ já decidiu que, nesses casos, basta para determinar a competência da Justiça Federal a circunstância de a demanda estar amparada em tratado ou convenção internacional, restando ao juízo federal a verificação da aplicabilidade ou não à hipótese, do texto internacional, quando do julgamento do mérito da causa. (STJ – CComp. 16.953-SP – 1ª S. – j. em 26/6/1996 – rel. min. Ari Pargendler)
- **A degradação ambiental resultar de atividade exercida em terras indígenas e a questão envolver direitos indígenas**. Por força do disposto no artigo 109, XI, da CF, o que determinaria a competência da União seria a existência de litígio envolvendo direitos indígenas. Por outro lado, tratando-se de degradações ambientais praticadas por terceiros em áreas ocupadas pelos índios, sem a participação destes, a demanda poderia ser processada perante a Justiça Estadual por envolver, num primeiro momento, a degradação ambiental, ressaltando-se, no entanto, a possibilidade de intervenção no feito da comunidade ou organização indígena diretamente interessada na preservação do recurso ambiental, afetado quando então poderíamos ter o deslocamento da competência para a Justiça Federal, porque identificado inegavelmente direito indígena.

Existe, ainda, uma situação que enseja reflexão no tocante à competência para julgar a ação civil pública, e esta reside na hipótese em que o dano ambiental extrapola os limites territoriais de um Estado membro.

Esse dano é conhecido como aquele cuja dimensão ou cujos efeitos concreta e efetivamente atingem ou têm possibilidade de atingir bens ambientais de mais de uma unidade federada.

Em relação a esse tipo de dano doutrina e jurisprudência têm analisado a possibilidade de aplicação das regras de competência.

Para Álvaro Luiz Valery Mirra (*Ação Civil Pública e a Reparação do Dano ao Meio Ambiente,* p. 172), resta ainda duvidosa a competência da Justiça Federal para conhecer de ações civis públicas ambientais nos casos em que os danos ambientais extrapolem os limites territoriais de mais de um Estado membro da Federação. Assim, referido autor (*idem*, p. 173) afirma que a competência seria da Justiça Estadual de um dos Estados membros envolvidos, competência fixada no tocante ao foro pela prevenção e caberá à Justiça de um dos Estados apreciar a matéria. Caso contrário, havendo conflito entre uns e outros Estados, ou entre este e a União, terá o Supremo Tribunal Federal competência originária para conhecer e dirimir a questão.

Isso porque, embora possa haver interesse federal nas causas relativas a danos ambientais que transcendem os limites territoriais de um único Estado membro, o certo é que inexiste para esses casos norma constitucional expressa. Com isso, Hugo Nigro Mazzilli (*A Defesa dos Interesses Difusos em Juízo,* p. 140) reconhece ser a competência da Justiça Federal a melhor solução, muito embora a considere viável somente a título de proposta *de lege ferenda.* Nesse sentido, transcrevemos pensamento do autor:

> *"No tocante à defesa do meio ambiente, pela gravidade que ultimamente a lesão a tais interesses tem assumido, já vimos sustentando que seria oportuno cogitar,* de lege ferenda, *de conferir competência à Justiça Federal para apreciar e julgar as causas relativas ao meio ambiente quando os resultados do dano ecológico alcançarem o território de mais de um Estado membro".*

No entanto, não se pode desconsiderar o pronunciamento em voto do Superior Tribunal de Justiça, admitindo a competência da Justiça Federal quando o dano transcende os limites de um Estado membro, conforme aresto abaixo transcrito:

> *"...a competência para processar e julgar a ação civil pública para proteção do meio ambiente é do Juízo Estadual da Comarca onde ocorreu ou está a ocorrer o dano, somente se deslocando para a Justiça Federal se tal dano desborda para além de um Estado ou quando efetivamente caracterizado o interesse da União, de suas autarquias ou de empresas públicas federais" (STJ – RMS 3.106-3-PE – 1ª Turma – j. em 8/9/1993 – rel. min. Demócrito Reinaldo).*

Observação: Paulo de Bessa Antunes (*op. cit.*, p. 759) ressalta que a Justiça do Trabalho, em situações específicas, pode também ser importante instrumento de proteção ambiental: *"O meio ambiente do trabalho pode ser urbano ou rural e, muitas vezes, cláusulas não econômicas são incluídas nos dissídios coletivos ou acordos trabalhistas com o intuito de promover melhorias em condições ambientais ou de saúde. O cumprimento de tais cláusulas deverá ser buscado perante a Justiça do Trabalho".*
O STF tem defendido, desde há muito, que existe competência da Justiça do Trabalho para processar e julgar ações civis públicas. (Cf. RE 206.220 – MG, rel. min. Marco Aurélio. DJU 17/9/1999, p. 58. Julgamento: 16/3/1999, 2ª Turma. Ementa: Competência. Ação Civil Pública – Condições de Trabalho. Tendo a ação civil pública como causas de pedir disposições trabalhistas e pedidos voltados à preservação do meio ambiente do trabalho e, portanto, aos interesses dos empregados, a competência para julgá-la é da Justiça do Trabalho.)

Por fim, importante salientar, também, o papel do STF e do STJ na proteção ambiental e suas manifestações nessa matéria de competência.

O STF pode desempenhar papel fundamental na análise de ações diretas de inconstitucionalidades (ADIns) e/ou ações declaratórias de constitucionalidade (ADECons), versando sobre matéria ambiental.

Já o STJ geralmente analisa a matéria ambiental que, em geral, lhe é submetida pela via recursal – recursos contra as decisões dos Tribunais Regionais Federais ou dos Tribunais de Justiça. O STJ tem proferido inúmeras decisões em matéria ambiental, notadamente questões envolvendo a matéria de competências processuais.

Em continuidade à análise da competência quando identificada a Justiça competente para analisar a ação civil pública – estadual ou federal – surge nova questão a resolver: levando-se em conta os critérios de organização judiciária, qual a comarca ou seção judiciária competente?

Assim, uma vez definida a Justiça competente – a estadual ou a federal –, deveremos analisar qual juiz será competente dentro da organização judiciária das comarcas ou seções judiciárias.

Ressalta-se que a Lei 7.347/85, no artigo 2º, deixa claro que o foro competente para a propositura da ação civil pública é o do local do dano. Este pode ser entendido como o local onde o dano tenha sido iniciado, isto é, onde o evento lesivo inicialmente se verificou, desconsiderando-se repercussões em outras localidades. Isso ocorre porque procura-se ao máximo conservar a produção de provas.

Com isso, preservada a vigência do artigo 2º da lei, complementado pela norma do artigo 93 do Código de Defesa do Consumidor (CDC), deve-se definir o local do dano para fins de estabelecer o juiz que vai efetivamente apreciar a ação civil pública.

Verificamos que no âmbito da Justiça dos Estados este "local do dano" é uma comarca e, caso o dano tenha se verificado em mais de uma comarca, deverão ser aplicadas as normas do CPC sobre conexão, prevenção, etc.

Assim, se porventura tiver sido ajuizado mais de um processo visando à reparação do dano, em comarcas diferentes ou em mais de uma vara da mesma comarca, prevalecerá a competência daquela que primeiro tenha tido conhecimento dos fatos, por força da prevenção, até mesmo conforme expressa disposição do artigo 2º da Lei 7.347/85. Na prática, portanto, o mais recomendável é que o feito seja ajuizado na comarca do local onde o dano tenha sido iniciado, procurando-se, ao máximo, dessa forma, preservar produção de provas.

Em se tratando de hipótese na qual a ação civil pública tenha sido proposta na Justiça Federal, vemos que este "local do dano" é uma seção judiciária.

Porém, como agir se o foro do local do dano não é sede de vara federal? Ao tentar compatibilizar, devido à sua importância, a regra do artigo 2º, da Lei 7.347/85, com a previsão do artigo 109, § 3º da CF/88, mesmo na hipótese de competência da Justiça Federal, o STJ vinha entendendo ser cabível o julgamento por juiz estadual, caso o local do dano não possuísse seção judiciária federal. Essa regra vinha sendo ampliada à ação civil pública, por força da jurisprudência.

O STJ chegou a editar a Súmula 183, com o seguinte teor:

> *"Compete ao juiz estadual, nas comarcas que não sejam sede de vara da Justiça Federal, processar e julgar ação civil pública, ainda que a União figure no processo".*

Essa súmula, no entanto, foi **cancelada** após pronunciamento do STF, seguindo entendimento totalmente diverso e decidindo que competente para o julgamento nesses casos seria o juiz federal da localidade mais próxima à do lugar do dano ambiental. Desse modo, verifica-se na ementa abaixo transcrita.

> *Ementa: Ação civil pública promovida pelo Ministério Público Federal. Competência da Justiça Federal. Art. 109, I, E, § 3º, da Constituição. Art. 2º da Lei 7.347/85. O dispositivo contido na parte final do § 3º do artigo 109 da Constituição é dirigido ao legislador ordinário, autorizando-o a atribuir competência* (rectius *jurisdição) ao Juízo Estadual do foro do domicílio da outra parte ou do lugar do ato ou fato que deu origem à demanda, desde que não seja sede de Varas da Justiça Federal, para causas específicas dentre as previstas no inciso I do referido artigo 109. No caso em tela, a permissão não foi utilizada pelo legislador que, ao revés, se limitou, no artigo 2º da Lei 7.347/85, a estabelecer que as ações nele previstas "serão propostas no foro do local onde ocorrer o dano, cujo juízo terá competência funcional para processar e julgar a causa". Considerando que o juiz federal também tem competência territorial e funcional sobre o local de qualquer dano, impõe-se a conclusão de que o afastamento da jurisdição federal, no caso, somente poderia dar-se por meio de referência expressa à Justiça Estadual, como a que fez o constituinte na primeira parte do mencionado § 3º em relação às causas de natureza previdenciária, o que no caso não ocorreu. Recurso conhecido e provido. (STF – RE 228.955-9/RS – Tribunal Pleno – j. em 10/2/2000- v.u. – rel. min. Ilmar Galvão – DJ 24/3/2000 – republicado no DJ 14/4/2000)*

Finalmente, importante destacar que o dano ambiental muitas vezes é transfronteiriço e não ficará adstrito ao território de uma única comarca, podendo atingir o dito caráter regional – espalhando-se por diversos locais – ou o âmbito nacional.

Nessas hipóteses, deverá ser proposta a ação na capital do Estado ou no Distrito Federal (art. 93, II, do CDC), analisando-se a competência da Justiça Estadual ou Federal.

A SENTENÇA E A COISA JULGADA NA AÇÃO CIVIL PÚBLICA

Objeto da condenação – Conforme previsão expressa do artigo 3º da Lei 7.347/85, a ação civil pública terá por objeto a condenação em dinheiro ou o cumprimento de obrigação de fazer ou não fazer.

Em virtude das peculiaridades do dano ambiental, deve-se buscar o cumprimento das obrigações de fazer e não fazer, protegendo-se o meio ambiente tanto quanto possível, admitindo-se a indenização quando houver impossibilidade total ou parcial da recuperação do meio ambiente.

Pela regra do artigo 11 da referida lei, na condenação da obrigação de fazer ou não fazer, o juiz determinará o cumprimento da prestação da atividade devida ou cessação da atividade nociva, sob pena de execução específica ou de cominação de multa diária (*astreinte*).

Os valores arrecadados, conforme previsão do artigo 13 da Lei 7.347/85, serão revertidos a um fundo gerido por um conselho federal ou por conselhos estaduais de que participarão, necessariamente, o Ministério Público e representantes da comunidade, sendo seus recursos destinados à reconstituição dos bens lesados.

Com aplicação subsidiária da Lei 8.078, de 11 de setembro de 1990, o Código de Defesa do Consumidor (CDC), artigo 84, § 5º, teria ampliado as medidas destinadas a tornar efetiva a decisão judicial nas ações que tenham por objeto o cumprimento de obrigação de fazer ou não fazer, dentre as quais podemos enfatizar: a concessão pelo juiz de tutela específica da obrigação ou a determinação de providências que assegurem o resultado prático equivalente ao do adimplemento, tais como busca e apreensão, remoção de coisas e pessoas, desfazimento de obra, impedimento de atividade nociva, além de requisição de força policial.

Coisa julgada – A sentença fará coisa julgada *erga omnes* – efeitos serão para todos –, artigo 16 da Lei 7.347/85, que precisa ser conjugado com as inovações trazidas pelo artigo 103 do CDC, no tocante à disciplina da coisa julgada nas ações coletivas. Assim, a sentença faz coisa julgada com relação a todos, sendo o pedido acolhido ou rejeitado no mérito. Se, contudo, a ação for julgada improcedente por insuficiência de provas, qualquer legitimado poderá intentar outra ação com idêntico fundamento, mas com novas provas.

Nesse sentido, a regra do artigo 103 do CDC ao prever:

"nas ações coletivas de que trata este Código, a sentença fará coisa julgada:
I – erga omnes, *exceto se o pedido for julgado improcedente por insuficiência de provas, hipótese em que qualquer legitimado poderá intentar outra ação, com idêntico fundamento, valendo-se de nova prova, na hipótese do inciso I do parágrafo único do artigo 81;*
II – ultra partes, *mas limitadamente ao grupo, categoria ou classe, salvo improcedência por insuficiência de provas, nos termos do inciso anterior, quando se tratar da hipótese prevista no inciso II do parágrafo único do artigo 81;*
III – erga omnes, *apenas no caso de procedência do pedido, para beneficiar todas as vítimas e seus sucessores, na hipótese do inciso III do parágrafo único do artigo 81.*

Como se sabe, o artigo 81, parágrafo único, incisos I, II e III do CDC, trata dos interesses ou direitos difusos, interesses ou direitos coletivos e interesses ou direitos individuais homogêneos respectivamente.

É necessário frisar que, mesmo tendo sido proposta ou julgada eventual ação civil pública, o indivíduo lesado, com danos individualmente sofridos, pode demandar a correspondente indenização com base na própria Lei 6.938/81 – art. 14, § 1º.

Por fim, ainda quanto à **extensão da coisa julgada,** devemos analisar como fica a questão da eficácia das decisões proferidas na ação civil pública ambiental, em razão do disposto no artigo 16 da Lei 7.347/85, com a redação dada pela Lei 9.494/97, tendente a impedir a coisa julgada de abrangência regional ou nacional nas ações coletivas.

Com efeito, referido dispositivo previu efeitos *erga omnes* nos limites da competência territorial do órgão prolator.

No entanto, vale ressaltar que o âmbito de abrangência da coisa julgada é determinado pelo pedido e não pela competência.

Nelson Nery Júnior e Rosa Maria de Andrade Nery (*Código de Processo Civil comentado*, p. 284-285) mostraram bem o equívoco do legislador ao confundir limites subjetivos da coisa julgada com jurisdição e competência. Afirmam:

"Nas ações coletivas (v.g., LACP 16 e CDC 81 ss), a coisa julgada produzirá seus efeitos erga omnes *ou* ultra partes, *dependendo do caso (CDC 103)".*

O que importa é quem foi atingido pela coisa julgada material. Assim, vemos que se o juiz que proferiu a sentença for competente, sua sentença produzirá efeitos *erga omnes* ou *ultra partes* conforme o caso, em todo território nacional.

Nesse sentido, por exemplo, uma sentença de divórcio proferida por um juiz de São Paulo vai valer no Rio de Janeiro ou será que nesta última comarca o casal continuaria casado? Claro que a sentença vai valer em todo o território nacional.

Assim, Nelson Nery Júnior e Rosa Maria de Andrade Nery (*idem*) concluem:

> *"A restrição contida na LACP 16, com a redação dada pela Lei 9.494/97, de que a eficácia* erga omnes *da coisa julgada seria restrita ao limite territorial da competência do juiz que proferiu a sentença, não tem nenhum efeito, pelo fato de a Lei 9.494/97, no particular, ser inconstitucional por ferir os princípios constitucionais do direito de ação, da razoabilidade e da proporcionalidade e, ainda, por não ter sido alterado o CDC 103, que incide na espécie por força da LACP 21".*

Dessa forma, tem-se propugnado pela ineficácia do disposto no artigo 16 da Lei 7.347/85, no que se refere a essa tentativa de restrição territorial de seus efeitos.

Por fim, interessa destacar que a ação civil pública seguirá, em regra, procedimento comum ordinário aplicando-se, subsidiariamente o Código de Processo Civil (conforme art. 19 da Lei 7.347/85), podendo ser intentada, ainda, medida cautelar objetivando evitar o dano ao meio ambiente (art. 4º da Lei 7.347/85).

PARTICULARIDADES DA AÇÃO CIVIL PÚBLICA

Inquérito civil – O inquérito civil, com previsão no artigo 8º, § 1º, da Lei 7.347/85, é um procedimento administrativo investigatório com caráter pré-processual e que se realiza extrajudicialmente, a cargo do Ministério Público. É uma investigação que se destina a colher elementos de convicção para promoção de ação civil pública ou coletiva. Não é obrigatório, podendo ser dispensado se o promotor de Justiça já tiver em mãos os elementos para propor a ação principal.

Na falta de elementos para propositura da ação, o promotor de Justiça pode promover o arquivamento sem intervenção judicial, devendo apenas, no prazo de três dias, encaminhar os autos à apreciação do Conselho Superior do Ministério Público.

> ***Observação:*** nada impede a propositura de ação por parte dos demais legitimados.

Termo de Ajuste de Conduta (TAC) (art. 5º, § 6º, da Lei 7.347/85) – O TAC é um acordo extrajudicial – no geral realizado na fase do inquérito civil – que versa sobre a composição do dano ambiental na esfera coletiva, de modo que os lesados individualmente continuam com acesso direto à jurisdição.

Apenas os órgãos públicos estão legitimados a celebrar o acordo (Ministério Público e pessoas políticas de direito público interno).

A lei não exige homologação judicial para o TAC, porém se a transação versar sobre interesses difusos, coletivos ou individuais homogêneos que estejam sendo objeto de discussão em juízo, nesse caso, deverá haver a homologação judicial para o ajuste produzir o efeito de extinguir o processo. Nada obsta que seja efetivado em juízo no próprio processo.

O produto da condenação em dinheiro não beneficia o autor da ação, mas é recolhido a um fundo destinado à restituição dos bens lesados (art. 13, LACP).

A imprescritibilidade da ação civil pública – A ACP visa à tutela de um direito humano fundamental, indisponível do ser humano e à proteção de um bem de uso comum do povo – direito ao meio ambiente ecologicamente equilibrado, bem de uso comum do povo e essencial à sadia qualidade de vida.

Logo, tal direito não é atingido pela prescrição, sendo a imprescritibilidade sua característica.

Esse direito ao meio ambiente ecologicamente equilibrado não é direito patrimonial, muito embora possa ser valorado para fins indenizatórios.

A obrigatoriedade da ação civil pública – Aqui temos de verificar a questão em face do Ministério Público (MP), assim como outros legitimados.

Para o MP temos de verificar a disposição do artigo 5º da Lei 7.347/85 em consonância com o previsto no artigo 81 do CPC e devemos ter como obrigatório o exercício da ação civil pública, identificada hipótese que enseje seu ajuizamento, afastado o princípio dispositivo.

Em outras palavras: se identificada a degradação ambiental que demanda atuação do MP, não se admite a recusa deste em tomar as providências necessárias para prevenir/fazer cessar ou reparar o dano e as consequências do fato danoso. Diz-se que existe um verdadeiro dever-poder de agir por parte do MP. A própria Lei Orgânica Nacional do MP determina ser incumbência – isto é – dever do MP a promoção do inquérito civil e da ação civil pública.

Por outro lado, se o órgão do MP verificar que inexiste fundamento para o ajuizamento da demanda coletiva, por não ter identificado lesão ou ameaça de lesão ao meio ambiente, não há como se exigir a propositura da ação. Mesmo nesse caso, a opção do representante do MP pela não propositura da ação civil pública ambiental estará sujeita a controle pelo Conselho Superior do MP, conforme artigo 9º, §§ 1º ao 4º da Lei 7.347/85. Nessa hipótese, a iniciativa judicial dos demais colegitimados está livre, isto é, mesmo que o MP não tenha proposto a ação os demais podem vir a fazê-la.

Ainda, é importante destacar que para os demais colegitimados ativos vigora, em sua plenitude, o princípio dispositivo, podendo a ação civil pública ambiental ser ou não por eles proposta.

A indisponibilidade da ação civil pública – A desistência, o abandono da ação, a transação no curso do processo. Em primeiro lugar, temos de ressaltar que, em virtude do caráter obrigatório da ACP para o MP, vigoraria também o princípio da indisponibilidade da ação, em razão dos interesses protegidos. Assim, não se admitiria, como regra, a renúncia ao direito de ação, a desistência da ação proposta ou o abandono dela nem a transação para pôr fim ao litígio.

O que temos de verificar é: como isso tudo se aplica à Lei 7.347/85?

1. Quanto ao MP, a lei não fala nada. A doutrina tem entendido ser possível desistência da ação proposta pelo MP em determinadas circunstâncias (por ex.:

desde que se convença que não houve ou cessou a lesão ou o risco de lesão, caso contrário, se desistir quando não devia – fica configurada falta funcional grave).

2. Para os demais legitimados ativos, eles não têm obrigação de ajuizar a demanda e, para as associações, existe dispositivo específico na Lei 7.347/85 – artigo 5º, § 3º, pela qual podem desistir das ações e abandonar a causa competindo ao MP ou outro legitimado o prosseguimento na demanda. Embora o dispositivo fale somente em associações, tem-se entendido que pode haver a desistência por parte de qualquer outro legitimado ativo para a causa.

E a transação? Como fica? – Em virtude do bem protegido – no caso da ACP ambiental –, meio ambiente enquanto bem de uso comum do povo – pelo fato de não se tratar de bem e direito de natureza privada, não se deveria admitir a transação no âmbito da ACP com o intuito de pôr um fim ao litígio instaurado.

No entanto, a doutrina manifesta-se no sentido de admitir a transação na ACP, desde que, por seu intermédio, seja possível conseguir praticamente tudo o que era objeto do pedido, na forma de autocomposição da lide.

Esse posicionamento foi reforçado com a edição da Lei 7.661/88, que instituiu o Plano Nacional de Gerenciamento Costeiro e à época já previu expressamente a possibilidade de celebração de acordos judiciais em ações de reparação de danos ao meio ambiente ocorridos na zona costeira – artigo 7º, parágrafo único.

Mais reforço ganhou o tema com a introdução no texto da Lei 7.347/85 (por modificação trazida pelo CDC – Lei 8.078/90 – do dispositivo que autoriza a tomada do denominado "compromisso de ajustamento de conduta às exigências legais" – artigos 5º, § 6º, entendido como modalidade de acordo extrajudicial passível de ser firmado entre órgãos públicos legitimados para a causa na ACP e o degradador ambiental sendo para muitos considerado a consagração no nosso sistema pátrio, da admissibilidade de transação em direitos difusos).

Não existe tecnicamente uma transação, até porque esta pressupõe concessões mútuas. Em se tratando de direitos difusos e coletivos, dada a indisponibilidade dos mesmos, não seria possível transacionar quanto a eles... e então, tem-se admitido que nesses compromissos de ajustamento de conduta ocorre exatamente isso, um ajuste de conduta do poluidor/degradador às exigências legais, desde que não se vislumbre nenhum tipo de benesse, aos responsáveis pelo dano, que possa vir afastar a reparação ou proporcioná-la apenas de forma parcial.

Ação popular em matéria ambiental

HISTÓRICO - A ação popular é o instrumento jurídico por meio do qual o cidadão visa evitar ou anular ato lesivo ao patrimônio público ou de entidade de que o Estado participe, ou ato que atente à moralidade administrativa, ao meio ambiente e ao patrimônio histórico e cultural. É um meio de participação política extremamente importante que nasce da necessidade de se melhorar a defesa do interesse público e da moral administrativa.

Instituto previsto pela Lei 4.717/65, recepcionada pela Constituição de 1988, verificamos que possui sistemática própria, tendo seu objeto de ação alargado, podendo ser utilizada para a proteção ambiental também, a partir de 1988.

Nesse sentido, o artigo 5º, LXXIII, da CF/88 nos seguintes termos:

> *"qualquer cidadão é parte legítima para propor ação popular que vise a anular ato lesivo ao patrimônio público ou de entidade de que o Estado participe, à moralidade administrativa, ao meio ambiente e ao patrimônio histórico e cultural, ficando o autor, salvo comprovada má-fé, isento de custas judiciais e do ônus da sucumbência".*

A colocação do termo "popular" ao *nomem iuris* do instituto – deriva da natureza impessoal do interesse defendido; a coisa do povo. É uma atuação do cidadão na defesa do patrimônio comum de todos. Nesse caso, o cidadão não defende direito próprio, mas direito de toda a coletividade contra ato ilegal e lesivo do patrimônio da coletividade. O objeto da ação popular é uma situação concreta capaz de lesar o patrimônio público.

Verifica-se que a ação popular pode ser utilizada de modo preventivo, quando é ajuizada antes da consumação dos efeitos lesivos ou repressivamente, quando há o ajuizamento da ação buscando o ressarcimento do dano causado.

Trata-se de uma ação constitucional de natureza civil.

LEGITIMAÇÃO ATIVA - O sujeito ativo é o cidadão (art. 1º da Lei 4.717/65) – Pessoa física titular e no gozo dos direitos políticos. Somente poderá ser autor da ação popular o cidadão – brasileiro nato ou naturalizado, desde que esteja no pleno gozo de seus direitos políticos. Dessa forma, também os indivíduos com idade entre 16 e 18 anos podem utilizar a medida e, pelo fato de ser um direito político, tal qual o direito de voto, não há necessidade de assistência. (Nesse sentido, Alexandre de Moraes, *Direito Constitucional*, p. 173). Por fim, o português equiparado, no gozo dos seus direitos políticos, também possui legitimação para propositura da ação popular. Alexandre de Moraes (*op. cit.*, *idem*) conclui:

> *"A comprovação da legitimidade será feita com a juntada do título de eleitor (brasileiros) ou do certificado de equiparação e gozo dos direitos civis e políticos e título de eleitor (português equiparado)".*

Assim, excluem-se do polo ativo: estrangeiros, apátridas, os brasileiros que estiverem com os direitos políticos suspensos ou perdidos (art. 15 da CF/88) e ainda as pessoas jurídicas nos termos da Súmula 365 do STF, que é expressa ao prever:

> *"Pessoa jurídica não tem legitimidade para propor ação popular".*

LEGITIMAÇÃO PASSIVA - O sujeito passivo vem determinado pelo artigo 6º da Lei 4.717/65, podendo a ação ser proposta contra: as pessoas públicas ou privadas e as entidades referidas no artigo 1º, contra as autoridades, funcionários ou administradores que houverem autorizado, aprovado, ratificado ou praticado o ato impugnado, ou que, por omissas, tiverem dado oportunidade à lesão, e contra os beneficiários diretos do mesmo.

§ 1º – Se não houver benefício direto do ato lesivo, ou se for ele indeterminado ou desconhecido, a ação será proposta somente contra as outras pessoas indicadas nesse artigo.

Observação: o Ministério Público acompanhará a ação, cabendo-lhe apressar a produção da prova e promover a responsabilidade, civil ou criminal, dos que nela incidirem, sendo-lhe vedado, em qualquer hipótese, assumir a defesa do ato impugnado ou dos seus autores.

É facultado a qualquer cidadão habilitar-se como litisconsorte ou assistente do autor da ação popular (art. 6º, § 5º, Lei 4.717/65).

PROCEDIMENTO - A competência para processar e julgar a ação popular será determinada pela origem do ato a ser anulado, observando-se as normas gerais e legais de competência.

Como requisito da inicial, deve-se juntar na inicial cópia autenticada do título de eleitor – para os brasileiros – ou certificado de equiparação e gozo de direitos civis e políticos e título de eleitor – para o português equiparado.

Quanto à natureza da decisão da ação popular, verifica-se que é desconstitutiva e condenatória, pois visa anular o ato impugnado e também condenar os responsáveis e beneficiários em perdas e danos.

Conforme previsão do artigo 18 da Lei 4.717/65, a decisão proferida – seja pela procedência ou pela improcedência em razão de ser infundada a ação, produzirá efeitos de coisa julgada *erga omnes*. No entanto, se julgada improcedente por falta de provas, abre-se a possibilidade de ajuizamento de nova ação com o mesmo objeto e fundamento, já que prevalece o interesse público na defesa da moralidade administrativa. Como regra, o autor ficará isento de custas judiciais e do ônus da sucumbência, salvo comprovada má-fé.

Habeas data ambiental

HISTÓRICO - O *habeas data,* entre nós, é uma inovação que surgiu com a Constituição de 1988, sendo regulamentado pela Lei 9.507/97. Na verdade, foi concebido como um instrumento para evitar os arbítrios cometidos no país, à época da ditadura, quando os órgãos de informação utilizavam dados sobre as pessoas, tais como convicção política, filosófica, conduta pessoal para impor sanções a elas, muitas vezes sem que o afetado tivesse conhecimento da informação.

Destina-se a assegurar o direito de acesso a informações constantes de registros ou de bancos de dados de entidades governamentais ou de caráter público para o **conhecimento,** bem como viabilizar a **retificação** de eventuais informações incorretas (erradas), imprecisas **ou**, apesar de corretas e verdadeiras, desatualizadas, todas referentes a dados pessoais, concernentes à pessoa do impetrante.

A CF/88 no artigo 5°, LXXII – prevê que:

"Conceder-se-á habeas data*:*
a) para assegurar o conhecimento de informações relativas à pessoa do impetrante, constantes de registros ou bancos de dados de entidades governamentais ou de caráter público;
b) para a retificação de dados, quando não se prefira fazê-lo por processo sigiloso, judicial ou administrativo".

Na Lei 9.507/97, encontramos no artigo 7° a previsão da medida nos seguintes termos:

"Conceder-se-á habeas data*:*
I – para assegurar o conhecimento de informações relativas à pessoa do impetrante, constantes de registro ou banco de dados de entidades governamentais ou de caráter público;
II – para a retificação de dados, quando não se prefira fazê-lo por processo sigiloso, judicial ou administrativo;
III – para a anotação nos assentamentos do interessado, de contestação ou explicação sobre dado verdadeiro mas justificável e que esteja sob pendência judicial ou amigável".

Vale lembrar ainda do § 2º do artigo 4º da Lei 9.507/97, que prevê:

"ainda que não se constate a inexatidão do dado, se o interessado apresentar explicação ou contestação sobre o mesmo, justificando possível pendência sobre o fato objeto do dado, tal explicação será anotada no cadastro do interessado".

Verifica-se, portanto, que o *habeas data* é um remédio constitucional, verdadeira ação constitucional que tem por finalidade proteger a esfera íntima dos indivíduos (pessoas físicas ou jurídicas), possibilitando a obtenção e a retificação de dados e informações constantes de entidades governamentais ou de caráter público.

Por fim, deve-se destacar a correlação do *habeas data* com o direito de informação, constitucionalmente consagrado no artigo 5º, XXXIII, da CF/88. Tal dispositivo prevê que:

"Todos têm direito a receber dos órgãos públicos informações de seu interesse particular, ou de interesse coletivo ou geral, que serão prestadas no prazo da lei, sob pena de responsabilidade, ressalvadas aquelas cujo sigilo seja imprescindível à segurança da sociedade e do Estado".

Assim sendo, tem-se entendido que não há que se falar em sigilo de dados quando do pedido de informações sobre a própria pessoa, e caso ocorra a restrição teríamos a possibilidade da impetração do *habeas data.*

LEGITIMIDADE ATIVA - Poderá ser impetrado tanto por pessoa física, quanto jurídica sendo, via de regra, ação personalíssima, portanto, individual, não se admitindo pedido de terceiros nem sucessão no direito de pedir. Há, contudo, posicionamento admitindo que os herdeiros legítimos do falecido ou seu cônjuge supérstite possam impetrá-lo. Nesse sentido, Alexandre de Moraes (*op. cit.,* p.133) afirma que excepcionalmente o extinto Tribunal Federal de Recursos, em sessão plenária, admitiu essa legitimação, salientando, porém, tratar-se de decisão:

"que supera o entendimento meramente literal do texto, com justiça, pois não seria razoável que se continuasse a fazer uso ilegítimo e indevido dos dados do morto, afrontando sua memória, sem que houvesse meio de corrigenda adequada".

No tocante à pessoa jurídica, a utilização do *habeas data* para retificação de dados, por exemplo, pode ser importante instrumento de defesa de seu patrimônio moral, evitando a difusão de informações inexatas e deturpadas.

LEGITIMIDADE PASSIVA - O impetrado deve ser entidade governamental ou de caráter público. Considera-se de caráter público todo registro ou bancos de dados contendo informações que sejam ou que possam ser transmitidas a terceiros ou que não sejam de uso privativo do órgão ou entidade produtora ou depositária das informações (parágrafo único do art. 1 º da Lei 9.507 de 1997).

Portanto, desde que as informações sejam terceirizáveis, o órgão que as mantiver em seus registros ou bancos de dados – quer seja uma entidade pública ou privada, mas desde que mantenha bancos de dados ou registros de caráter público – pode figurar como impetrado na ação de *habeas data.*

PROCEDIMENTO - Em relação aos *habeas data,* foi editada a Lei 9.507/97, para disciplinar o procedimento do remédio. Anote-se, desde logo, que a utilização do remédio só terá cabimento na hipótese de recusa da autoridade administrativa em prestar as informações solicitadas.

No mesmo sentido, a Súmula 2 do STJ prevendo que "não cabe o *habeas data* (CF 5º, LXXII, letra "a") se não houve recusa de informações por parte da autoridade administrativa".

Nesse aspecto, o parágrafo único do artigo 8º da lei estabeleceu que a petição inicial do *habeas data* deve ser instruída com a prova da recusa ao acesso às informações ou do decurso de mais de dez dias sem decisão; da recusa em fazer-se a retificação ou do decurso de mais de 15 dias, sem decisão; da recusa em fazer-se a anotação a que se refere o § 2º do artigo 4º ou do decurso de mais de 15 dias sem decisão.

É relevante mencionar que, embora seja necessário comprovar uma pretensão resistida, em relação à obtenção da informação, e caiba até mesmo recurso administrativo dessa fase extrajudicial, não se poderá exigir do interessado a prévia exaustão das vias administrativas. Isso porque, a CF/88, artigo 5º, XXXV, garante o livre acesso ao Poder Judiciário ao determinar que *"a lei não excluirá da apreciação do Poder Judiciário lesão ou ameaça a direito"*. Dessa forma, apenas será preciso comprovar que se tentou obter a informação diretamente do banco de dados e tal não foi atendida, motivo pelo qual se abriu ao impetrante a necessidade de recorrer às vias jurisdicionais, por meio da medida cabível, qual seja o *habeas data*. Assim sendo, estaria configurado o interesse de agir, espelhado pelo binômio: necessidade e adequação da medida.

> ***Observação***: o texto constitucional prevê uma única exceção ao livre acesso ao Poder Judiciário quando, ao disciplinar o desporto, estabelece, no artigo 217, § 1º, que o Poder Judiciário só admitirá ações relativas à disciplina e às competições desportivas após esgotarem-se as instâncias da Justiça Desportiva, reguladas em lei.

Quanto à competência para julgamento do *habeas data,* verificamos que a Lei 9.507/97, no artigo 20, com o intuito de regulamentar as competências originárias e recursais da ação, repetiu as previsões constitucionais a esse respeito, notadamente artigo 102, I, alínea "d", quanto à competência originária do STF para julgar *habeas data* contra atos do presidente da República, das Mesas da Câmara dos Deputados e do Senado Federal, do Tribunal de Contas da União, do procurador-geral da República e do próprio Supremo Tribunal Federal; e artigo 102, II, alínea "a" quanto à competência recursal do STF para julgar em recurso ordinário os *habeas data* decididos em única instância pelos tribunais superiores, se denegatória a decisão (além desses casos, o artigo 20 da Lei 9.507/97 elenca várias outras hipóteses).

Nos termos do artigo 5º, LXXVII da CF/88 e artigo 21 da Lei 9.507/97, é uma ação gratuita, e os processos de *habeas data* terão prioridade sobre todos os atos judiciais, exceto *habeas corpus* e mandado de segurança, nos termos do artigo 19 da Lei 9.507/97.

A Emenda Constitucional 45/04 previu, ainda, como competência da Justiça do Trabalho a apreciação de *habeas data* quando o ato questionado envolver matéria sujeita à sua jurisdição (art. 114, IV da CF/88).

Na área ambiental, podemos identificar a utilização do *habeas data* com base na negativa da informação ou não atendimento do pedido no prazo legal.

A Lei 10.650, de 16 de abril 2003, expressamente determina o acesso público aos dados e informações existentes nos órgãos e entidades integrantes do Sistema Nacional do Meio Ambiente (Sisnama), ressalvando os casos de sigilo industrial, quando o interessado deverá informar aos órgãos públicos tal circunstância (art. 2º, §§ 2º e 3º).

No mais, conforme *caput* e incisos do artigo 2º, os órgãos e entidades da administração pública, direta, indireta e fundacional, integrantes do Sisnama, ficam obrigados a permitir o acesso público aos documentos, expedientes e processos administrativos que tratem de matéria ambiental e a fornecer todas as informações ambientais que estejam sob sua guarda, em meio escrito, visual, sonoro ou eletrônico, especialmente as relativas a:

"I – qualidade do meio ambiente;
II – políticas, planos e programas potencialmente causadores de impacto ambiental;
III – resultados de monitoramento e auditoria nos sistemas de controle de poluição e de atividades potencialmente poluidoras, bem como de planos e ações de recuperação de áreas degradadas;
IV – acidentes, situações de risco ou de emergência ambientais;
V – emissões de efluentes líquidos e gasosos e produção de resíduos sólidos;
VI – substâncias tóxicas e perigosas;
VII – diversidade biológica;
VIII – organismos geneticamente modificados".

Também o artigo 4º prevê que deverão ser publicados no *Diário Oficial* e ficar disponíveis, no respectivo órgão, em local de fácil acesso ao público, listagens e relações contendo os dados referentes aos seguintes assuntos:

I – pedidos de licenciamento, sua renovação e a respectiva concessão;
II – pedidos e licenças para supressão de vegetação;
III – autos de infrações e respectivas penalidades impostas pelos órgãos ambientais;
IV – lavratura de termos de compromisso de ajustamento de conduta;
V – reincidências em infrações ambientais;
VI – recursos interpostos em processo administrativo ambiental e respectivas decisões;
VII – registro de apresentação de estudos de impacto ambiental e sua aprovação ou rejeição.

É necessário frisar que a Lei 10.650/03 assegura a qualquer indivíduo, independentemente da comprovação de interesse específico, o acesso às informações de que ela trata, mediante requerimento escrito, no qual assumirá a obrigação de não utilizar as informações colhidas para fins comerciais, sob as penas da lei civil, penal, de direito autoral e de propriedade industrial, assim como de citar as fontes, caso, por qualquer meio, venha a divulgar os aludidos dados (art. 2º, § 1º).

Assim, o indeferimento de pedido de informações ou consulta a processos administrativos deverá ser motivado, sujeitando-se a recurso hierárquico, no prazo de 15 dias, contado da ciência da decisão, dada diretamente nos autos ou por meio de carta com aviso de recebimento, ou em caso de devolução pelo correio, por publicação no *Diário Oficial* (art. 5º).

Desse modo, conforme a sistemática do *habeas data,* vemos a possibilidade da utilização da medida nas hipóteses de negativa do pedido de informação ambiental ou nos casos de não atendimento no prazo estipulado.

Mandado de segurança em matéria ambiental

MANDADO DE SEGURANÇA INDIVIDUAL - O mandado de segurança individual encontra previsão constitucional no artigo (art. 5º, LXIX, da CF/88), o qual prevê:

> *"LXIX – conceder-se-á mandado de segurança para proteger direito líquido e certo, não amparado por* habeas corpus *ou* habeas data, *quando o responsável pela ilegalidade ou abuso de poder for autoridade pública ou agente de pessoa jurídica no exercício de atribuições do Poder Público".*

Além disso, a Lei 12.016, de 7 de agosto de 2009, que passou a cuidar da regulamentação da medida também previu esta hipótese no artigo 1º, determinando:

> *"Conceder-se-á mandado de segurança para proteger direito líquido e certo, não amparado por* habeas corpus *ou* habeas data, *sempre que, ilegalmente ou com abuso de poder, qualquer pessoa física ou jurídica sofrer violação ou houver justo receio de sofrê-la por parte de autoridade, seja de que categoria for e sejam quais forem as funções que exerça".*

Dessa forma, fica claro que o mandado de segurança só será utilizado de modo residual, isto é, nos casos nos quais não caiba a utilização de *habeas corpus* nem de *habeas data*, outros remédios constitucionais para sanar violações conforme veremos adiante. Assim, diz-se que o mandado de segurança tem campo de ação: residual – definido por exclusão (onde não cabe *habeas corpus* e *habeas data*, cabe mandado de segurança).

Histórico – O surgimento do mandado de segurança está ligado à restrição de abrangência do *habeas corpus*, conforme veremos.

Inicialmente, o *habeas corpus* foi considerado entre nós o remédio heroico, pois era utilizado não somente para garantir liberdade de locomoção, mas para assegurar a todos os indivíduos a defesa de qualquer direito ameaçado.

A Constituição Federal de 1891 foi a primeira a adotá-lo expressamente, no artigo 72, § 22, e de forma bem ampla, admitindo a extensão do *habeas corpus* ao amparo dos direitos pessoais e não só à liberdade física. Desse modo, ficou estabelecido nos seguintes termos:

"dar-se-á o habeas corpus *sempre que o indivíduo sofrer ou se achar em iminente perigo de sofrer violência, ou coação, por ilegalidade, ou abuso de poder".*

No entanto, a reforma constitucional posterior restringiu o cabimento do *habeas corpus* a vários direitos que não tinham mais um remédio eficaz de proteção. Dessa forma, com a Constituição de 1934, é criado o mandado de segurança para defesa célere dos direitos violados por ilegalidade ou abuso de poder que não pudessem ser tutelados por *habeas corpus.*

Natureza jurídica – É uma ação constitucional de natureza civil, com o intuito de proteger direito líquido e certo não amparado por *habeas corpus* ou *habeas data*. De plano, já salta aos olhos o campo de atuação residual do remédio, isto é, o que não puder ser amparado por *habeas corpus* ou *habeas data*, em se tratando de direito líquido e certo, poderá ser amparado por mandado de segurança.

Direito líquido e certo – É o direito demonstrado por prova documental irrefutável.

É aquele direito que pode ser demonstrado de plano através de prova pré-constituída, sem necessidade de dilação probatória. Trata-se de direito manifesto na sua existência, delimitado na sua extensão e apto a ser exercitado no momento da impetração.

Abrangência – Proteger direito líquido e certo não amparado por *habeas corpus* ou *habeas data* sempre que, ilegalmente ou com abuso do poder, alguém sofrer violação ou houver justo receio de sofrê-la por parte de autoridade pública, seja de que categoria for e sejam quais forem as funções que exerça, ou dirigentes de pessoas jurídicas ou as pessoas naturais no exercício de atribuições do Poder Público, somente no que disser respeito a essas atribuições.

Serve para atacar atos ou omissões podendo, ainda, ter um caráter preventivo, com intuito de evitar a lesão ou repressivo, quando se volta para obter a restauração do direito lesado.

A Lei 12.016, de 7 de agosto de 2009, passou a disciplinar o mandado de segurança individual e coletivo, além de dar outras providências. Na verdade, muitos dos dispositivos dessa lei consagram posições da doutrina e jurisprudência aplicáveis ao tema do mandado de segurança. Assim sendo, a partir da publicação de referida lei, suas disposições já entraram em vigor constando, até, a revogação expressa da Lei 1.533/51 e outras leis correlatas.

Verifica-se que a nova lei do mandado de segurança, além de tratar explicitamente do mandado de segurança individual, também se refere ao coletivo, inovação no nosso ordenamento desde a CF/88. Além disso, foram incorporadas à lei as posições já pacificadas pela jurisprudência, de modo que, a partir da publicação da nova lei, várias súmulas do STF passaram a ter suas previsões incluídas expressamente na nova lei.

Por exemplo: o STF já tinha pacificado entendimento em relação às situações nas quais não caberia mandado de segurança.

Nesse sentido, temos as súmulas abaixo transcritas:

"266. Não cabe mandado de segurança contra lei em tese".
"267. Não cabe mandado de segurança contra ato judicial passível de recurso ou correição".
"268. Não cabe mandado de segurança contra decisão judicial com trânsito em julgado".
"269. O mandado de segurança não é substitutivo de ação de cobrança".

Assim como a antiga Lei 1.533/51, que no artigo 5º previa um rol de situações nas quais não caberia a medida, hoje, a Lei 12.016/09 também no artigo 5º prevê um rol de situações nas quais não cabe o mandado de segurança, sendo elas:

I – de ato do qual caiba recurso administrativo com efeito suspensivo, independentemente de caução;
II – de decisão judicial da qual caiba recurso com efeito suspensivo;
III – de decisão judicial transitada em julgado.

Importante lembrar que, por se tratar de regra que restringe o uso de direito e garantia constitucional, o dispositivo deve ser interpretado de maneira restritiva.

Comentando as previsões dos incisos II e III, Cássio Scarpinella Bueno (*A Nova Lei do Mandado de Segurança – Comentários Sistemáticos à Lei* 12.016, de 7/8/2009, p. 20) alerta que a razão de ser da regra é a mesma:

"...o combate à decisão transitada em julgado deve ser feito pelos meios próprios – a 'ação rescisória' – que tem aptidão para evitar quaisquer lesões ou ameaças em face do que dispõe o artigo 489 do Código de Processo Civil..."

Sujeito ativo – O legitimado ativo, denominado impetrante é a pessoa interessada, o próprio titular do direito líquido e certo violado ou ameaçado de lesão.

Dessa forma, pode ser qualquer pessoa, física ou jurídica, além dos entes despersonalizados, mas com capacidade processual, tais como meãs do legislativo, espólio, massa falida.

Sujeito passivo – O legitimado passivo, denominado impetrado, nos termos do *caput* do artigo 1º da Lei 12.016/09, é a autoridade, seja de que categoria for e sejam quais forem as funções que exerça.

Cumpre destacar que o artigo 1º, § 1º, equipara às autoridades, para os efeitos dessa lei, os representantes ou órgãos de partidos políticos e os administradores de entidades autárquicas, bem como os dirigentes de pessoas jurídicas ou as pessoas naturais no exercício de atribuições do Poder Público, somente no que disser respeito a essas atribuições.

Nesse sentido, até mesmo, o STF já firmava entendimento com a súmula abaixo transcrita:

> *"510. Praticado o ato por autoridade, no exercício de competência delegada, contra ela cabe o mandado de segurança ou a medida judicial".*

Já o § 2º de referido artigo deixa claro que não cabe mandado de segurança contra os atos de gestão comercial praticados pelos administradores de empresas públicas, de sociedade de economia mista e de concessionárias de serviço público.

Dessa forma, pela Lei 12.016/09 – artigo 6º, § 3º – considera-se autoridade coatora aquela que tenha praticado o ato impugnado ou da qual emane ordem para sua prática.

Com base na análise do dispositivo, a nova lei parece querer permitir que seja impetrado mandado de segurança contra o mero executor do ato, isto é, o que praticou o ato ou então voltar-se contra o que expediu a ordem para sua prática (ou abstenção).

No entanto, Cássio Scarpinella Bueno (*op. cit.*, p. 280) alerta-nos que:

> *"Assim, para identificação da autoridade coatora em mandado de segurança, a despeito da aparente alternativa que se extrai da redação do § 3º do artigo 6º da Lei 12.016/09, mister que ela tenha poder decisório ou deliberativo sobre a prática do ato ou a abstenção de praticá-lo. O mero executor material do ato, que apenas cumpre os ordens que lhe são dadas, não lhe cabendo questioná-las, não pode ser entendido como autoridade coatora".*

A autoridade, portanto, é o agente público investido de poder de decisão para anular o ato atacado ou para suprir a omissão lesiva de direito líquido e certo do impetrante, não se confundindo, portanto, com o mero executor. Esse ponto é importante, porque é necessário propor a medida em face daquele que poderá corrigir a ilegalidade ou o abuso de poder.

Alexandre de Moraes (*op. cit.*, p. 145) esclarece-nos que:

> *"É firme e dominante a jurisprudência no sentido de que a indicação errônea da autoridade coatora afetará uma das condições da ação* (legitimatio ad causam), *acarretando, portanto, a extinção do processo, sem julgamento de mérito".*

Procedimento – O prazo para impetração do mandado de segurança, de acordo com o artigo 23 da Lei 12.016/09, é de 120 dias contados da ciência, pelo interessado, do ato impugnado. Tal prazo não se suspende nem se interrompe, sendo considerado prazo decadencial.

A petição inicial, que deverá preencher os requisitos dos artigos 282 e 283 do Código do Processo Civil, será apresentada em duas vias e os documentos, que instruírem a primeira, deverão ser reproduzidos, por cópia, na segunda.

Muitas vezes, para evitar o perecimento do objeto, o impetrante poderá solicitar concessão de liminar, desde que, é claro, demonstre o *fumus boni iuris* e o *periculum in mora*.

Por expressa previsão do artigo 7º, III, ao despachar a inicial, o juiz ordenará que se suspenda o ato que deu motivo ao pedido, quando houver fundamento relevante e do ato impugnado puder resultar a ineficácia da medida, caso seja finalmente deferida, sendo facultado exigir do impetrante caução, fiança ou depósito, com o objetivo de assegurar o ressarcimento à pessoa jurídica. Deve-se frisar que os efeitos da medida liminar, salvo se revogada ou cassada, persistirão até a prolação da sentença cabendo, da decisão do juiz de primeiro grau que concedê-la ou denegá-la agravo de instrumento, observado o disposto na Lei 5.869, de 11 de janeiro de 1973 – Código de Processo Civil.

Por fim, deferida a medida liminar, o processo terá prioridade para julgamento.

Importante lembrar, também, que não será concedida medida liminar que tenha por objeto a compensação de créditos tributários, a entrega de mercadorias e bens provenientes do exterior, a reclassificação ou equiparação de servidores públicos e a concessão de aumento ou a extensão de vantagens ou pagamento de qualquer natureza.

Recebida a inicial, notifica-se a autoridade coatora para prestar informações e, após, os autos com tais informações irão para o Ministério Público para confecção de parecer, seguindo-se a sentença.

Com a leitura do artigo 12 da nova lei, verifica-se que o representante do Ministério Público, opinará, dentro do prazo improrrogável de dez dias e com ou sem o parecer do Ministério Público, os autos serão conclusos ao juiz, para a decisão, a qual deverá ser necessariamente proferida em 30 dias.

A lei prevê, ainda, que da sentença, denegando ou concedendo o mandado, cabe apelação e determina que uma vez concedida a segurança, a sentença estará sujeita obrigatoriamente ao duplo grau de jurisdição. Assim, se for sentença que acolhe o pedido do impetrante tem lugar o dito reexame necessário com a nomenclatura que a lei lhe dá de – duplo grau de jurisdição.

A lei determina a aplicação subsidiária dos artigos 46 a 49 do Código de Processo Civil, lembrando, ainda, que não cabem, no processo de mandado de segurança, a interposição de embargos infringentes e a condenação ao pagamento dos honorários advocatícios, sem prejuízo da aplicação de sanções no caso de litigância de má-fé (conforme previsões dos artigos 24 e 25 da Lei 12.016/09).

Por fim, o artigo 26 da lei criminalizou o não cumprimento das decisões proferidas em mandado de segurança estabelecendo: *"Constitui crime de desobediência, nos termos do artigo 330 do Decreto-lei 2.848, de 7 de dezembro de 1940, o não cumprimento das decisões proferidas em mandado de segurança, sem prejuízo das sanções administrativas e da aplicação da Lei 1.079, de 10 de abril de 1950, quando cabíveis".*

MANDADO DE SEGURANÇA COLETIVO - O artigo 5º, inciso LXX da Constituição Federal enuncia que: *o mandado de segurança coletivo pode ser impetrado por:*

a) partido político com representação no Congresso Nacional;
b) organização sindical, entidade de classe ou associação legalmente constituída e em funcionamento há pelo menos um ano, em defesa dos interesses de seus membros ou associados.

O mandado de segurança coletivo é uma inovação da CF/88, com intuito de evitar a multiplicidade de demandas iguais e a demora da prestação jurisdicional. Serve para a defesa dos mesmos direitos que podem ser defendidos pelo mandado de segurança individual, só que voltados à defesa dos interesses coletivos.

Nesse sentido, o artigo 21 da Lei 12.016/09 esclarece que os direitos protegidos pelo mandado de segurança coletivo podem ser:

I – coletivos, assim entendidos, para efeito desta lei, os transindividuais, de natureza indivisível, de que seja titular grupo ou categoria de pessoas ligadas entre si ou com a parte contrária por uma relação jurídica básica;
II – individuais homogêneos, assim entendidos, para efeito desta lei, os decorrentes de origem comum e da atividade ou situação específica da totalidade ou de parte dos associados ou membros do impetrante.

Saliente-se que devem estar preenchidos os demais requisitos do mandado de segurança individual, devendo a aplicação deste observar os mesmos requisitos, isto é, aplicação por exclusão, quando não for nem caso de *habeas corpus* ou *habeas data,* e na defesa de direito líquido e certo nos casos de ilegalidade ou abuso de poder praticado por autoridade.

Quanto à representação do partido político, entende-se que o mesmo se considera representado com a existência de um deputado – na Câmara, ou um senador – no Senado e, segundo orientação de interpretação conferida pelo Superior Tribunal de Justiça (STJ), só pode impetrar mandado de segurança coletivo para a defesa dos seus filiados, sempre em questões político-eleitorais, portanto, com campo material específico, desde que autorizado por lei ou pelo estatuto. (STJ – 1ª Seção – Mandado de Segurança 197/DF – rel. min. Garcia Vieira, acórdão em 20/8/1990.)

Data venia, entendemos que a posição adotada é mais restritiva do que a própria previsão constitucional, já que o dispositivo do artigo 5º, LXX, alínea "a", não previu qualquer limitação à atuação dos partidos políticos, apenas exigindo sua representação no Congresso Nacional para intentar a medida. (Também nessa esteira de raciocínio: Alexandre de Moraes *in Direito Constitucional*, p. 154; Pedro Lenza *Direito Constitucional Esquematizado*, p. 650 e RE. 196.184/AM – rel. min. Ellen Gracie, in *Informativo STF 372,* de 8/12/2004.)

No mesmo sentido, agora com base na interpretação a ser feita a partir da nova lei, Cássio Scarpinella Bueno (*op. cit.*, p. 124) assevera:

> *"Assim, importa interpretar de forma ampla a primeira parte do artigo 21,* caput, *da Lei 12.016/09: o partido político tem legitimidade para a impetração do mandado de segurança coletivo tanto que o direito (interesse) a ser tutelado coincida com suas finalidades programáticas, amplamente consideradas, independentemente de a impetração buscar a tutela jurisdicional de seus próprios membros. Só pode ser esta e nenhuma outra, sob pena de violação do 'modelo constitucional do mandado de segurança', a compreensão da 'pertinência temática' do mandado de segurança coletivo impetrado pelos partidos políticos".*

Quando o impetrante é organização sindical, entidade de classe ou associação, a legitimação para o mandado de segurança é extraordinária, ocorrendo substituição processual, isto é, o impetrante defende, em nome próprio, direito alheio.

A lei acolheu matéria de duas importantes súmulas do STF, quais sejam a que dispensava autorização especial e a que consagrava a defesa de direitos "líquidos e certos" da "totalidade, ou de parte, dos seus membros ou associados".

Súmula 629: *A impetração de mandado de segurança coletivo por entidade de classe em favor dos associados independe da autorização destes.*

Nesse caso, verifica-se que não é necessária a autorização específica, bastando a estatutária.

Súmula 630: *A entidade de classe tem legitimação para o mandado de segurança ainda quando a pretensão veiculada interesse apenas a uma parte da respectiva categoria.*

Nessa situação, não é necessário que o mandado veicule direito da totalidade dos associados, bastando que se refira a uma parcela deles.

Assim, conforme previsão do artigo 21 da Lei 12.016/09, o mandado de segurança coletivo pode ser impetrado por partido político com representação no Congresso Nacional, na defesa de seus interesses legítimos relativos a seus integrantes ou à finalidade partidária, ou por organização sindical, entidade de classe ou associação legalmente constituída e em funcionamento há, pelo menos, um ano, em defesa de direitos líquidos e certos da totalidade, ou de parte, dos seus membros ou associados, na forma dos seus estatutos e desde que pertinentes às suas finalidades, dispensada, para tanto, autorização especial.

Na área ambiental, organizações não governamentais (ONGs), verdadeiras associações, podem utilizar o mandado de segurança coletivo para a proteção de direito líquido e certo de natureza ambiental, seja na hipótese de violação ou quando houver justo receio dessa violação, isto é, o mandado de segurança pode então ser repressivo ou preventivo.

Isso é possível, porque conforme ressalta Celso Antonio Pacheco Fiorillo (*op. cit.*, p. 499):

"Nos moldes estabelecidos pela Constituição Federal de 1988 e pela Lei 6.938/81, constatamos que o meio ambiente ecologicamente equilibrado é um direito líquido e certo. Todavia, ao exercermos o direito de ação de mandado de segurança ambiental, a realização desses dois requisitos – liquidez e certeza – estará adstrita à demonstração de que a violação do direito impede o desfrute de um meio ambiente sadio e equilibrado, a contento do que prevê a Constituição. Verificada aludida situação, presentes estarão a liquidez e a certeza do direito pleiteado em sede de mandado de segurança".

No entanto, muito se discute, ainda, a utilização do mandado de segurança para a proteção do meio ambiente, em face da necessidade, em muitos casos, da realização de prova pericial para a comprovação dos danos ambientais.

Mandado de injunção em matéria ambiental

NATUREZA JURÍDICA - Mandado de injunção é ação constitucional utilizada para tornar efetivo o exercício de um direito, no caso concreto, quando tal exercício estiver sendo prejudicado pela falta da norma regulamentadora.

Encontra previsão no artigo 5°, LXXI, da Constituição Federal, o qual preceitua que:

"conceder-se-á mandado de injunção sempre que a falta de norma regulamentadora torne inviável o exercício dos direitos e liberdades constitucionais e das prerrogativas inerentes à nacionalidade, à soberania e à cidadania".

LEGITIMAÇÃO ATIVA - Qualquer pessoa, física ou jurídica, interessada na questão, ou seja, quem estiver sendo atingido pela falta da norma regulamentadora.

O STF já admitiu, até, ajuizamento de mandado de injunção coletivo considerando legitimadas, por analogia, as mesmas entidades do mandado de segurança coletivo. O requisito será a falta de norma regulamentadora que torne inviáveis os direitos, liberdades ou prerrogativas dos membros ou associados (indistintamente) (MI 342-4-SP. Relator min. Moreira Alves – RT 713/240.)

No caso em questão, tivemos a seguinte decisão:

"Preliminarmente, o Tribunal, por votação unânime, admitiu a legitimidade ativa do sindicato impetrante – Sindicato das Microempresas e Empresas de Pequeno Porte do Comércio do Estado de São Paulo (Simpec) no mérito, o Tribunal, por maioria de votos, deferiu, em parte, o pedido de mandado de injunção, para que se comunique, ao Congresso Nacional a mora em que se encontra, a fim de que sejam adotadas

as providências necessárias para o suprimento da omissão. Vencidos, em parte, o min. Marco Aurélio, que também deferia o pedido e fixava as condições necessárias para o exercício do direito, e o min. Néri da Silveira, que fixava o prazo de 120 dias ao Congresso Nacional para a conclusão dos trabalhos legislativos. Votou o presidente na preliminar e no mérito. Plenário, 8/4/1994".

SUJEITO PASSIVO - No tocante ao polo passivo da ação, somente a pessoa estatal poderá ser demandada e nunca o particular (que não tem o dever de regulamentar a CF).

Se for uma omissão legislativa federal, figura no polo passivo o Congresso Nacional, exceto se a omissão se referir à lei de iniciativa privativa do presidente da República, quando, então, ele deve figurar no polo passivo.

COMPETÊNCIA - A determinação do órgão competente para analisar o remédio do mandado de injunção vai depender de qual órgão omisso. Assim, pelo texto constitucional, serão competentes o STF: artigo 102, I, "q"→ julgamento de MI originário / artigo 102, II, "a" → julgamento de MI em recurso ordinário e o STJ: artigo 105, I, "h", – julgamento de MI originário.

Por fim, o artigo 121, § 4º, V – da CF/88 –, também prevê a competência do Tribunal Superior Eleitoral para julgar, em grau de recurso, o mandado de injunção que tiver sido denegado pelo Tribunal Regional Eleitoral.

PROCEDIMENTO - De acordo com o artigo 24, parágrafo único da Lei 8.038/90, vamos observar no processamento do mandado de injunção, no que couber, as normas de procedimento do mandado de segurança.

É importante salientar, porém, que a jurisprudência do Supremo Tribunal Federal já se pacificou pela impossibilidade da concessão de medida liminar por ser imprópria ao instituto do mandado de injunção.

Os efeitos da decisão em mandado de injunção, pelo menos por enquanto, não têm sido realmente satisfatórios, pois a principal orientação do STF é a de apenas declarar a omissão e comunicar ao órgão competente para que tome a providência necessária, editando a norma faltante.

Em relação ao mandado de injunção, entendemos ser possível a utilização do mesmo, com o intuito de garantir a proteção ambiental.

Assim, se estivermos diante de um caso de falta de norma regulamentadora referente à matéria ambiental, e essa omissão normativa tornar inviável o exercício de direitos e liberdades constitucionais e prerrogativas inerentes à nacionalidade, soberania ou cidadania, poderia ser impetrado mandado de injunção para pleitear a regulamentação, sob pena de ofensa à Constituição Federal, por omissão.

Ação direta de inconstitucionalidade (ADIn) em matéria ambiental

A ação direta de inconstitucionalidade por ação encontra previsão no artigo 102, I, "a", 1ª parte da CF/88 e regulamentação prevista na Lei 9.868/99.

Observada a legitimação determinada pelo artigo 103 da Constituição Federal de 1988, será possível a propositura de uma ação direta de inconstitucionalidade contra lei ou ato normativo federal ou estadual que esteja ofendendo a Constituição Federal no tocante às disposições sobre o meio ambiente. Nesse caso, a finalidade é proteger o ordenamento jurídico como um todo, visando retirar do sistema a lei ou ato que contraria a lei maior.

A utilização do instrumento deve seguir a regulamentação prevista na Lei 9.868/99, com as alterações introduzidas pela Lei 12.063, de 27 de outubro de 2009, a qual acrescentou à referida lei o Capítulo II – A, que estabelece a disciplina processual da ação direta de inconstitucionalidade por omissão.

Por outro lado, o artigo 103, § 2º da CF/88 dispõe sobre a ação direta de inconstitucionalidade por omissão, cabível nas hipóteses em que a omissão legislativa ou regulamentadora em geral impede a plena aplicação das previsões constitucionais. Em relação ao meio ambiente, também é possível a utilização deste instrumento para garantir a plena aplicação da Constituição Federal e suas regras de proteção na hipótese de falta da norma regulamentadora.

Ação declaratória de constitucionalidade (ADECon)

A ação declaratória de constitucionalidade encontra previsão no artigo 102, I, "a", 2ª parte da CF/88 e regulamentação prevista na Lei 9.868/99.

Observada a legitimação prevista pelo artigo 103 da Constituição Federal de 1988 – com a redação determinada pela Emenda Constitucional 45/04 – será possível a propositura de uma ação declaratória de constitucionalidade de lei ou ato normativo federal no tocante às disposições sobre o meio ambiente. Nesse caso, em virtude da controvérsia levantada, a finalidade é confirmar a constitucionalidade do ato jurídico e mantê-lo no ordenamento.

Em resumo

A proteção do Meio Ambiente em Juízo

Dos vários instrumentos jurídicos colocados à disposição para a tutela jurisdicional do meio ambiente a ação civil pública é o mais utilizado.

Dessa forma, a competência para o ajuizamento da ACP é do local onde ocorreu ou deva ocorrer o dano, que se tornará prevento para as ações posteriores. Para os danos de âmbito regional ou nacional, deverá ser proposta a ação na capital do Estado ou no Distrito Federal. Quanto à limitação dos efeitos da coisa julgada *erga omnes,* para os limites da jurisdição do magistrado que proferiu a decisão, o STJ já se manifestou contrariamente, embora a matéria não esteja consolidada.

Quanto à competência da Justiça Federal, até novembro de 2000, vigia a Súmula 183 do STJ, que possibilitava o ajuizamento e processamento de ação civil pública na Justiça Estadual, mesmo quando houvesse interesse da União na condição de autora, ré, assistente ou opoente, ou de qualquer outra entidade da administração indireta ou paraestatal federal. Essa súmula foi cancelada, de maneira que, atualmente, as ações deverão ser propostas na Justiça Federal mais próxima ao local do dano.

Além da ação civil pública, também podem ser utilizados para a defesa do meio ambiente em juízo outros instrumentos, tais como: ação popular, *habeas data*, mandado de segurança, mandado de injunção, ação direta de inconstitucionalidade.

Preste atenção

- A Lei 12.016, de 7 de agosto de 2009, passou a disciplinar o mandado de segurança individual e coletivo além de dar outras providências. Na verdade, muitos dos dispositivos desta lei consagram posições da doutrina e jurisprudência aplicáveis ao tema do mandado de segurança. Assim sendo, a partir da publicação de referida lei, suas disposições já entraram em vigor, constando até a revogação expressa da Lei 1.533/51 e outras leis correlatas.

14

TUTELA INTERNACIONAL AMBIENTAL

Noções introdutórias

Os problemas ambientais e suas consequências transfronteiriças demonstraram a necessidade de uma cooperação internacional, levando ao fortalecimento da interdependência entre as nações que passaram a buscar, por meio dos instrumentos do Direito Internacional, formas de cooperação e entendimento.

Assim, o sentido de cooperação na solução dos problemas vai permear toda a ordem internacional contemporânea, que começou a ser delineada após a Segunda Guerra Mundial, notadamente a partir do término desta, em 1945 – com a Carta das Nações Unidas, o dito documento número 1 do Direito Internacional, voltado a princípios pacifistas e de direitos humanos, ressaltando a cooperação internacional na solução de problemas.

Na área ambiental, pode-se dizer que foi o relatório *The Limits of Growth* – Os Limites do Crescimento –, o primeiro grande alerta sobre o estado do planeta e seus prognósticos para o futuro.

Com base nessas noções, uma questão que se coloca diz respeito a como consolidar a cooperação internacional.

Entende-se que é a partir da criação de diversos instrumentos do Direito Internacional que poderemos falar nessa concretização. Dessa forma, surgem os tratados, convenções, protocolos e todo um desdobramento de tais documentos no âmbito do direito interno de cada país.

No Brasil, temos uma previsão expressa de cooperação internacional na Lei 9.605/98, artigos 77 e 78, os quais preveem que resguardados a soberania nacional, a ordem pública e os bons costumes, o governo brasileiro prestará, no que concerne ao meio ambiente, a necessária cooperação a outro país, sem qualquer ônus e, para tanto, deve ser mantido um sistema de comunicação apto a facilitar o intercâmbio rápido e seguro de informações com órgãos de outros países.

Igualmente, da análise dos atos internacionais importantes para a questão ambiental, verificamos que estes são: tratados, convenções e protocolos sobre os mais diversos temas.

Tratado é considerado genericamente um acordo internacional celebrado entre **Estados**, podendo ser bilateral ou multilateral.

A Convenção de Viena de 1969 estabelece regras sobre tratados, reconheceu esses atos como fonte do Direito Internacional, acarretando obrigações para os poderes (Executivo, Legislativo, Judiciário) estatais de cada um dos signatários e o descumprimento das obrigações neles estipuladas implica responsabilidade internacional do **Estado** em causa.

As **convenções** são atos **multilaterais** oriundos de conferências internacionais que tratam de assuntos de interesse geral. A convenção estabelece normas para o comportamento dos Estados.

Já o **protocolo** pode ser entendido como um acordo menos formal ou interpretativo de tratados ou convenções internacionais anteriores.

Normalmente, após as conferências sobre meio ambiente, é que teremos a celebração desses atos e a criação de programas ambientais.

Assim, após a Conferência de Estocolmo em 1972, tivemos a criação do Programa das Nações Unidas sobre Meio Ambiente (Pnuma) e a aprovação da Declaração de Estocolmo – a "Declaração sobre meio ambiente humano". Esta declaração contém 26 princípios referentes a comportamento e responsabilidades para nortear as decisões ambientais, e podemos identificar nos Princípios 20, 21 e 22, a ideia de cooperação internacional e de dano transfronteiriço.

Assim (http://www.mma.gov.br/estruturas/agenda21/_arquivos/estocolmo.doc – acessado em 20/8/2009 – às 16h23), o texto da declaração dispõe:

> ***Princípio 20*** *– Devem-se fomentar em todos os países, especialmente nos países em desenvolvimento, a pesquisa e o desenvolvimento científicos referentes aos problemas ambientais, tanto nacionais como multinacionais. Neste caso, o livre intercâmbio de informação científica atualizada e de experiência sobre a transferência deve ser objeto de apoio e de assistência, a fim de facilitar a solução dos problemas ambientais. As tecnologias ambientais devem ser postas à disposição dos países em desenvolvimento, de forma a favorecer sua ampla difusão, sem que constituam uma carga econômica para esses países.*
> ***Princípio 21*** *– Em conformidade com a Carta das Nações Unidas e com os princípios de Direito Internacional, os Estados têm o direito soberano de explorar seus próprios recursos em aplicação de sua própria política ambiental e a obrigação de assegurar-se de que as atividades que se levem a cabo, dentro de sua jurisdição, ou sob seu controle, não prejudiquem o meio ambiente de outros Estados ou de zonas situadas fora de toda jurisdição nacional.*
> ***Princípio 22*** *– Os Estados devem cooperar para continuar desenvolvendo o direito internacional no que se refere à responsabilidade e à indenização às vítimas da poluição e de outros danos ambientais que as atividades realizadas dentro da jurisdição ou sob o controle de tais Estados causem a zonas fora de sua jurisdição.*

No Brasil, essa declaração, como vimos, foi a base para o desenvolvimento da política ambiental e do surgimento da Lei 6.938/81 – a Lei da Política Nacional do Meio Ambiente e, posteriormente, a elevação da proteção ambiental ao *status* constitucional na CF/88, em especial no artigo 225.

Principais documentos

A seguir, verificaremos algumas importantes convenções ratificadas pelo Brasil e seus temas, analisando, ainda, o impacto e a importância delas no direito interno brasileiro.

Convenção de Ramsar – É fruto de atividades de ONGs durante os anos 70, preocupadas com a vida e o *hábitat* das aves aquáticas.

A convenção impôs às partes contratantes o uso adequado das zonas úmidas e, além disso, as partes devem levar em conta a conservação das zonas úmidas no planejamento do uso do solo nacional.

No artigo 1º, define o que é zona úmida de importância internacional, a saber:

> *"as zonas úmidas são áreas de pântano, charco, turfa ou água, natural ou artificial, permanente ou temporária, com água estagnada ou corrente, doce, salobra ou salgada, incluindo áreas de água marítima com menos de 6 metros de profundidade na maré baixa".*

Pelo que se sabe, atualmente, estão designadas mais de 1.200 áreas como zonas úmidas de importância internacional, totalizando 107,5 milhões de hectares em diferentes áreas, onde se conserva a fauna silvestre.

Convenção Cites – É uma convenção que surge para controlar e/ou proibir o comércio internacional de espécies ameaçadas – espécies de fauna e flora. A convenção reconhece que a cooperação internacional é essencial à proteção de certas espécies contra a excessiva exploração. Assim, vamos ter espécies cuja comercialização será controlada ou então proibida, dependendo do grau de ameaça à espécie.

Possui anexos que são revisados em média a cada dois anos.

Anexo I – neste, são listadas as espécies ameaçadas de extinção.

Anexo II – neste, encontramos espécies que, embora **não** estejam em perigo de extinção, poderão chegar a essa situação, caso o comércio não seja rigorosamente regulamentado.

Anexo III – lista das espécies protegidas ao menos em um país, o qual solicitou a assistência de outros para controlar seu comércio.

No Brasil, a convenção levou à criação de um quadro normativo por meio de um conjunto de decretos, portarias e resoluções.

Convenção sobre Direito do Mar – Conhecida como Unclos, devido à sua importância e amplitude, é considerada um dos instrumentos mais completos do Direito Internacional do meio ambiente. Essa convenção trata do espaço oceânico e das diversas modalidades de sua utilização, tais como a navegação, o sobrevoo, a exploração de recursos, a conservação e a contaminação, a pesca e o tráfego marítimo.

Com 320 artigos e nove anexos, ela define zonas marítimas, estabelece normas para demarcar limites marítimos, firma direitos/deveres e responsabilidades. Além disso, prevê mecanismo para a solução de controvérsias.

Observação: a convenção foi estabelecida em 1982, mas entrou em vigor apenas 12 anos após sua criação (em 1994), ratificada por pelo menos 153 países.

Temos três grandes órgãos que se originaram dela:

1. Autoridade Internacional dos Fundos Marinhos.
2. Tribunal Internacional do Direito do Mar.
3. Comissão de Limites da Plataforma Continental.

No Brasil, tal convenção originou uma legislação específica para as questões marítimas nacionais, levando-se em conta até nossa extensão de litoral.

A Lei 8.617/93, por exemplo, dispõe sobre o mar territorial, a zona contígua, a zona econômica exclusiva e a plataforma continental brasileiros, e dá outras providências. Assim, considera-se que o mar territorial brasileiro compreende uma faixa de 12 milhas marítimas de largura, medidas a partir da linha de baixa-mar do litoral continental e insular, tal como indicada nas cartas náuticas de grande escala, reconhecidas oficialmente no Brasil (art. 1º da Lei 8.617/93).

Já a zona contígua brasileira compreende uma faixa que se estende das 12 às 24 milhas marítimas, contadas a partir das linhas de base que servem para medir a largura do mar territorial (art. 4º da Lei 8.617/93).

Por outro lado, a denominada zona econômica exclusiva brasileira compreende uma faixa que se estende das 12 às 200 milhas marítimas, contadas a partir das linhas de base que servem para medir a largura do mar territorial (art. 6º da Lei 8.617/93).

Verifica-se que, na zona econômica exclusiva, o Brasil tem direitos de soberania para fins de exploração e aproveitamento, conservação e gestão dos recursos naturais, vivos ou não vivos, das águas sobrejacentes ao leito do mar, do leito do mar e seu subsolo, e no que se refere a outras atividades com vistas à exploração e ao aproveitamento da zona para fins econômicos (art. 7º da Lei 8.617/93).

Por fim, verificamos que a plataforma continental do Brasil compreende o leito e o subsolo das áreas submarinas que se estendem além do seu mar territorial, em toda a extensão do prolongamento natural de seu território terrestre, até o bordo exterior da margem continental, ou até uma distância de 200 milhas marítimas das linhas de base, a partir das quais se mede a largura do mar territorial, nos casos em que o bordo exterior da margem continental não atinja essa distância (art. 11 da Lei 8.617/93).

A Lei 8.617/93 determina, ainda, no parágrafo único do artigo 11 e no artigo 12, que o limite exterior da plataforma continental será fixado de conformidade com os critérios estabelecidos no artigo 76 da Convenção das Nações Unidas sobre o Direito do Mar, celebrada em Montego Bay, em 10 de dezembro de 1982, e que o Brasil exerce direitos de soberania sobre a plataforma continental, para efeitos de exploração dos recursos naturais.

Convenção de Viena para proteção da camada de ozônio – É um marco na proteção internacional do meio ambiente pelo fato de diversos países concordarem em combater um problema antes que seus efeitos se tornassem irreversíveis, e mesmo sem total certeza científica quanto aos efeitos. Diz-se que, na prática, foi a adoção do princípio da precaução.

Sabe-se que o ozônio (O_3) protege a Terra contra os raios nocivos do sol e que dito "buraco" na camada de ozônio – na verdade, uma redução dessa camada, tem relação com a emissão de gases CFC (clorofluor carbono), que são as substâncias químicas mais conhecidas que compõem o grupo de substâncias destruidoras de ozônio – SDO e podem ser encontrados em refrigeradores, aerossóis, condicionadores de ar, só para citarmos alguns exemplos.

Pois bem, firmada a convenção, iniciou-se grande processo de cooperação internacional no tocante à investigação científica, troca de informações e até mesmo observação da produção das substâncias destruidoras do ozônio. No entanto, apesar da celebração da convenção, era necessário definir as substâncias prejudiciais à camada de ozônio e estabelecer programas e prazos para a redução do uso dessas substâncias. Nesse sentido, foi firmado o Protocolo de Montreal, que definiu medidas que os Estados partes deveriam aplicar para limitar não só a produção, mas também o consumo de substâncias destruidoras do ozônio, que passaram a ser denominadas substâncias controladas.

O Protocolo de Montreal instituiu um programa de metas, impondo deveres aos Estados partes, fato que espelhava, ainda mais, o caráter preventivo da Convenção de Viena. Alguns itens desse programa de metas podem ser destacados, tais como:

(I) assegurar que os níveis calculados de consumo das substâncias controladas dos Grupos I e II do Anexo A não excedam seus níveis calculados de consumo em 1986;
(...)
(IV) Elaborar lista de produtos contendo substâncias controladas.
(VIII) Facilitar o acesso de Partes que sejam países em desenvolvimento a substâncias e tecnologias alternativas que não prejudiquem o meio ambiente, bem como dar-lhes assistência no uso rápido e eficiente de tais alternativas.
(IX) facilitar, bilateral e multilateralmente, o fornecimento de subsídios, ajuda, créditos, garantia e programas de seguro às Partes que sejam países em desenvolvimento, tendo em vista a utilização de tecnologias alternativas e produtos substitutivos.
(XI) Cooperar na promoção de uma conscientização pública a respeito dos efeitos sobre o meio ambiente das emissões de substâncias controladas e de outras substâncias que destroem a camada de ozônio.

Observação: a primeira versão do protocolo previu para dezembro de 1999 uma redução de 50% em cinco tipos de CFC.

No entanto, conforme noticia Edis Milaré (*op. cit.*, p. 1.137):

"As Partes do Protocolo reconheceram que devido à necessidade de crescimento dos países em desenvolvimento e seu relativo baixo uso histórico dos CFCs, deveria ser concedido a esses países um período de tolerância de dez anos a mais do que para os países desenvolvidos, no sentido de implementar as medidas de redução e eliminação exigidas".

A ajuda da comunidade internacional para os países em desenvolvimento não se limitou apenas à assistência técnica. As partes estabeleceram o Fundo Multilateral para a Aplicação do Protocolo de Montreal como um mecanismo financeiro para apoiar esses países na redução e eliminação das Substâncias Destruidoras de Ozônio (SDOs).

Quem administra o fundo é um Comitê Executivo – constituído de representantes de 14 partes do Protocolo com representantes de países desenvolvidos e em desenvolvimento – que aprova financiamentos de projetos e desenvolve diretrizes para a administração do Fundo.

Como reflexo da posição internacional, criamos – no Brasil –, em 1994, o Programa Brasileiro de Eliminação da Produção e do Consumo das Substâncias que destroem a Camada de Ozônio (PBCO). Tal programa contempla um conjunto de ações de cunho normativo/científico/tecnológico e econômico centrado em projetos de conversão industrial com o diagnóstico dos segmentos produtores; diagnóstico dos usuários e definição de estratégias visando a eliminação da produção e do consumo de SDOs.

O plano prevê que o governo deve estabelecer uma cota, isto é, política redutora de cotas de SDO para as empresas produtoras locais.

O governo brasileiro instituiu o Comitê Executivo Interministerial para a Proteção da Camada de Ozônio (Prozon) que deve coordenar todas as atividades relativas à implementação, ao desenvolvimento e à revisão do programa brasileiro. Verifica-se que os Estados membros dentro das suas esferas de atuação legislativa e normativa também devem participar para redução das substâncias destruidoras da camada de ozônio.

Além dessas iniciativas, o Conama, por meio da Resolução 267/00, alterada pela 340/03, prevê regras para gradúal eliminação do uso de SDO e a Secretaria de Comércio Exterior, pelo que se sabe, tem um comunicado em que foram listadas as substâncias controladas e as restrições de importação.

Convenção da Basileia – Convenção sobre controle de movimentos transfronteiriços de resíduos perigosos surge pela preocupação com os movimentos desse tipo de resíduos, notadamente uma transferência dos países industrializados para os em desenvolvimento, de modo que os primeiros se liberariam dos resíduos e, os segundos, os receberiam com o intuito de conferir-lhes uma destinação final.

Com base na análise da convenção, verificamos que a mesma tem por objetivos principais:

1. Reduzir ao mínimo os movimentos transfronteiriços de resíduos perigosos.
2. Minimizar a quantidade e toxicidade do resíduos gerados e garantir seu tratamento ambientalmente seguro e próximo da fonte geradora e assistir aos países em desenvolvimento na implementação de suas disposições.
3. Proibir o embarque de tais resíduos para países que não tenham capacidade para eliminar resíduos perigosos de forma ambientalmente segura.

O artigo 1º da convenção diz que são considerados resíduos perigosos os que pertençam a uma das categorias listadas no Anexo I, a menos que não possuam quaisquer das características descritas no Anexo III e os resíduos que, embora não enquadráveis naquele rol, sejam considerados perigosos pelas normas internas dos Estados partes, na posição de exportador, de país de trânsito ou de importadores.

Dentre as obrigações das partes contratantes, podemos destacar:

(III) Proibir a exportação de resíduos perigosos para as Partes que proibirem a importação desses resíduos, devendo haver a correspondente notificação.
(VI) Divulgar informações sobre o movimento transfronteiriço de resíduos perigosos, com vistas a aprimorar a administração e a impedir o tráfico ilegal, considerado pela Convenção como atividade criminosa.
(IX) Exigir que esses resíduos sejam embalados, etiquetados e transportados em conformidade com normas e padrões internacionais aceitos e reconhecidos.

Em uma das reuniões das partes foi aprovado o Protocolo da Basileia sobre Responsabilidade e Compensação por Danos Causados pelo Transporte Transfronteiriço de Resíduos Perigosos e sua Disposição.

Esse Protocolo define regras quanto à responsabilidade financeira e à compensação por danos causados por derramamentos acidentais de resíduos perigosos durante a exportação e a importação ou sua disposição.

Embora aqui no Brasil tenhamos ratificado a convenção, ela sofre exceções por meio de resoluções do Conama.

Ainda como reflexo do desenvolvimento do Direito Internacional do Meio Ambiente, de 1992 em diante, como resultado da Eco 92 – a Conferência das Nações Unidas sobre Meio Ambiente e Desenvolvimento, tivemos a produção de importantes documentos, dentre os quais podemos ressaltar:

1. **Declaração do Rio sobre Meio Ambiente e Desenvolvimento** ou **Carta da Terra** – É uma carta com 27 princípios e busca desenvolver novo modelo de desenvolvimento.
2. **Agenda 21** – Documento programático a ser implementado no nível global, nacional e localmente pelos governos, pelas agências de desenvolvimento, pelas Nações Unidas e grupos interdependentes. Como é um documento amplo, aborda diretrizes, bem como roteiros detalhados para orientar governos, instituições das Nações Unidas e setores independentes em como efetivar a proposta de proporcionar o desenvolvimento com maior qualidade de vida através da preservação dos ecossistemas. A Agenda 21 é um compromisso político de alto nível, que busca concretizar a harmonização do desenvolvimento econômico com a proteção ambiental.
3. **Declaração de Princípios das Florestas ou Carta das Florestas** – É uma declaração de princípios e exprime fundamentalmente que os países, em especial os desenvolvidos, deveriam empreender esforços para recuperar a Terra por meio de reflorestamento e conservação florestal.

4. **A Convenção sobre Diversidade Biológica (CDB)** – assinada em 5/6/1992, entrou em vigor em 29/12/1993. Trata-se de uma "Convenção-Quadro", pois, limita-se a estabelecer objetivos deixando sob a responsabilidade das partes o modo de implementar a convenção em seu território e seu detalhamento, de forma a estabelecer metas específicas/protocolos e programas de trabalho.

O objetivo de referida convenção não se restringe à conservação e à utilização sustentável da diversidade biológica, pois também abarca o acesso aos recursos genéticos, a fim de se obter a repartição justa e equitativa dos benefícios gerados por seu uso, incluindo a biotecnologia.

A CDB tem definido importantes marcos legais e políticos mundiais que orientam a gestão da biodiversidade em todo o mundo: o Protocolo de Cartagena sobre Biossegurança, que estabelece as regras para a movimentação transfronteiriça de organismos geneticamente modificados (OGMs) vivos; o Tratado Internacional sobre Recursos Fitogenéticos para a Alimentação e a Agricultura, que estabelece, no âmbito da FAO, as regras para o acesso aos recursos genéticos vegetais e para a repartição de benefícios; as Diretrizes de Bonn, que orientam o estabelecimento das legislações nacionais para regular o acesso aos recursos genéticos e a repartição dos benefícios resultantes da utilização desses recursos (combate à biopirataria); as Diretrizes para o Turismo Sustentável e a Biodiversidade; os Princípios de Adis Abeba para a Utilização Sustentável da Biodiversidade; as Diretrizes para a Prevenção, Controle e Erradicação das Espécies Exóticas Invasoras; e os Princípios e Diretrizes da Abordagem Ecossistêmica para a Gestão da Biodiversidade. Igualmente no âmbito da CDB, foi iniciada a negociação de um Regime Internacional sobre Acesso aos Recursos Genéticos e Repartição dos Benefícios resultantes desse acesso (*in* http://www.cdb.gov.br/cartagena).

O Brasil aderiu à convenção (pelo que se sabe, foi o primeiro país a assiná-la) e sua aplicação entre nós foi reiterada com a criação da Política Nacional da Biodiversidade. Assim, para cumprir com os compromissos resultantes, criamos diversos instrumentos, tais como lei específica e importantes decretos sobre o assunto.

O Decreto 4.339, de 22/8/2002, institui princípios e diretrizes para a implementação da Política Nacional da Biodiversidade, reforçando as determinações da CDB.

Por outro lado, o Decreto 4.703, de 21/5/2003, alterado pelos decretos 5.312/04 e 6.043/07, disciplinou o Programa Nacional da Diversidade Biológica (Pronabio) e a Comissão Nacional da Biodiversidade.

A Lei 11.105, de 24 de março de 2005, conhecida como Lei de Biossegurança, revogou expressamente a Lei 8.974/95, passando a estabelecer normas de segurança e mecanismos de fiscalização sobre a construção, o cultivo, a produção, a manipulação, o transporte, a transferência, a importação, a exportação, o armazenamento, a pesquisa, a comercialização, o consumo, a liberação no meio ambiente e o descarte de organismos geneticamente modificados (OGM) e seus derivados, tendo como diretrizes o estímulo ao avanço científico na área de biossegurança e biotecnologia, a proteção à vida e à saúde humana, animal e vegetal, e a observância do princípio da precaução para a proteção do meio ambiente.

O Decreto 5.591, de 22 de novembro de 2005, regulamenta dispositivos da Lei 11.105/05 e revoga expressamente o Decreto 4.602, de 21 de fevereiro de 2003.

Já o Decreto 5.705, de 16 de fevereiro de 2006, promulga o Protocolo de Cartagena sobre Biossegurança da Convenção sobre Diversidade Biológica, o qual tem por objetivo assegurar um nível adequado de proteção no campo de transferência, da manipulação e do uso seguro dos organismos vivos modificados, resultantes da biotecnologia moderna, que possam ter efeitos adversos na conservação e no uso sustentável da diversidade biológica, levando em conta os riscos para a saúde humana, decorrentes do movimento transfronteiriço. O artigo 19 do Protocolo afirma que:

> *"Cada Parte designará um ponto focal nacional que realizará, em seu nome, a ligação com o Secretariado. Cada Parte também designará uma ou mais autoridades nacionais competentes que serão os responsáveis pela realização das funções administrativas exigidas pelo presente Protocolo e que serão autorizadas a agir em seu nome em relação a essas funções. Uma Parte poderá designar uma única entidade para preencher as funções tanto de ponto focal como de autoridade nacional competente".*

Assim, o Decreto 6.925, de 6 de agosto de 2009, passou a dispor sobre a aplicação do artigo 19 do Protocolo, designando como ponto focal nacional: o Ministério das Relações Exteriores; e como autoridades nacionais competentes: a) a Comissão Técnica Nacional de Biossegurança (CTNBio); b) o Ministério da Agricultura, Pecuária e Abastecimento; c) o Ministério da Saúde e a Agência Nacional de Vigilância Sanitária (Anvisa); d) o Instituto Brasileiro do Meio Ambiente e dos Recursos Naturais Renováveis (Ibama); e e) o Ministério da Pesca e Aquicultura.

"Convenção-Quadro" sobre Mudança do Clima – Assinada na Eco 92, entrou em vigor em 1994 e sua meta principal é a estabilização das emissões de gases causadores do efeito estufa, em níveis que evitem a interferência antrópica perigosa no clima mundial.

Entende-se por efeito estufa o aumento da temperatura superficial da Terra, numa escala global e decorrente do acréscimo das concentrações atmosféricas de gases fortes absorventes de energia na faixa de radiação infravermelha.

Em geral, o termo é associado à presença de CO_2 (dióxido de carbono) em níveis tais que passam a constituir um risco global.

A Convenção é considerada "Convenção-Quadro" porque é bastante ampla e depende de regulamentação por parte do Poder Executivo de cada um dos países e de futuras negociações realizadas no âmbito das Conferências das Partes, as COPs.

O que é a Conferência das Partes?

Verifica-se que a Conferência das Partes é o órgão supremo da Convenção, que tem a responsabilidade de manter regularmente sob exame a efetiva implementação do aludido acordo internacional, assim como quaisquer instrumentos jurídicos que a Conferência das Partes vier a adotar, conforme dispõe o artigo 7º da Convenção sobre Mudança do Clima.

Nessa Convenção, adotou-se o princípio da responsabilidade comum, porém diferenciada, já que a maior parte das emissões de gases de efeito estufa provém dos países industrializados, devendo esses, portanto, arcar proporcionalmente com os custos para sua redução.

Na COP 3, realizada em Kyoto, no Japão, em 1997, foi adotado, por consenso, o Protocolo de Kyoto – uma explicitação da Convenção-Quadro das Nações Unidas sobre o Clima –, o qual impõe obrigações efetivas a serem cumpridas em determinado período.

O Protocolo exige que os países desenvolvidos reduzam as emissões de gases do efeito estufa (GEE) para os níveis que indica em um cronograma entre 2008/2012, fato que deve corresponder a uma redução de, no mínimo, 5% em relação às emissões de 1990.

A lista dos países desenvolvidos para efeito do Protocolo de Kyoto encontra-se no Anexo I e existem metas diferenciadas para a maioria desses Estados, devendo, a soma dos países do Anexo I resultar em redução líquida de 5,2%.

Ao tomar por base as definições estabelecidas no texto da convenção (art. 1°), o Protocolo orienta as partes para que promovam: o aumento da eficiência energética; a proteção de sumidouros e reservatórios; formas sustentáveis de agricultura e de energia; políticas fiscais que tenham por fim a redução das emissões de gases de efeito estufa (art. 2°). As partes devem ainda formular programas nacionais para os setores de transporte, energia, agricultura, etc., com vistas a diminuir o nível de emissões; além de cooperarem para o desenvolvimento e difusão de tecnologias ambientalmente seguras (art. 10).

As partes incluídas no Anexo I da Convenção devem assegurar que suas emissões agregadas sejam reduzidas a pelo menos 5% abaixo dos níveis de 1990, para 2008 e 2012 (art. 3°). Qualquer redução adicional abaixo do nível indicado por uma das partes pode ser transferida como crédito a outra parte para somar-se a quantidade reduzida da parte adquirente.

- As partes do Anexo I comprometem- se a produzir um sistema nacional para estimativa das emissões antrópicas por fontes e remoções por sumidouros de todos os gases de efeito estufa (art. 5°). A metodologia para a contabilidade deve ser reconhecida pelo IPCC e acordada pelas partes. As partes devem incorporar ao seu inventário anual de emissões de gases de efeito estufa não controladas pelo Protocolo de Montreal (art. 7°). Tais informações devem ser submetidas e revisadas por um grupo de especialistas (art. 8°).
- Qualquer parte pode transferir ou adquirir de qualquer outra parte, unidades de redução de emissões resultantes de projetos visando à redução das emissões antrópicas por sumidouros de gases de efeito estufa em qualquer setor da economia (art. 6°).

Fica estabelecido um Mecanismo de Desenvolvimento Limpo (MDL) (art. 12). As partes não incluídas no Anexo I beneficiar-se-ão de atividades de projetos que resultem em reduções certificadas de emissões; e as incluídas no Anexo I podem utilizar as reduções certificadas de emissões, resultantes de tais atividades de projetos, para contribuir com o cumprimento de parte de seus compromissos.

Devido à quantidade em que é emitido, o CO_2 (dióxido de carbono) é o gás com maior contribuição para o aquecimento global. No entanto, além desse, podemos citar os seguintes gases, passíveis de redução, nos termos do anexo A, do Protocolo de Kyoto, hidrofluorcarbonos (HFCs), perfluorcarbonos (PFCs), hexafluoreto de enxofre (SF6), metano (CH4) e óxido nitroso (N_2O).

Adotou-se, ainda, regra de que as reduções devem ser traduzidas em "equivalentes de CO_2". Assim, verifica-se o quanto de metano reduzido equivale em CO_2 e calcula-se o valor da redução com base em um valor "X" por tonelada de CO_2 equivalente.

Nota-se que o Protocolo guarda autonomia em relação à Convenção-Quadro e há países como os Estados Unidos que, embora signatários da Convenção, não assinaram o protocolo.

Observação: o protocolo só começou a vigorar em 16/2/2005, isso porque foi aberto para assinaturas em 16/3/1998, mas só entraria em vigor depois que, pelo menos, 55 partes da Convenção o tivessem ratificado, incluindo-se nesse cômputo os países desenvolvidos que contabilizassem pelo menos 55% das emissões totais de dióxido de carbono em 1990.

Até julho de 2004, 124 países tinham ratificado, mas somavam 44,2% das emissões totais. Como os EUA não tinham confirmado quando houve a ratificação da Rússia, abriu-se o caminho para a vigência do protocolo a partir de 16/2/2005.

O Protocolo prevê três mecanismos de flexibilização para atingir suas metas:

CIE = Comércio Internacional de Emissões.

IC = Implementação Conjunta.

MDL = Mecanismo de Desenvolvimento Limpo.

Entende-se que esses mecanismos de flexibilização nada mais são do que arranjos regulamentados pelo Protocolo de Kyoto, para facilitar aos países compromissados com redução de emissões, chamados de Anexo I, atingir suas metas de redução de emissões de gases do efeito estufa (GEE). Tais mecanismos proporcionam menor impacto nas economias e no nível de desenvolvimento dos países compromissados.

Comércio Internacional de Emissões (CIE) – Consiste em projeto realizado entre os países listados no Anexo I do Protocolo de Kyoto, de maneira que um país, que tenha diminuído suas emissões abaixo de sua meta, transfira o excesso de suas reduções para outro país que não tenha alcançado tal condição. No entanto, tem-se entendido que esse mecanismo de flexibilização somente deve ser utilizado pelo país adquirente, se este o contabilizar em conjunto com atividades de redução efetivamente implementadas, de modo a evitar-se que algum país apenas compre a redução de outros países sem reduzir suas próprias.

Implementação conjunta (IC) – Mecanismo também conhecido como **Joint Implementation (JI),** refere-se à implementação de projetos que diminuam as emissões de gases do efeito estufa em países Anexo I, cuja economia seja de transição. As regras em relação a metodologias de projetos, tipos de projeto e etapas são similares às existentes no Mecanismo de Desenvolvimento Limpo.

Mecanismo de Desenvolvimento Limpo (MDL) – Consiste em uma forma subsidiária de cumprimento das metas de redução da emissão de gases de efeito estufa em que cada tonelada métrica de carbono deixada de ser emitida ou retirada da atmosfera por um país em desenvolvimento poderá ser negociada com países com meta de redução, criando novo atrativo para redução das emissões globais.

O Mecanismo de Desenvolvimento Limpo (MDL), fruto de uma proposta brasileira, está definido no artigo 12 do Protocolo, cujo objetivo é assistir às partes do Não Anexo I da Convenção, mediante fornecimento de capital para financiamento de projetos que visem à redução de gases de efeito estufa.

Nessa modalidade, países desenvolvidos que não atinjam as metas de redução consentidas entre as partes podem financiar projetos em países em desenvolvimento, como forma de cumprir parte de seus compromissos. Desse modo, os países do Anexo I podem utilizar os Certificados de Reduções de Emissões (CERs) de projetos aprovados, como contribuição à conformidade com a parcela do compromisso que lhes compete.

Assim, os países desenvolvidos indicados no Anexo I do Protocolo que não obtenham êxito na redução dos gases poderão adquirir de países em desenvolvimento as Reduções Certificadas de Emissões (RCEs) decorrentes de projetos devidamente certificados e implementados nestes.

O MDL é o único mecanismo de flexibilização do protocolo que permite a participação de países em desenvolvimento como o Brasil.

No Brasil, a Resolução 1 da Comissão Interministerial de Mudança Global do Clima, de 11/9/2003, dispõe sobre modalidades e procedimentos para MDL.

Caminhando no tema, em dezembro de 2008 o Brasil apresentou o Plano Nacional sobre Mudança do Clima, instrumento que apesar das críticas sofridas pela ausência de uma meta geral de redução de emissões de Gases de Efeito Estufa (GEE) teve o mérito de apresentar, dentre outros itens, um plano de metas para diminuir em 70% a taxa de desmatamento na Amazônia até 2017.

Na esteira da implementação da proteção ambiental, a Lei 12.114, de 9 de dezembro de 2009, criou o Fundo Nacional sobre Mudança do Clima, alterando a Lei 9.478/97 e, ainda em 29 de dezembro de 2009, foi editada a Lei 12.187, a qual instituiu, entre nós, a Política Nacional sobre Mudança do Clima (PNMC). O Fundo Nacional sobre Mudança do Clima (FNMC) tem natureza contábil, é vinculado ao Ministério do Meio Ambiente, com a finalidade de assegurar recursos para apoio a projetos ou estudos e financiamento de empreendimentos que visem à mitigação da mudança do clima e à adaptação à mudança do clima e aos seus efeitos.

No tocante à Política Nacional sobre Mudança do Clima, a Lei 12.187/09 especifica que esta política visará à compatibilização do desenvolvimento econômico-social com a proteção do sistema climático, prevendo medidas de redução das emissões antrópicas de gases de efeito estufa em relação às suas diferentes fontes.

Maior aprofundamento sobre o tema do Fundo e da Política Nacional sobre Mudança do Clima pode ser encontrado no Capítulo 15, no item do Aquecimento Global.

Em resumo

Tutela Internacional Ambiental

Os problemas ambientais e suas consequências transfronteiriças demonstraram a necessidade de uma cooperação internacional, levando ao fortalecimento da interdependência entre as nações que passaram a buscar, por meio dos instrumentos do Direito Internacional, formas de cooperação e entendimento.

No Brasil, temos uma previsão expressa de cooperação internacional na Lei 9.605/98, artigos 77 e 78, os quais preveem que resguardados a soberania nacional, a ordem pública e os bons costumes, o governo brasileiro prestará, no que concerne ao meio ambiente, a necessária cooperação a outro país, sem qualquer ônus, e para tanto deve ser mantido um sistema de comunicação apto a facilitar o intercâmbio rápido e seguro de informações com órgãos de outros países.

Dentre os importantes documentos que assinamos, podemos destacar:

- Convenção de Ramsar – É fruto de atividades de ONGs durante os anos 70, preocupadas com a vida e o *hábitat* das aves aquáticas.
- Convenção Cites – É uma convenção que surge para controlar e/ou proibir o comércio internacional de espécies ameaçadas – espécies de fauna e flora.
- Convenção sobre Direito do Mar – Essa convenção trata do espaço oceânico e das diversas modalidades de sua utilização, tais como a navegação, o sobrevoo, a exploração de recursos, a conservação e a contaminação, a pesca e o tráfego marítimo.
- Convenção de Viena para proteção da camada de ozônio.
- A Convenção da Basileia – convenção sobre controle de movimentos transfronteiriços de resíduos perigosos.

PRESTE ATENÇÃO

Ainda como reflexo do desenvolvimento do Direito Internacional do Meio Ambiente, de 1992 em diante, como resultado da Eco 92 – Conferência das Nações Unidas sobre Meio Ambiente e Desenvolvimento, tivemos a produção de importantes documentos, dentre os quais podemos destacar:

1. **Declaração do Rio sobre Meio Ambiente e Desenvolvimento.** – É uma carta com 27 princípios e busca desenvolver novo modelo de desenvolvimento.
2. **Agenda 21** – Documento programático a ser implementado no nível global, nacional e localmente pelos governos, pelas agências de desenvolvimento, pelas Nações Unidas e grupos interdependentes. A Agenda 21 é um compromisso político de alto nível que busca concretizar a harmonização do desenvolvimento econômico com a proteção ambiental.
3. **Declaração de Princípios das Florestas ou Carta das Florestas** – É uma declaração de princípios sem força jurídica obrigatória e exprime fundamentalmente que os países em especial os desenvolvidos deveriam empreender esforços para recuperar a Terra por meio de reflorestamento e conservação florestal.
4. **A Convenção sobre Diversidade Biológica (CDB)** – assinada em 5/6/1992, entrou em vigor em 29/12/1993. Trata-se de uma "convenção-Quadro", pois, se limita a estabelecer objetivos, deixando sob a responsabilidade das partes o modo de implementar a convenção em seu território e seu detalhamento, de forma a estabelecer metas específicas/protocolos e programas de trabalho. A Convenção sobre Diversidade Biológica (CDB) tem como objetivo a conservação da biodiversidade e o uso sustentável de seus componentes e a divisão equitativa e justa dos benefícios gerados com a utilização de recursos genéticos.
5. **A "Convenção-Quadro" sobre Mudanças do Clima** – Assinada na Eco 92, entrou em vigor em 1994, e sua meta principal é a estabilização das emissões de gases causadores do efeito estufa, em níveis que evitem a interferência antrópica perigosa no clima mundial.

O Protocolo de Kyoto, fruto dessa convenção, determina que países desenvolvidos que assinaram o acordo reduzam suas emissões de **gases de efeito estufa (GEE)** em 5,2%, em média, relativas à quantidade de gases que era emitida pelos países em 1990, entre 2008 e 2012.

O Protocolo prevê três mecanismos de flexibilização para atingir suas metas:

CIE = Comércio Internacional de Emissões.

IC = Implementação Conjunta.

MDL = Mecanismo de Desenvolvimento Limpo.

15

Principais Questões Ambientais da Atualidade

Política energética e meio ambiente

Possuímos legislação específica sobre o tema – a Lei 9.478/97, que dispõe sobre a política energética nacional e prevê dentre os objetivos visados pelas políticas nacionais para o aproveitamento racional das fontes de energia, no artigo 1º, IV, proteger o meio ambiente e promover a conservação de energia e, no inciso XII, incrementar, em bases econômicas, sociais e ambientais, a participação dos biocombustíveis na matriz energética nacional.

Foi criado o Conselho Nacional de Política Energética (CNPE), vinculado à Presidência da República e presidido pelo ministro de Estado de Minas e Energia, com a atribuição de propor ao presidente da República políticas nacionais e medidas específicas destinadas, dentre outros assuntos, a: estabelecer diretrizes para programas específicos, como os de uso do gás natural, do carvão, da energia termonuclear, dos biocombustíveis, da energia solar, da energia eólica e da energia proveniente de outras fontes alternativas e, também, estabelecer diretrizes para o uso de gás natural como matéria-prima em processos produtivos industriais, mediante a regulamentação de condições e critérios específicos, que visem sua utilização eficiente e compatível com os mercados interno e externos (art. 2º, incisos IV e VII – Lei 9.478/97).

Nesse sentido, a Lei 11.097, de 13 de janeiro de 2005, dispõe sobre a introdução do biodiesel na matriz energética brasileira, e a Lei 11.909, de 4 de março de 2009, dispõe sobre as atividades relativas ao transporte de gás natural, de que trata o artigo 177 da Constituição Federal, bem como sobre as atividades de tratamento, processamento, estocagem, liquefação, regaseificação e comercialização de gás natural.

Hoje, temos campos de exploração de gás natural e previsão de novas hidrelétricas e usinas nucleares – até mesmo com o licenciamento da Usina Nuclear de Angra 3.

No tocante à energia nuclear, verifica-se que a competência para permissão, concessão ou exploração econômica é exclusiva da União.

O texto constitucional regulamenta a matéria prevendo no artigo 21, XXIII, o seguinte:

"Compete à União: (...)
XXIII – explorar os serviços e instalações nucleares de qualquer natureza e exercer monopólio estatal sobre a pesquisa, a lavra, o enriquecimento e reprocessamento, a industrialização e o comércio de minérios nucleares e seus derivados, atendidos os seguintes princípios e condições:
a) toda atividade nuclear em território nacional somente será admitida para fins pacíficos e mediante aprovação do Congresso Nacional;
b) sob regime de permissão, são autorizadas a comercialização e a utilização de radioisótopos para a pesquisa e usos médicos, agrícolas e industriais; (Redação dada pela Emenda Constitucional 49, de 2006)
c) sob regime de permissão, são autorizadas a produção, comercialização e utilização de radioisótopos de meia-vida igual ou inferior a duas horas; (Redação dada pela Emenda Constitucional 49, de 2006)
d) a responsabilidade civil por danos nucleares independe da existência de culpa; (Incluída pela Emenda Constitucional 49, de 2006)".

Observação: a Lei 6.453/77, ao cuidar da responsabilidade civil por danos nucleares e da responsabilidade criminal por atos relacionados com atividades nucleares, estabeleceu, no Brasil, a responsabilidade civil objetiva ao determinar, no artigo 4º, que "será exclusiva do operador da instalação nuclear, nos termos desta lei, independentemente da existência de culpa, a responsabilidade civil pela reparação de dano nuclear causado por acidente nuclear.

Em relação à proteção ambiental, pode-se afirmar que a energia solar tem muitas vantagens sobre as outras formas de obtenção de energia, como: não ser poluente, não influir no efeito estufa, não precisar de turbinas ou geradores para a produção de energia elétrica, mas tem como desvantagem a exigência de altos investimentos para seu aproveitamento. Se pensarmos que o sol é fonte de energia renovável, entenderemos que seu aproveitamento para gerar energia é uma das alternativas energéticas mais promissoras para enfrentarmos os desafios do novo milênio, notadamente num país como o Brasil, onde se encontram bons índices de insolação em qualquer parte do território e em grande parte do tempo.

Já a energia eólica é a energia obtida pelo movimento do ar (vento). É uma abundante fonte de energia, renovável, limpa e disponível em todos os lugares se pensarmos que o vento é uma fonte inesgotável de energia.

As fazendas de vento (fazendas eólicas) utilizam grandes hélices ligadas a geradores que produzem energia com o movimento de rotação das pás, que são colocadas no topo de torres.

No entanto, fazendas eólicas – como são chamadas as concentrações de turbinas – não são totalmente desprovidas de impactos ambientais. Elas alteram paisagens com suas torres e hélices e podem ameaçar pássaros se forem instaladas em rotas de migração. Verifica-se que também pode haver certo nível de ruído (de baixa frequência), que pode causar algum incômodo e, além disso, podem causar interferência na transmissão de televisão.

O custo dos geradores eólicos é elevado, e em regiões onde o vento não é constante, ou a intensidade é muito fraca, obtêm-se pouca energia.

No âmbito nacional, o Estado do Ceará destaca-se por ter sido um dos primeiros locais a realizar um programa de levantamento do potencial eólico.

Por fim, a produção de energia com a biomassa, atualmente, é muito defendida como uma alternativa importante para países em desenvolvimento e também outros países. Biomassa é a matéria orgânica utilizada na produção de energia. Pode-se dizer que as biomassas mais utilizadas são: a lenha, o bagaço da cana-de-açúcar, galhos e folhas de árvores, papéis, papelão, etc. A biomassa é, ainda, o elemento principal de diversos novos tipos de combustível e fonte de energia como o bio-óleo, o biogás e o biodiesel.

Em relação à biomassa, verificamos que, através da fotossíntese, as plantas capturam energia do sol e transformam em energia química, e é essa energia que pode ser convertida em eletricidade, combustível ou calor.

Os sistemas de cogeração, que permitem produzir simultaneamente energia elétrica e calor útil, configuram a tecnologia mais racional para a utilização de combustíveis. Esse é o caso das indústrias sucroalcooleiras e de papel e celulose, que, além de demandar potência elétrica e térmica, dispõem de combustíveis residuais que se integram de modo favorável ao processo de cogeração.

Proteção química das culturas e meio ambiente - agrotóxicos

Lei dos Agrotóxicos – Lei 7.802/89 e suas posteriores alterações – disciplina, entre outras coisas, o destino final dos resíduos de agrotóxicos e de componentes afins.

No artigo 2º, a lei define o que se considera agrotóxico e afins e o que se entende por componente, determinando:

> *"Para os efeitos desta lei, consideram-se: I – agrotóxicos e afins: a) os produtos e os agentes de processos físicos, químicos ou biológicos, destinados ao uso nos setores de produção, no armazenamento e beneficiamento de produtos agrícolas, nas pastagens, na proteção de florestas, nativas ou implantadas, e de outros ecossistemas e também de ambientes urbanos, hídricos e industriais, cuja finalidade seja alterar a composição da flora ou da fauna, a fim de preservá-las da ação danosa de seres vivos considerados nocivos; b) substâncias e produtos, empregados como desfolhantes, dessecantes, estimuladores e inibidores de crescimento II – componentes: os princípios ativos, os produtos técnicos, suas matérias-primas, os ingredientes inertes e aditivos usados na fabricação de agrotóxicos e afins".*

Pode-se dizer, em linhas gerais, que os agrotóxicos são produtos químicos que ajudam a controlar as pragas e as doenças das plantas.

A Lei 7.802/89 traz uma série de regras sobre a produção, fiscalização e utilização dos agrotóxicos, prevendo, ainda, regras sobre as embalagens dos produtos no tocante ao modo de elaboração, rotulagem, correto uso e descarte.

No artigo 14 da referida lei, com redação dada pela Lei 9.974/00, estabelece um sistema de responsabilidades, prevendo que:

> *"As responsabilidades administrativa, civil e penal pelos danos causados à saúde das pessoas e ao meio ambiente, quando a produção, comercialização, utilização, transporte e destinação de embalagens vazias de agrotóxicos, seus componentes e afins, não cumprirem o disposto na legislação pertinente, cabem:*
> *a) ao profissional, quando comprovada receita errada, displicente ou indevida;*
> *b) ao usuário ou ao prestador de serviços, quando proceder em desacordo com o receituário ou as recomendações do fabricante e órgãos registrantes e sanitário-ambientais;*
> *c) ao comerciante, quando efetuar venda sem o respectivo receituário ou em desacordo com a receita ou recomendações do fabricante e órgãos registrantes e sanitário-ambientais;*
> *d) ao registrante que, por dolo ou por culpa, omitir informações ou fornecer informações incorretas;*
> *e) ao produtor, quando produzir mercadorias em desacordo com as especificações constantes do registro do produto, do rótulo, da bula, do folheto e da propaganda, ou não der destinação às embalagens vazias em conformidade com a legislação pertinente;*
> *f) ao empregador, quando não fornecer e não fizer manutenção dos equipamentos adequados à proteção da saúde dos trabalhadores ou dos equipamentos na produção, distribuição e aplicação dos produtos".*

Desse modo, aquele que produzir, comercializar, transportar, aplicar, prestar serviço, der destinação a resíduos e embalagens vazias de agrotóxicos, seus componentes e afins, em descumprimento às exigências estabelecidas na legislação pertinente, estará sujeito à pena de reclusão, de dois a quatro anos, além de multa.

O que se questiona é o impacto dos agrotóxicos no meio ambiente. Esse impacto pode se dar por meio da contaminação do solo, subsolo e eventualmente lanço freático. Além disso, fragmentos do solo carregados pelas águas das chuvas levam para rios e lagoas os resíduos de agrotóxicos, podendo, até, comprometer a fauna e flora aquática, assim como afetar as águas captadas com a finalidade de abastecimento. Outrossim, com o uso indiscriminado de agrotóxicos, pode ocorrer a contaminação de alimentos, intoxicação e até mesmo eventual morte de agricultores. Dessa forma, vê-se a necessidade cada vez mais de controlar e regulamentar tal uso.

> ***Observação:*** o artigo 39 da Lei de Biossegurança – Lei 11.105/05, prevê: *"Não se aplica aos OGM e seus derivados o disposto na Lei 7.802/89 e suas alterações, exceto para os casos em que eles sejam desenvolvidos para servir de matéria-prima para produção de agrotóxicos".*

Paralelamente à Lei dos Agrotóxicos, vemos que Lei da Política Agrícola – Lei 8.171/91, notadamente nos artigos 19 e 20, trata da proteção ao meio ambiente e da conservação dos recursos naturais, ponto que deve ser observado no desenvolvimento das atividades agrícolas no país. Assim, o artigo 19 determina que:

> *"O Poder Público deverá:*
> *I – integrar, a nível de Governo Federal, os Estados, o Distrito Federal, os Territórios, os Municípios e as comunidades na preservação do meio ambiente e conservação dos recursos naturais;*
> *II – disciplinar e fiscalizar o uso racional do solo, da água, da fauna e da flora;*
> *III – realizar zoneamentos agroecológicos que permitam estabelecer critérios para o disciplinamento e o ordenamento da ocupação espacial pelas diversas atividades produtivas, bem como para a instalação de novas hidrelétricas;*
> *IV – promover e/ou estimular a recuperação das áreas em processo de desertificação;*
> *V – desenvolver programas de educação ambiental, a nível formal e informal, dirigidos à população;*
> *VI – fomentar a produção de sementes e mudas de essências nativas;*
> *VII – coordenar programas de estímulo e incentivo à preservação das nascentes dos cursos d'água e do meio ambiente, bem como o aproveitamento de dejetos animais para conversão em fertilizantes".*

Além disso, a fiscalização e o uso racional dos recursos naturais do meio ambiente são também de responsabilidade dos proprietários de direito, dos beneficiários da reforma agrária e dos ocupantes temporários dos imóveis rurais.

Observa-se, ainda, de acordo com o artigo 20, que as bacias hidrográficas constituem-se em unidades básicas de planejamento do uso, da conservação e da recuperação dos recursos naturais.

Aquecimento global

Pode-se dizer que o aquecimento global da temperatura da superfície da Terra é fruto do agravamento do efeito estufa. Tal fenômeno caracteriza-se pelo isolamento térmico do planeta em decorrência das concentrações de gases na camada atmosférica, impedindo que os raios solares, uma vez refletidos, voltem ao espaço.

Na verdade, pelo que se sabe, de modo semelhante ao vidro da estufa, a atmosfera deixa passar raios de sol que aquecem a Terra. Uma parte desse calor volta e escapa para o espaço, atravessando a atmosfera, enquanto outra parte é absorvida por gases atmosféricos (como o gás carbônico) e volta para a Terra, mantendo-a aquecida. Sem esse aquecimento, nosso planeta seria muito frio e talvez difícil a vida na Terra. O problema é que com o aumento da quantidade de gás carbônico liberado para a atmosfera, ela fica saturada com esse tipo de gás, que provoca o agravamento do efeito estufa.

Também, como alguns dos principais efeitos adversos desse efeito, temos: elevação da temperatura média global, aumento do nível do mar, alteração no suprimento de água doce, maior número de ciclones, tempestades de chuva e neve fortes e mais frequentes, bem como forte e rápido ressecamento do solo.

Acredita-se que o principal responsável pelo efeito estufa é a presença do gás carbônico (CO_2) emitido por veículos automotores, queima de combustíveis fósseis e pelo desenvolvimento das atividades industriais.

Com o intuito de **buscar uma solução** para este problema a **"Convenção-Quadro" sobre Mudança do Clima** foi assinada na Eco 92 e entrou em vigor em 1994, sendo que sua meta principal é a estabilização das emissões de gases causadores do efeito estufa, em níveis que evitem a interferência antrópica perigosa no clima mundial.

Entre nós, na esteira da implementação da proteção ambiental, a Lei 12.114, de 9 de dezembro de 2009, criou o Fundo Nacional sobre Mudança do Clima, alterando a Lei 9.478/97 e, ainda, em 29 de dezembro de 2009 foi editada a Lei 12.187, a qual instituiu a Política Nacional sobre Mudança do Clima (PNMC) .

No tocante ao Fundo Nacional sobre Mudança do Clima (FNMC), sabe-se que ele tem natureza contábil, é vinculado ao Ministério do Meio Ambiente, com a finalidade de assegurar recursos para apoio a projetos ou estudos e financiamento de empreendimentos que visem à mitigação da mudança do clima e à adaptação à mudança do clima e aos seus efeitos.

A Lei 12.187, de 29 de dezembro de 2009, institui, entre nós, a Política Nacional sobre Mudança do Clima (PNMC) e prevê que as ações dela decorrentes, executadas sob a responsabilidade dos entes políticos e dos órgãos da Administração Pública, observarão os princípios da precaução, da prevenção, da participação cidadã, do desenvolvimento sustentável e o das responsabilidades comuns, porém diferenciadas, este último no âmbito internacional.

A lei preconiza que os objetivos da Política Nacional sobre Mudança do Clima deverão estar em consonância com o desenvolvimento sustentável, a fim de buscar o crescimento econômico, a erradicação da pobreza e a redução das desigualdades sociais.

O artigo 4º da Lei 12.187/09 especifica que esta política visará: I – à compatibilização do desenvolvimento econômico-social com a proteção do sistema climático; II – à redução das emissões antrópicas de gases de efeito estufa em relação às suas diferentes fontes; III – (vetado); IV – ao fortalecimento das remoções antrópicas por sumidouros de gases de efeito estufa no território nacional; V – à implementação de medidas para promover a adaptação à mudança do clima pelas 3 (três) esferas da Federação, com a participação e a colaboração dos agentes econômicos e sociais interessados ou beneficiários, em particular aqueles especialmente vulneráveis aos seus efeitos adversos; VI – à preservação, à conservação e à recuperação dos recursos ambientais, com particular atenção aos grandes biomas naturais tidos como patrimônio nacional; VII – à consolidação e à expansão das áreas legalmente protegidas e ao incentivo aos reflorestamentos e à recomposição da cobertura vegetal em áreas degradadas; VIII – ao estímulo ao desenvolvimento do Mercado Brasileiro de Redução de Emissões (MBRE).

Em relação às medidas a serem adotadas na sua execução, a lei considera que todos têm o dever de atuar, em benefício das presentes e futuras gerações, para a redução dos impactos decorrentes das interferências antrópicas sobre o sistema climático e prevê um vasto conjunto de instrumentos para efetivá-la.

Verificamos que os instrumentos consagrados pelo artigo 6º da Lei 12.187/09 – a Lei da Política Nacional sobre Mudança do Clima englobam, no geral, medidas de incentivo, informação e controle, tais como:

(...)

VI – as medidas fiscais e tributárias destinadas a estimular a redução das emissões e remoção de gases de efeito estufa, incluindo alíquotas diferenciadas, isenções, compensações e incentivos, a serem estabelecidos em lei específica;

(...)

XII – as medidas existentes, ou a serem criadas, que estimulem o desenvolvimento de processos e tecnologias, que contribuam para a redução de emissões e remoções de gases de efeito estufa, bem como para a adaptação, dentre as quais o estabelecimento de critérios de preferência nas licitações e concorrências públicas, compreendidas aí as parcerias público-privadas e a autorização, permissão, outorga e concessão para exploração de serviços públicos e recursos naturais, para as propostas que propiciem maior economia de energia, água e outros recursos naturais e redução da emissão de gases de efeito estufa e de resíduos;

(...)

XIV – as medidas de divulgação, educação e conscientização;

XV – o monitoramento climático nacional;

XVI – os indicadores de sustentabilidade;

XVII – o estabelecimento de padrões ambientais e de metas, quantificáveis e verificáveis, para a redução de emissões antrópicas por fontes e para as remoções antrópicas por sumidouros de gases de efeito estufa;

XVIII – a avaliação de impactos ambientais sobre o microclima e o macroclima.

A lei determina também que as ações de âmbito nacional para o enfrentamento das alterações climáticas, atuais, presentes e futuras, devem considerar e integrar as ações promovidas no âmbito estadual e municipal por entidades públicas e privadas. Dessa forma, devem ser tomadas medidas para prever, evitar ou minimizar as causas identificadas da mudança climática com origem antrópica no território nacional, sobre as quais haja razoável consenso por parte dos meios científicos e técnicos ocupados no estudo dos fenômenos envolvidos.

Com o intuito de viabilizar a concretização dessa política, as instituições financeiras oficiais disponibilizarão linhas de crédito e financiamento específicas para desenvolver ações e atividades que atendam aos objetivos previstos na Lei 12.187/09 e que sejam voltadas para induzir a conduta dos agentes privados à observância e execução da PNMC, no âmbito de suas ações e responsabilidades sociais (artigo 8º da Lei 12.187/09 – Lei da PNMC).

A lei estabelece, ainda, os parâmetros de mitigação das nossas emissões, dispondo que para alcançar os objetivos da PNMC, o país adotará, como compromisso nacional voluntário, ações de mitigação das emissões de gases de efeito estufa, com vistas em reduzir entre 36,1% (trinta e seis inteiros e um décimo por cento) e 38,9% (trinta e oito inteiros e nove décimos por cento) suas emissões projetadas até 2020 (artigo 12 da Lei 12.187/09).

Nesse sentido, a projeção das emissões para 2020, assim como o detalhamento das ações para alcançar o objetivo da redução das emissões, serão dispostos por decreto, tendo por base o segundo Inventário Brasileiro de Emissões e Remoções Antrópicas de Gases de Efeito Estufa Não Controlados pelo Protocolo de Montreal, a ser concluído em 2010.

Há na lei uma previsão de regulamentação, por meio de Decreto do Poder Executivo, o qual deverá estabelecer, em consonância com a Política Nacional sobre Mudança do Clima, os Planos setoriais de mitigação e de adaptação às mudanças climáticas visando à consolidação de uma economia de baixo consumo de carbono, levando em conta as especificidades de cada setor, inclusive por meio do Mecanismo de Desenvolvimento Limpo (MDL) e das Ações de Mitigação Nacionalmente Apropriadas.

Ressalta-se, ainda, dentre os instrumentos institucionais para a atuação da Política Nacional de Mudança do Clima, previstos no artigo 7º da referida Lei, os seguintes: I – o Comitê Interministerial sobre Mudança do Clima; II – a Comissão Interministerial de Mudança Global do Clima; III – o Fórum Brasileiro de Mudança do Clima; IV – a Rede Brasileira de Pesquisas sobre Mudanças Climáticas Globais – Rede Clima; V – a Comissão de Coordenação das Atividades de Meteorologia, Climatologia e Hidrologia.

Por fim, importante destacar que a Lei 12.187/09 traz uma previsão de cunho eminentemente econômico-financeiro, determinando que o Mercado Brasileiro de Redução de Emissões (MBRE) será operacionalizado em bolsas de mercadorias e futuros, bolsas de valores e entidades de balcão organizado, autorizadas pela Comissão de Valores Mobiliários (CVM), onde se dará a negociação de títulos mobiliários representativos de emissões de gases de efeito estufa evitadas certificadas (artigo 9º da Lei 12.187/09).

Smog

Esse fenômeno surge da combinação de *smoke* e *fog*, palavras respectivamente entendidas como fumaça e nevoeiro. Assim, verifica-se o fenômeno quando temos poluentes estagnados no ar atmosférico. Esses poluentes são, na verdade, gases e vapor d'água, podendo apresentar-se avermelhados.

Inversão térmica

Como o próprio nome sugere, a inversão térmica é constituída pela sobreposição da camada de ar quente à camada de ar frio, dificultando o movimento do ar atmosférico. Assim, os poluentes ficam concentrados nas camadas mais baixas, o que traz prejuízo à saúde humana.

Chuva ácida

Recebe o nome de chuva ácida a precipitação contendo ácido sulfúrico diluído – SO_2, o que ocorre como consequência das emissões de grandes zonas industriais. O fenômeno surge quando temos uma concentração de óxido de enxofre e nitrogênio na atmosfera e esses gases, em contato com o vapor d'água, precipitam-se, ocasionando a denominada "chuva ácida" que causa não só prejuízo à flora, aos monumentos, mas também à saúde humana.

A responsabilidade socioambiental - Princípios do Equador

Tem-se entendido que a responsabilidade socioambiental é uma postura ética permanente das empresas no mercado de consumo e na sociedade. Muito mais que ações sociais e filantropia, a responsabilidade social, no nosso entendimento, deve ser o pressuposto e a base da atividade empresarial e do consumo. Engloba a preocupação e o compromisso com os impactos causados a consumidores, meio ambiente e trabalhadores; os valores professados na ação prática cotidiana no mercado de consumo refletida na publicidade e nos produtos e serviços oferecidos; a postura da empresa em busca de soluções para eventuais problemas; e, ainda, a transparência nas relações com os envolvidos nas suas atividades. (conforme definição do Instituto de Defesa do Consumidor – Idec – *Guia de Responsabilidade Social para o Consumidor*, 2004, p. 4).

Para o sistema financeiro, propriamente dito, surge nova proposta no aspecto da sustentabilidade ambiental e esta nova diretriz liga-se com a aplicação pelas instituições financeiras, dos denominados Princípios do Equador.

Os Princípios do Equador são diretrizes socioambientais que precisam ser utilizadas pelas instituições financeiras que vão fornecer financiamentos às empresas. No geral, tais financiamentos apresentam-se em quantias vultosas, por exemplo, acima de US$ 50 milhões. Isso ocorre porque grandes empreendimentos normalmente trazem problemas sociais e ambientais à população quando não são estudados com amplitude e planejados. Assim, para garantir o sucesso dos projetos, com responsabilidade, o International Finance Corporation (IFC), instituição vinculada ao Banco Mundial que fornece financiamentos a projetos da iniciativa privada, criou uma série de exigências conhecida exatamente como Princípios do Equador. Pelo que se sabe, a aplicação dos conceitos é baseada no estabelecimento de um *rating socioambiental*, feito pelas instituições financeiras, de modo que os projetos serão classificados em A (alto risco), B (médio risco) ou C (baixo risco). Desse modo, os projetos apresentados pelas empresas devem conter informações como o risco ambiental, proteção à biodiversidade e uso de energias renováveis, proteção à saúde e à diversidade cultural e étnica, adoção de sistemas de saúde e segurança ocupacional e prevenção contra incêndios, avaliação de impactos socioeconômicos, eficiência na produção, distribuição e consumo de recursos hídricos e energia, mecanismos de prevenção e controle de poluição, entre outras, para serem avaliadas pela instituição financeira.

Índios e a questão ambiental

Nos artigos 231 e 232, a Constituição Federal assegurou aos índios sua organização social, seus costumes, línguas, crenças e tradições, e os direitos originários sobre as terras que tradicionalmente ocupam, competindo à União demarcá-las, proteger e fazer respeitar todos os seus bens. Cumpre destacar também a Lei 6.001/73 – conhecida como Estatuto do Índio –, que contém previsões importantes sobre o tema.

Igualmente, o Decreto 1.141/94, que dispõe sobre as ações de proteção ambiental, saúde e apoio às atividades produtivas para as comunidades indígenas determina que essa proteção constitui encargo da União.

O referido decreto ainda prevê, no artigo 9º, que as ações voltadas à proteção ambiental das terras indígenas e seu entorno destinam-se a garantir a manutenção do equilíbrio necessário à sobrevivência física e cultural das comunidades indígenas, contemplando: diagnóstico ambiental, para conhecimento da situação, como base para as intervenções necessárias; acompanhamento e controle da recuperação das áreas que tenham sofrido processo de degradação de seus recursos naturais; controle ambiental das atividades potencial ou efetivamente modificadoras do meio ambiente, mesmo aquelas desenvolvidas fora dos limites das terras indígenas que afetam; educação ambiental, dirigida às comunidades indígenas e à sociedade envolvente, visando à participação na proteção do meio ambiente nas terras indígenas e seu entorno; identificação e difusão de tecnologias indígenas e não indígenas, consideradas apropriadas do ponto de vista ambiental e antropológico.

As terras tradicionalmente ocupadas pelos índios são as por eles habitadas em caráter permanente, as utilizadas para suas atividades produtivas, as imprescindíveis à preservação dos recursos ambientais necessários ao seu bem-estar e as necessárias a sua reprodução física e cultural, segundo seus usos, costumes e tradições.

Sabe-se que essas terras destinam-se a sua posse permanente, cabendo-lhes o usufruto exclusivo das riquezas do solo, dos rios e dos lagos nelas existentes, sendo vedada a remoção dos grupos indígenas de suas terras, salvo, *ad referendum* do Congresso Nacional, em caso de catástrofe ou epidemia que ponha em risco sua população, ou no interesse da soberania do país, após deliberação do Congresso Nacional, garantido, em qualquer hipótese, o retorno imediato logo que cesse o risco.

O texto constitucional ainda prevê que não se aplica às terras indígenas o disposto no artigo 174, § 3º e § 4º.

Por fim, a CF/88 determina que os índios, suas comunidades e organizações são partes legítimas para ingressar em juízo em defesa de seus direitos e interesses, intervindo o Ministério Público em todos os atos do processo (art. 232).

Além das regras que envolvem a mineração em terras indígenas – item visto em capítulo específico sobre a mineração –, interessante questão que se coloca é a seguinte: índio pode ser autor de crime ambiental?

Como se dedicam normalmente à caça e pesca, precisamos analisar como fica a situação do índio se ele vier a cometer um ilícito penal ao meio ambiente, por exemplo: caça de espécime da fauna silvestre – artigo 29 da Lei 9.605/98.

Para tentar resolver a questão, lembraremos que a CF/88 no artigo 231, § 2º, lhes concede usufruto exclusivo das riquezas do solo, dos rios e dos lagos.

O Estatuto do Índio – Lei 6.001/73 – artigo 24, assegura aos índios o direito à percepção das riquezas naturais e com exclusividade o exercício da caça e pesca nas áreas que ocupam.

Nesses casos, é necessário verificar a situação do índio: isto é, se é isolado, se está em via de integração ou se já é integrado.

Nesse sentido, importante as definições do artigo 4º da Lei 6.001/73 ao prever:

> *"Art. 4º. Os índios são considerados:*
> *I – Isolados – Quando vivem em grupos desconhecidos ou de que se possuem poucos e vagos informes através de contatos eventuais com elementos da comunhão nacional;*
> *II – Em via de integração – Quando, em contato intermitente ou permanente com grupos estranhos, conservam menor ou maior parte das condições de sua vida nativa, mas aceitam algumas práticas e modos de existência comuns aos demais setores da comunhão nacional, da qual vão necessitando cada vez mais para o próprio sustento;*
> *III – Integrados – Quando incorporados à comunhão nacional e reconhecidos no pleno exercício dos direitos civis, ainda que conservem usos, costumes e tradições característicos da sua cultura".*

Assim sendo, três situações se apresentam, a saber:

- Se o índio está isolado a caça pode ser entendida como exercício regular de um direito e excluída a ilicitude. Nesse aspecto, devemos combinar o artigo 23, III, do Código Penal, com o artigo 24, § 2º, da Lei 6.001/73 – Estatuto do Índio.
- Se está em via de integração, deve-se avaliar sua adesão ao modo de vida dos demais setores e em cada caso verificar se é aplicável a excludente ou não.
- Se, no entanto, já é considerado integrado não será fácil obter o reconhecimento da exclusão de ilicitude para livrá-lo da responsabilidade penal.

Quanto ao julgamento do índio, é importante ressaltar que ele responderá perante o Poder Judiciário, já que no Brasil não existe soberania indígena para as tribos julgarem seus membros, aplicando-se ao caso a Súmula 140 do STJ, que determina:

> *"Compete à Justiça Comum Estadual processar e julgar crime em que o indígena figure como autor ou vítima".*

Verifica-se também, pelo artigo 56 da Lei 6.001/73 – em caso de condenação, a pena deverá ser atenuada não podendo ser fixada abaixo do mínimo legal e o juiz, na sua aplicação, atenderá ao grau de integração do silvícola.

Com isso, percebemos que se procura manter as práticas inerentes à tradição dos povos indígenas e equilibrar, na verdade, dois valores constitucionalmente consagrados: o meio ambiente ecologicamente equilibrado e, de outro lado, o direito à organização social, aos usos, costumes e tradições dos povos indígenas perante o Estado brasileiro. Na verdade, devem ser interpretados sob perspectiva de entendimento e agregação, para que se atinja a sustentabilidade socioambiental.

Assim sendo, se é uma prática tradicional, deve ser respeitada tanto quanto a preservação do meio ambiente, na medida da tradição da atividade. Dessa forma, o cerne da questão é analisar a tradicionalidade das atividades desenvolvidas e a destinação que se dá aos frutos dessas atividades. Caso seja atividade que foge da noção de tradicionalidade e se insere no mercado da sociedade não indígena, concordamos com o pensamento de Fernando Mathias Baptista (A Gestão dos recursos naturais pelos povos indígenas e o direito ambiental *in O Direito para o Brasil Socioambiental* – organização de André Lima, p. 185-187) e parece-nos que a legislação ambiental pode e deve ser aplicada. Por outro lado, sendo uma atividade que se enquadra como uma prática tradicional, deve-se buscar equilibrar a atividade e a proteção ambiental conforme os ditames legais.

Nesse sentido, Fernando Mathias Baptista (*op. cit.*, idem) ressalta:

> *"Portanto, o gozo do direito de usufruto exclusivo de seus recursos naturais não significa que podem os povos indígenas, a seu talante, devastar e destruir toda a flora e fauna de suas terras, à revelia das normas ambientais.*
>
> *Na medida em que esta exploração se dê de acordo com os usos e costumes dos povos indígenas, não estão eles obrigados a cumprir com as normas e padrões ambientais exigidos para a população não indígena, pois a Constituição respalda seus usos e costumes como legítimos e reconhecidos pelo Estado brasileiro".*
>
> E conclui:
>
> *"Essa lógica da 'medida da tradicionalidade' advém de duas premissas básicas: a primeira, de que se tratam de povos cujos sistemas de vida são diferenciados e cujas diferenciações foram expressamente reconhecidas como legítimas perante a Constituição, que trouxe ao mundo jurídico a noção de coletividade e de plurietnicidade que perpassam toda a discussão; a segunda, da premissa de que a legislação ambiental deita suas origens em um contexto histórico cujos atores sociais não são os povos indígenas, e sim a sociedade moderna ocidental cujas bases de produção são pautadas pelo uso intensivo de tecnologias cada vez mais agressivas ao meio ambiente".*

Por fim, importante lembrar que o Supremo Tribunal Federal definiu, em 2009, relevante questão de como deve ser o processo de demarcação de reservas indígenas no país. Tomando por base o caso da demarcação contínua da reserva indígena Raposa Serra do Sol, os ministros do STF, na prática, criaram uma espécie de código-modelo de demarcação de terras indígenas com 19 artigos. As condições regulam a exploração de riquezas minerais e de energia, a realização de pesquisas na área e garantem a soberania nacional. Assim, por 10 votos a 1, o Supremo manteve a Portaria 534/05 do Ministério da Justiça, homologada pela Presidência da República em 2005, que fixou a demarcação contínua da reversa indígena Raposa Serra do Sol, em Roraima. Com a decisão, foi cassada a liminar que garantia a presença dos arrozeiros na referida área.

Biodiversidade – Biotecnologia – Biossegurança – OGM e Conhecimento tradicional associado

Ao procurar complementar as informações contidas no capítulo 14, analisaremos um pouco mais o tema à luz da Lei 11.105/05.

- **Biodiversidade:** pode ser entendida como a variação biológica de determinado lugar, ou, em termos mais genéricos, o conjunto de diferentes espécies de seres vivos de todo o planeta.
- **Biotecnologia:** pode ser entendida como o conjunto de técnicas que possibilitam aos seres humanos a realização de mudanças específicas no ácido desoxirribonucleico (DNA), no ácido ribonucleico (ARN), ou no material genético de plantas, animais e sistemas microbianos, conducentes a produtos e tecnologias úteis. Sabe-se que biotecnologia contemporânea se serve da engenharia genética, que é a atividade de manipulação de moléculas de ADN/ARN recombinante ou moléculas de DNA/RNA recombinante.
- **Biossegurança:** conjunto de normas legais e regulamentares que estabelecem critérios e técnicas para a manipulação genética, no sentido de evitar danos ao meio ambiente e à saúde humana.
- **Organismo geneticamente modificado (OGM):** é o organismo cujo material genético (ADN/ARN) tenha sido modificado por qualquer técnica de engenharia genética, lembrando que organismo é toda entidade biológica capaz de reproduzir e transferir material genético, isolada ou concomitantemente, incluindo vírus, *prions* e outras classes que venham a ser consideradas.
- **Conhecimento tradicional associado:** informação ou prática individual ou coletiva de comunidade indígena ou de comunidade local, com valor real ou potencial, associada ao patrimônio genético.

Com o intuito de regulamentar o artigo 225, § 1º, incisos: II, IV e V, veio a lume a Lei 11.105/05, conhecida como Lei de Biossegurança, estabelecendo normas de segurança e mecanismos de fiscalização de atividades que envolvam organismos geneticamente modificados (OGMs) e seus derivados, revogando, ainda, a Lei 8.974, de 5 de janeiro de 1995 e a Medida Provisória 2.191-9, de 2001, e os artigos 5º, 6º, 7º, 8º, 9º, 10º e 16º da Lei 10.814, de 15 de dezembro de 2003.

Diante de previsíveis e iminentes riscos associados à utilização e liberação de organismos vivos resultantes da biotecnologia que provoquem impacto ambiental prejudicial à diversidade biológica e à saúde humana, o uso de técnicas de engenharia genética vincula-se a normas de segurança e a mecanismos de fiscalização e prevenção em todas as fases, visando proteger não só a saúde humana, como também vida e saúde dos animais, plantas micro-organismos e meio ambiente como um todo.

Nesse sentido, a Lei 11.105/05, combinada com a Convenção sobre Diversidade Biológica, tem como diretriz o estímulo ao avanço científico na área de biossegurança e biotecnologia, a proteção à vida e à saúde humana, animal e vegetal, e a observância do princípio da precaução para a proteção do meio ambiente.

Quanto àqueles que podem desenvolver atividades com OGMs, nosso ordenamento jurídico determina, no artigo 2º da Lei 11.105/05, que as atividades e os projetos que envolvam OGMs e seus derivados, relacionados ao ensino com manipulação de organismos vivos, à pesquisa científica, ao desenvolvimento tecnológico e à produção industrial **ficam restritos ao âmbito**

de entidades de direito público ou privado, que serão responsáveis pela obediência aos preceitos dessa lei e de sua regulamentação, bem como pelas eventuais consequências ou pelos efeitos advindos de seu descumprimento.

Assim, atividades e projetos que envolvam OGM e seus derivados, são vedados a pessoas físicas em atuação autônoma e independente, ainda que mantenham vínculo empregatício ou qualquer outro com pessoas jurídicas.

Toda instituição que utilizar técnicas e métodos de engenharia genética ou realizar pesquisas com OGM e seus derivados deverá criar uma Comissão Interna de Biossegurança (CIBio), além de indicar um técnico principal responsável para cada projeto específico (art. 17 da Lei 11.105/05).

A Lei 11.105/05 também traz no artigo 3º um rol de definições específicas e, no artigo 8º, estabelece que fica criado o Conselho Nacional de Biossegurança (CNBS), vinculado à Presidência da República, órgão de assessoramento superior do presidente da República para a formulação e implementação da Política Nacional de Biossegurança (PNB).

De acordo com o artigo 8º, § 1º, compete ao Conselho Nacional de Biossegurança (CNBS): fixar princípios e diretrizes para a ação administrativa dos órgãos e entidades federais com competências sobre a matéria; analisar, a pedido da CTNBio quanto aos aspectos da conveniência e oportunidade socioeconômicas e do interesse nacional, os pedidos de liberação para uso comercial de OGM e seus derivados; avocar e decidir, em última e definitiva instância, com base em manifestação da CTNBio e, quando julgar necessário, dos órgãos e entidades referidos no artigo 16 da Lei 11.105/05, no âmbito de suas competências, sobre os processos relativos a atividades que envolvam o uso comercial de OGM e seus derivados. No desempenho de suas funções, sempre que o CNBS deliberar favoravelmente à realização da atividade analisada, encaminhará sua manifestação aos órgãos e entidades de registro e fiscalização referidos no artigo 16 da Lei 11.105/05 (art. 8º, § 3º). Tais órgãos e entidades são: os órgãos e entidades de registro e fiscalização do Ministério da Saúde, do Ministério da Agricultura, Pecuária e Abastecimento e do Ministério do Meio Ambiente, e da Secretaria Especial de Aquicultura e Pesca da Presidência da República. (Importante lembrar que a Lei 11.958/09 alterou a Lei 10.683/03 e transformou a Secretaria Especial de Aquicultura e Pesca da Presidência da República em Ministério da Pesca e Aquicultura.)

Ressalta-se, ainda, que sempre que o CNBS deliberar contrariamente à atividade analisada, encaminhará sua manifestação à CTNBio para informação ao requerente (art. 8º, § 4º). Isso porque, os interessados em realizar atividade prevista na Lei de Biossegurança deverão requerer autorização à Comissão Técnica Nacional de Biossegurança (CTNBio), que se manifestará no prazo fixado em regulamento.

Quanto à CTNBio, ela é instância colegiada multidisciplinar de caráter consultivo e deliberativo, para prestar apoio técnico e de assessoramento ao governo federal na formulação, atualização e implementação da PNB de OGM e seus derivados, bem como no estabelecimento de normas técnicas de segurança e de pareceres técnicos referentes à autorização para atividades que envolvam pesquisa e uso comercial de OGM e seus derivados, com base na avaliação de seu risco zoofitossanitário, à saúde humana e ao meio ambiente.

Verifica-se que, quanto aos aspectos de biossegurança do OGM e seus derivados, a decisão técnica da CTNBio vincula os demais órgãos e entidades da administração, e tal decisão deverá conter resumo de sua fundamentação técnica, explicitar as medidas de segurança e restrições ao uso do OGM e seus derivados e considerar as particularidades das diferentes regiões do país, com o objetivo de orientar e subsidiar os órgãos e entidades de registro e fiscalização, no exercício de suas atribuições.

De acordo com previsão do artigo 15 da Lei 11.105/05, a CTNBio poderá realizar audiências públicas, garantida participação da sociedade civil, na forma do regulamento, sendo que em casos de liberação comercial, audiência pública poderá ser requerida por partes interessadas, incluindo-se entre essas organizações da sociedade civil que comprovem interesse relacionado à matéria, na forma do regulamento.

Importante mencionar que a CTNBio é integrante do Ministério da Ciência e Tecnologia, sendo composta de membros titulares e suplentes, designados pelo ministro de Estado da Ciência e Tecnologia e será constituída por 27 cidadãos brasileiros de reconhecida competência técnica, de notória atuação e saber científicos, com grau acadêmico de doutor e com destacada atividade profissional nas áreas de biossegurança, biotecnologia, biologia, saúde humana e animal ou meio ambiente, conforme rol previsto no artigo 11 da Lei 11.105/05. Os membros da CTNBio terão mandato de dois anos, renovável por até mais dois períodos consecutivos e devem pautar sua atuação pela observância estrita dos conceitos ético-profissionais, sendo vedado participar do julgamento de questões com as quais tenham algum envolvimento de ordem profissional ou pessoal, sob pena de perda de mandato, na forma do regulamento.

O presidente da CTNBio será designado, entre seus membros, pelo ministro da Ciência e Tecnologia para um mandato de dois anos, renovável por igual período (art. 11, § 5º – Lei 11.105/05).

A reunião da CTNBio poderá ser instalada com a presença de 14 de seus membros, incluído pelo menos um representante de cada uma das áreas referidas no inciso I do artigo 11, da Lei 11.105/05, e as decisões da CTNBio serão tomadas com votos favoráveis da maioria absoluta de seus membros (art. 11, § 8º, acrescentado pela Lei 11.460/07).

Quanto ao Sistema de Informações em Biossegurança (SIB), conforme artigo 19 da Lei 11.105/05, foi criado no âmbito do Ministério da Ciência e Tecnologia e destina-se à gestão das informações decorrentes das atividades de análise, autorização, registro, monitoramento e acompanhamento das atividades que envolvam OGM e seus derivados.

Outrossim, os órgãos e entidades de registro e fiscalização, referidos no artigo 16 da Lei de Biossegurança, deverão alimentar o SIB com as informações relativas às atividades de que trata a lei, processadas no âmbito de sua competência. Além dos crimes e das penas previstos na Lei de Biossegurança, notadamente nos artigos 24 a 29, verifica-se, quanto à responsabilidade civil, que sem prejuízo da aplicação das penas previstas nessa lei, os responsáveis pelos danos ao meio ambiente e a terceiros responderão, de forma solidária, por sua indenização ou reparação integral, independentemente da existência de culpa (art. 20).

Por outro lado, considera-se infração administrativa toda ação ou omissão que viole as normas previstas nessa lei e demais disposições legais pertinentes.

Quanto às restrições à liberação de OGMs no ambiente, a Lei 11.460/07 determinou no artigo 1º que:

> *"Ficam vedados a pesquisa e o cultivo de organismos geneticamente modificados nas terras indígenas e áreas de unidades de conservação, exceto nas Áreas de Proteção Ambiental".*

Sobre o plantio de organismos geneticamente modificados em unidades de conservação, deve-se lembrar que a Lei 11.460 acrescentou dispositivos à Lei 9.985 – a Lei do Snuc, estabelecendo que o plano de manejo poderá dispor sobre as atividades de liberação planejada e cultivo de organismos geneticamente modificados nas Áreas de Proteção Ambiental e nas zonas de amortecimento das demais categorias de unidade de conservação. No entanto, o artigo 27, § 4º da Lei do Snuc, prevê que para tal cultivo devem ser observadas as informações contidas na decisão técnica da Comissão Técnica Nacional de Biossegurança (CTNBio) no tocante aos seguintes aspectos: o registro de ocorrência de ancestrais diretos e parentes silvestres; as características de reprodução, dispersão e sobrevivência do organismo geneticamente modificado; o isolamento reprodutivo do organismo geneticamente modificado em relação aos seus ancestrais diretos e parentes silvestres; e situações de risco do organismo geneticamente modificado à biodiversidade.

Ainda foi acrescentado, à Lei 9.985/00 – Lei do Snuc, o artigo 57-A, prevendo que o Poder Executivo estabelecerá os limites para o plantio de organismos geneticamente modificados nas áreas que circundam as unidades de conservação até que seja fixada sua zona de amortecimento e aprovado seu respectivo plano de manejo, não se aplicando esta regra, porém, às Áreas de Proteção Ambiental e reservas de particulares do patrimônio nacional. Paralelamente à Lei 11.105/05, destacaremos a existência da Medida Provisória 2.186-16, de 23 de agosto de 2001, em vigor por força do artigo 2º da Emenda Constitucional 32, de 2001.

Essa medida provisória regulamenta o inciso II do § 1º e o § 4º do artigo 225 da Constituição, e os artigos 1º, 8º, alínea "j", 10, alínea "c", 15 e 16, alíneas 3 e 4 da Convenção sobre Diversidade Biológica, dispõe sobre o acesso ao patrimônio genético, a proteção e o acesso ao conhecimento tradicional associado, a repartição de benefícios e o acesso à tecnologia e a transferência de tecnologia para sua conservação e utilização, e dá outras providências.

Sobressaem os vários decretos que vêm regulamentado seus diversos dispositivos (por exemplo, o Decreto 5.459, de 7 de junho de 2005, que regulamenta o artigo 30 da Medida Provisória 2.186-16, de 23 de agosto de 2001, disciplinando as sanções aplicáveis às condutas e atividades lesivas ao patrimônio genético ou ao conhecimento tradicional associado e dá outras providências).

Recentemente, o Decreto 6.915, de 29 de julho de 2009, tratou da destinação da parcela dos lucros e dos *royalties* resultantes da exploração econômica de processo ou produto desenvolvido desde a amostra de componente do patrimônio genético, bem como do valor das indenizações de que trata a Medida Provisória 2.186-16, de 23 de agosto de 2001, quando forem devidos à União.

A medida provisória não se aplica ao patrimônio genético humano e prevê que o acesso ao patrimônio genético existente no país somente será feito mediante autorização da União e terá seu uso, sua comercialização e seu aproveitamento para quaisquer fins submetidos à fiscalização, restrições e repartição de benefícios nos termos e nas condições por ela estabelecidas. Determina, ainda, no artigo 25, que os benefícios decorrentes da exploração econômica de produto ou processo, desenvolvido da amostra do patrimônio genético ou de conhecimento tradicional associado, poderão constituir-se, dentre outros, de:

I – divisão de lucros;

II – pagamento de *royalties*;

III – acesso e transferência de tecnologias;

IV – licenciamento, livre de ônus, de produtos e processos; e

V– capacitação de recursos humanos.

Desmatamento

O desmatamento, também conhecido como desflorestamento, consiste na remoção indiscriminada de vegetação de uma área, com consequências desastrosas para o clima, a biodiversidade e o meio ambiente em geral.

Atualmente, a destruição ocorre como resultado do crescimento das atividades produtivas e econômicas e, em particular, pelo aumento da densidade demográfica. Assim, seja em virtude da produção agrícola, pecuária, mineração ou extrativismo, tem-se observado que o desmatamento de florestas naturais contribui para o aumento de CO_2 (dióxido de carbono) na atmosfera, concorrendo para o aquecimento global.

O fato é que o problema é alarmante e de efeitos reflexos.

Em resumo

Principais Questões Ambientais da Atualidade

Em relação às principais questões ambientais da atualidade, a Lei 9.478/97 dispõe sobre a política energética nacional e prevê dentre os objetivos visados pelas políticas nacionais – para o aproveitamento racional das fontes de energia – a proteção do meio ambiente e a conservação de energia.

A Lei 11.097/05 dispõe sobre a introdução do biodiesel na matriz energética brasileira e a Lei 11.909/09 dispõe sobre as atividades relativas ao transporte de gás natural, de que trata o artigo 177 da Constituição Federal, bem como sobre as atividades de tratamento, processamento, estocagem, liquefação, regaseificação e comercialização de gás natural.

No tocante à energia nuclear, verifica-se que a competência para permissão, concessão ou exploração econômica é exclusiva da União.

Encontramos também a produção de energia eólica, solar e de biomassa entre as novas formas alternativas de energia.

Pode-se dizer, em linhas gerais, que os agrotóxicos são produtos químicos que ajudam a controlar as pragas e as doenças das plantas. Com o intuito de evitar a contaminação do solo a Lei dos Agrotóxicos – Lei 7.802/89 e suas posteriores alterações disciplina, entre outras coisas, o destino final dos resíduos de agrotóxicos e de componentes afins.

Em paralelo à Lei dos Agrotóxicos, vemos que Lei da Política Agrícola – Lei 8.171/91, notadamente nos artigos 19 e 20, trata da proteção ao meio ambiente e da conservação dos recursos naturais, ponto que deve ser observado no desenvolvimento das atividades agrícolas no país.

O aquecimento global da temperatura da superfície Terra é fruto do agravamento do efeito estufa. Tal fenômeno caracteriza-se pelo isolamento térmico do planeta em decorrência das concentrações de gases na camada atmosférica, impedindo que os raios solares, uma vez refletidos, voltem ao espaço. Com o intuito de buscar uma solução para esse problema, a "Convenção-Quadro" sobre Mudança do Clima foi assinada na Eco 92 e entrou em vigor em 1994, sendo que sua meta principal é a estabilização das emissões de gases causadores do efeito estufa, em níveis que evitem a interferência antrópica perigosa no clima mundial.

Outros problemas têm afetado a qualidade do ar, destacando-se, dentre eles, os fenômenos do smog, inversão térmica, chuva ácida.

Com base no fortalecimento do conceito de responsabilidade socioambiental e para garantir o sucesso dos projetos, com responsabilidade, o International Finance Corporation (IFC), instituição vinculada ao Banco Mundial – que fornece financiamentos a projetos da iniciativa privada – criou uma série de exigências conhecida exatamente como Princípios do Equador. Os Princípios do Equador são diretrizes socioambientais que precisam ser utilizadas pelas instituições financeiras que vão fornecer financiamentos às empresas.

No tocante aos índios, vemos que a Constituição Federal de 1988 nos artigos 231 e 232, assegurou aos índios sua organização social, seus costumes, línguas, crenças e tradições e os direitos originários sobre as terras que tradicionalmente ocupam, competindo à União demarcá-las, proteger e fazer respeitar todos os seus bens. Cumpre destacar também a Lei 6.001/73 – conhecida como Estatuto do Índio – que contém previsões importantes sobre o tema.

Com o intuito de regulamentar o artigo 225, § 1º, incisos: II, IV e V, veio a lume a Lei 11.105/05, conhecida como Lei de Biossegurança, estabelecendo normas de segurança e mecanismos de fiscalização de atividades que envolvam organismos geneticamente modificados – OGMs e seus derivados, revogando, ainda, a Lei 8.974, de 5 de janeiro de 1995, e a Medida Provisória 2.191-9, de 2001, e os artigos 5º, 6º, 7º, 8º, 9º, 10 e 16 da Lei 10.814, de 15 de dezembro de 2003.

Paralelamente à Lei 11.105/05, destacaremos a existência da Medida Provisória 2.186-16, de 23 de agosto de 2001, em vigor por força do artigo 2º da Emenda Constitucional 32, de 2001.

Essa medida provisória regulamenta o inciso II do § 1º e o § 4º do artigo 225 da Constituição e os artigos 1º, 8º, alínea "j", 10, alínea "c", 15 e 16, alíneas 3 e 4 da Convenção sobre Diversidade Biológica, dispõe sobre o acesso ao patrimônio genético, a proteção e o acesso ao conhecimento tradicional associado, a repartição de benefícios e o acesso à tecnologia e a transferência de tecnologia para sua conservação e utilização, e dá outras providências.

O desmatamento, também conhecido como desflorestamento, consiste na remoção indiscriminada de vegetação de uma área, com consequências desastrosas para o clima, a biodiversidade e o meio ambiente em geral.

PRESTE ATENÇÃO

Dentre os principais problemas ambientais da atualidade, podemos encontrar; a perda da biodiversidade, devido ao desmatamento e às queimadas; a degradação e o esgotamento dos solos decorrente das técnicas de produção, notadamente pelo uso de agrotóxicos; a escassez da água pelo mau uso, poluição e gerenciamento das bacias hidrográficas; a contaminação dos corpos hídricos por esgoto sanitário, além da poluição do ar nos grandes centros urbanos.

Sobre o tema aquecimento global, importantes instrumentos foram editados, com o intuito de implementar, entre nós, a redução de emissões de gases efeito estufa. Pode-se destacar a Lei 12.114, de 9 de dezembro de 2009, que criou o Fundo Nacional sobre Mudança do Clima, alterando a Lei 9.478/97 e, ainda, em 29 de dezembro de 2009 foi editada a Lei 12.187 que instituiu a Política Nacional sobre Mudança do Clima (PNMC).

REFERÊNCIAS BIBLIOGRÁFICAS

ALBECHE CARDOSO, Artur Renato. *Vocabulário técnico de termos ambientais e sua capitulação jurídica.* Porto Alegre: Sérgio Antonio Fabris Editor, 2001.

ALEXY, Robert. *Teoria de los derechos Fundamentales.* trad. de Ernesto Garzón Valdés e revisão de Ruth Zimmerling. Madri: Centro de Estudios Políticos y Constitucionalies, 2001.

ANDRADE, Tereza Cristina Silveira de; CHIUVITE, Telma Bartholomeu Silva. Meio Ambiente: *Um bom negócio para a Indústria – Práticas de Gestão Ambiental.* São Paulo: Editora Tocalino, 2004.

__________.Gerenciamento de Resíduos – Aspectos Técnicos e Legais. In *Revista Meio Ambiente Industrial* n. 29 – mar/abr. p. 59-61. São Paulo: Editora Tocalino, 2001.

ANTUNES, Paulo de Bessa. *Direito Ambiental.* 11. ed. amplamente reformulada. Rio de Janeiro: Editora Lumen Juris, 2008.

BANDEIRA DE MELLO, Celso Antônio. *Curso de Direito Administrativo.* 14. ed. São Paulo: Malheiros Editores, 2002.

BARBIERI, José Carlos. *Desenvolvimento e meio ambiente: as estratégias de mudanças da agenda 21.* Petrópolis, RJ: Vozes, 1997.

BARROS, Sergio Resende de. *Direitos Humanos: paradoxo da civilização.* Belo Horizonte: Del Rey, 2003.

BASTOS, Celso Ribeiro. *Curso de Direito Constitucional.* 22. ed. atual. São Paulo: Saraiva, 2001.

BENJAMIN, Antônio Herman V. Introdução ao Direito Ambiental Brasileiro. In *Revista de Direito Ambiental.* Vol. 14 abr/jun., p. 48-82. São Paulo: RT, 1999.

BERCOVICI, Gilberto. *Constituição Econômica e desenvolvimento – Uma leitura a partir da Constituição de 1988.* São Paulo: Malheiros Editores, 2005.

BOBBIO, Norberto. *A era dos direitos.* trad. Carlos Nelson Coutinho; apresentação de Celso Lafer. Rio de Janeiro: Elsevier, 2004. – 2a. reimpressão.

BONAVIDES, Paulo. *Curso de Direito Constitucional.* 10. ed. São Paulo: Malheiros Editores, 2000.

BUENO, Cássio Scarpinella. *A nova Lei do Mandado de Segurança.* São Paulo: Saraiva, 2009.

CAMPANHOLE, Adriano; CAMPANHOLE, Hilton Lobo. *Constituições do Brasil.* 13. ed. São Paulo: Atlas,1999.

CANÇADO TRINDADE, Antônio Augusto. *Direitos Humanos e Meio Ambiente – paralelo dos sistemas de proteção internacional.* Porto Alegre: Sergio Antonio Fabris Editor, 1993.

CAPRA, Fritjof. *As conexões ocultas. Ciência para uma vida sustentável. 3.* ed. São Paulo: Editora Cultrix, 2003.

COMPARATO, Fábio Konder. *A Afirmação Histórica dos Direitos Humanos.* São Paulo: Saraiva,1999.

DALLARI, Adilson Abreu. FERRAZ, Sérgio (coordenadores). *Estatuto da Cidade. Comentários à Lei Federal 10.257/2001.* São Paulo: Malheiros Editores, 2002.

DERANI, Cristiane. *Direito Ambiental Econômico.* São Paulo: Max Limonad,1997.

__________. Função ambiental da propriedade in *Revista de Direitos Difusos* – Ano I. São Paulo: v.3, p. 265-272, 2000.

__________. Meio Ambiente ecologicamente equilibrado: Direito Fundamental e Princípio da atividade econômica in *Temas de Direito Ambiental e Urbanístico* (org.) Guilherme José Purvin de Figueiredo. Publicação oficial do Instituto Brasileiro de Advocacia Pública. São Paulo: Max Limonad, 1998.

DESPAX, Michel. *Droit de L'Environnement.* Paris: Librairies Techniques (LITEC), 1980.

DINAMARCO, Cândido Rangel. O Poder Judiciário e o Meio Ambiente. In *RT-631*-maio, p. 24-28. São Paulo, 1988.

DINIZ, Maria Helena. *Código Civil Anotado.* São Paulo: Saraiva, 2002.

FERRAZ, Sérgio. *Responsabilidade civil por dano ecológico*, Revista de Direito Público, São Paulo, 1979, v. 49-50, p. 38.

FILOMENO, José Geraldo Brito. Dos direitos do consumidor. Título I. p.17-116. In: GRINOVER, Ada Pellegrini et al. *Código Brasileiro de Defesa do Consumidor. Comentado pelos autores do anteprojeto.* 6. ed. Rio de Janeiro: Forense Universitária, 1999.

FINK, Daniel Roberto. ALONSO Jr., Hamilton. DAWALIBI, Marcelo. *Aspectos Jurídicos do Licenciamento Ambiental.* Capítulo I com a colaboração de André Camargo Horta de Macedo. 2. ed. – Rio de Janeiro: Forense Universitária, 2002.

FIORILLO, Celso Antonio Pacheco. *Curso de Direito Ambiental Brasileiro.* 10. ed. rev. atual. e ampl. São Paulo: Saraiva, 2009.

FIORILLO, Celso Antonio Pacheco e MARQUES FERREIRA, Renata. *Direito Ambiental Tributário.* São Paulo: Saraiva, 2005.

FREITAS,Vladimir Passos de. *Direito Administrativo e Meio Ambiente.* 3. ed. Curitiba: Juruá Editora. 2001.

__________. *A Constituição Federal e a Efetividade das Normas Ambientais.* São Paulo: RT, 2000.

FREITAS, Vladimir Passos de e FREITAS Gilberto Passos de. *Crimes contra a natureza.* 7. ed. rev. atual. e ampl. São Paulo: Editora Revista dos Tribunais, 2001.

GOMES, Luiz Flávio. Crime ambiental e responsabilidade penal de pessoa jurídica de direito público. Jus Navigandi, Teresina, ano 12, n. 1746, 12 abr. 2008. Disponível em: <http://jus2.uol.com.br/doutrina/texto.asp?id=11149>. Acesso em: 7 jun. 2009.

GOMES, Luís Roberto. O princípio da função social da propriedade e a exigência constitucional de proteção ambiental. In *Revista de Direito Ambiental.* n. 17. jan/mar. São Paulo: RT, 2000.

GRANZIERA, Maria Luiza Machado. *Direito Ambiental.* São Paulo. Editora Atlas, 2009.

__________.*Direito de águas – Disciplina Jurídica das Águas Doces.* São Paulo. Editora Atlas, 2001.

GRAU, Eros Roberto. *A ordem econômica na Constituição de 1988.* 6. ed. rev. e atual. São Paulo: Malheiros Editores, 2001.

GUIMARÃES Júnior, Renato. O futuro do Ministério Público como guardião do meio ambiente e a história do direito ecológico. In *Revista Justitia*, 113, abr./jun.1981.

__________. *Direitos e Deveres Ecológicos: Efetividade Constitucional e subsídios do Direito Norte-Americano.* Tese apresentada para obtenção do título de Doutor, junto ao Departamento de Direito Econômico e Financeiro da Faculdade de Direito da Universidade de São Paulo, tendo como orientador o Prof. Dr. Fábio Nusdeo. 1. vol. São Paulo, 1989.

LEITE, José Rubens Morato. *Dano ambiental: do individual ao coletivo, extrapatrimonial.* 2. ed. rev. atual. e ampl. São Paulo: Editora Revista dos Tribunais, 2003.

LIMA, André. Organizador – *O Direito para o Brasil Socioambiental.* Porto Alegre: Sérgio Antonio Fabris Editor, 2002.

MACHADO, Paulo Affonso Leme. *Direito Ambiental Brasileiro.* 17. ed. revista, atualizada e Ampliada. Malheiros Editores, 2009.

__________. *Recursos Hídricos. Direito Brasileiro e Internacional.* Malheiros Editores, 2002.

MAGALHÃES, Juraci Perez. *A Evolução do Direito Ambiental no Brasil.* 2. ed. aumentada. São Paulo: Editora Juarez de Oliveira, 2002.

MANCUSO, Rodolfo de Camargo. *Ação Civil Pública: em defesa do meio ambiente, do patrimônio cultual e dos consumidores.* 6. ed. São Paulo: RT, 1999.

MARCHESAN, Ana Maria Moreira, STEIGLEDER, Annelise Monteiro, CAPPELLI, Silvia. *Direito Ambiental.* Porto Alegre: Verbo Jurídico, 2008.

MARTÍNEZ ALIER, Joan; ROCA JUSMET, Jordi. *Economia, Ecologia y Política Ambiental.* 2. ed. Fondo de Cultura Económica, México, 2001.

MATEO, Ramon Martin. *Tratado de Derecho Ambiental.* 2 v. Madrid: Editorial Trivium, 1992.

MATOS ROCHA, Maria Isabel de. Reparação de Danos Ambientais, in *Revista de Direito Ambiental,* v. 19, p. 129-156. São Paulo: RT, 2000.

MAZZILLI, Hugo Nigro. *A defesa dos interesses difusos em Juízo; meio ambiente, consumidor e outros interesses difusos e coletivos.* 5. ed. rev, e ampl. São Paulo: Editora Revista dos Tribunais, 1993.

MEIRELLES, Hely Lopes. *Direito Administrativo Brasileiro.* 14. ed. São Paulo: RT, 1989.

MILARÉ, Edis. *Direito do Ambiente: doutrina, prática, jurisprudência, glossário.* 5. ed. reformulada, atualizada e ampliada São Paulo: RT, 2007.

MIRRA, Álvaro Luiz Valery. Ação Civil Pública e a reparação do dano ao meio ambiente. 2. ed. atual. São Paulo: Editora Juarez de Oliveira, 2004.

MORAES, Alexandre de. *Direito Constitucional.* 21. ed. São Paulo: Atlas, 2007.

NERY JUNIOR, Nelson. *Responsabilidade civil por dano ecológico e a ação civil pública,* Revista Justitia, São Paulo, 1984, v. 126, p. 171.

NERY JUNIOR, Nelson e NERY, Rosa Maria de Andrade. *Código de Processo Civil Comentado e legislação extravagante.* 9. ed. ver. atual. e ampl. São Paulo: Editora Revista dos Tribunais, 2006.

NUSDEO, Fábio. *Curso de Economia - Introdução ao Direito Econômico.* 3. ed. São Paulo: RT, 2001.

OLIVEIRA, José Marcos Domingues de. *Direito Tributário e Meio Ambiente.* 2. ed. ver. e ampl. Rio de Janeiro: Renovar, 1999.

OLIVEIRA, Regis Fernandes de. *Comentários ao Estatuto da Cidade.* 2. ed. rev. atual. e ampl. São Paulo: RT, 2005.

OST, François. *A natureza à margem da lei. – A ecologia à prova do direito.* trad. de Joana Chaves. Lisboa: Instituto Piaget, 1995.

PEÑA, Francisco Garrido. De como la Ecología política redefine conceptos centrales de la ontología jurídica tradicional: Libertad y propiedad. In *O novo em Direito Ambiental* (orgs. Marcelo Dias Varella, Roxana Cardoso B. Borges). Belo Horizonte: Del Rey, 1998.

PURVIN DE FIGUEIREDO, Guilherme José. Consumo Sustentável. In *Anais do 6º Congresso Internacional de Direito Ambiental. 10 anos da ECO-92. O Direito e o Desenvolvimento Sustentável.* (org. Antonio Herman Benjamim). São Paulo: Imesp, 2002.

___________. Proteção das Florestas Sul-Americanas e Mudança dos Padrões Globais de Consumo. In *Revista de Direito Ambiental.* n.16. out/dez. São Paulo: RT, 1999.

RODRIGUES, Marcelo Abelha. *Elementos de Direito Ambiental – Parte Geral.* 2. ed. rev. atual. e ampl. São Paulo: Editora Revista dos Tribunais, 2005.

ROTHENBURG, Walter Claudius. *Princípios Constitucionais.* Porto Alegre: Sérgio Antonio Fabris Editor, 1999.

SILVA, José Afonso da. *Curso de Direito Constitucional Positivo*. 23. ed. rev. e atual. São Paulo: Malheiros Editores, 2004.

___________. *Direito Ambiental Constitucional.* 3. ed. São Paulo: Malheiros Editores, 2000.

___________. *Direito Urbanístico Brasileiro.* 3. ed. rev. e atual. São Paulo: Malheiros Editores, 2000.

SIRVINSKAS, Luís Paulo. *Manual de Direito Ambiental.* 4. ed. rev. e atual. e ampl. São Paulo: Saraiva, 2006.

___________. Tutela Penal do Meio Ambiente. São Paulo: Saraiva,1998.

SOARES, Guido Fernando Silva. *Direito internacional do meio ambiente: emergência, obrigações e responsabilidades.* São Paulo: Atlas, 2001.

TORRES, Heleno Taveira. – Organizador – *Direito Tributário Ambiental.* São Paulo: Malheiros Editores, 2005.

Sites Consultados

Supremo Tribunal Federal – www.stf.jus.br
Superior Tribunal de Justiça – www.stj.gov.br
Presidência da República – www.presidencia.gov.br
Ministério do Meio Ambiente – www.mma.gov.br
Agência Nacional de Águas – www.ana.gov.br
Departamento Nacional de Produção Mineral – www.dnpm.gov.br/
MaB – O programa o homem e a biosfera – www.rbma.org.br – no link a seguir: www.rbma.org.br/mab/unesco_02_rbrb.asp
Câmara Federal – www2. camara.gov.br
Instituto de Defesa do Consumidor (Idec) – www.idec.org.br
Ambiente Brasil – www.ambientebrasil.com.br